本书出版后相继荣获

2003年　上海市第五届优秀科普图书荣誉奖
2012年　上海市科学技术进步奖三等奖
2013年　被中国科协评为全国"优秀科普图书"
　　　　（2013年公众喜爱的科普作品）

王梓坤 著

莺啼梦晓
——科研方法与成才之路

上海教育出版社
SHANGHAI EDUCATIONAL PUBLISHING HOUSE

前　言

　　20世纪60年代初,邓拓发表《燕山夜话》,我读后既叹其渊博,同时也想到似乎自己也可以写点什么。多年来我有收集资料勤做笔记的习惯,但平日忙于数学的教学和研究,无暇整理。70年代,由于周知的原因,各校停课,这正是我完成宿愿的时机。于是,躲在9平方米朝北的暗房子里,不顾毛巾结冰,被头凝霜,虽手指冻烂仍坚持写作,三易其稿,终于写成本书上卷《科学发现纵横谈》(下简称《纵横谈》)。承历史学家刘泽华教授赏识,动员我向《南开大学学报》投稿,1977年居然连载三期,不料引起较大反响,收到各方鼓励信上千封。刚刊出第一期,上海人民出版社编辑曹香秾先生便来长途电话,希望看到全文,并愿出书。她的职业敏感使我惊异,更令我惊喜的是:应出版社的请求,数学大师苏步青院士慨然作序,顿令小书生辉。1978年出书后连印六次,并有幸获"全国新长征优秀科普作品奖"(1980);接着又被评为首届全国"我所喜欢的十本书"之一(1981)。1993年,北京师范大学出版社推出《科学发现纵横谈(新编)》,其中增加了一些文章。1995—1996年间,发生了有关的三件事:中宣部、国家教委、文化部、新闻出版署、团中央联合推荐百种爱国主义教育图书,《纵横谈》幸附骥尾;"希望工程"向一万所农村学校各赠书五百种,《纵横谈》也侧身其间;又承《科技日报》垂爱,自1996年4月4日至5月21日,将《纵横谈》全文连载,18年前的作品在报上重新发表,实属罕见。《科技日报》编辑在连载前言中说:"这是一组十分精彩、优美的文章,今天许许多多活跃在科研工作岗位上的朋友,都受过它们的启发,以至于他们中的一些人就是由于受到这些文章中阐发的思想指引,决意将自己的一生贡献给伟大的科学探索。"若真如此,不枉此生矣。1997年,《纵横谈》在历史悠久的中华书局再版;1999年,由国家新闻出版署主编,湖南教育出版社推出了《中国科普佳作精选》若干种,《纵横谈》也有幸入选。此外,《纵横谈》写于40年前,个别提法也许赶不上时代,为保持原貌,基本上未作大的改动。

《纵横谈》问世后,承各方关注,不断约我写稿,其中一些便构成本书的下卷。我是一名教师,又是科学研究人员,自然常常思考人才成长与科研方法两大问题,这正是下卷的主旋律。人才培养要从小开始,甚至还要更早些,应从优生起步,于是我写了《嗜酒之深 醉酒之频——陶渊明的悲剧》。不少儿童天赋甚高,但父母操之过急,插班跳级,使孩子失去了金色的童年,最后落得"泯然众人矣",我不胜感慨,发表了《名扬千载与泯然众人——神童的故事》,以为拔苗助长者戒。优秀人才的成才过程,大都从"精于一"开始,逐步发展成"精于博"。我喜欢读书,这里有《评文论史便神飞——学理者如是说》《天才出于勤奋——漫话治学之道》《祖冲之的老师是谁——数学自学纵横谈》等篇,谈了一些个人的体会。从大范围看,国家培养人才靠教育,《教育之火——论"才"与"财"》《治愚为本 治贫为标——教育强国赋》《孔子与鲁迅——文化随思录》,便是一些初步的思考。"喜看新鹰出春林,百年树人亦英雄",表达了我对教师职业的热爱和敬重。关于科研方法的文章稍多一些,有《齐物以逍遥——论简单明确》《人与自然的智力角逐——自然科学研究的一般方法》《精神的浩瀚 想象的活跃 心灵的勤奋——再论爱因斯坦的科研方法》,等等。溢出上述主旋律的文章也有几篇,如《领导学第一章——读〈领导人〉》,美国前总统尼克松下台后发愤著书,出了好几本,我觉得写得最好而且有可能传诸后世的要数《领导人》(又译《领袖们》),这是他和当时各国领袖打交道后写的回忆和感想。由于是亲身经历,所以写得有声有色,相当精彩。我写这篇书评,确实下了功夫,简述了他的一些主要论点,特别是他对"怎样才能成为一位好领导"的看法。我希望现任的或未来的各级领导能读一下,10分钟足矣。当然,能通读原著则更好,希望他们能做成二三件好事,以便卸任后、半夜醒来时,会得到一丝良心的安慰。

衷心感谢方鸿辉先生的全面策划,感谢叶雄先生精美的彩色插图,他们的精心构思使本书大为生色。

这本书,说是科普作品也好,说是关于科学思想和方法论科学小品的论文集也好,论文而兼小品,也许是一新格。书中不时夹杂了一点文学、历史和数学,无它,增其可读性而已,非敢弄斧也。有感于顿悟之说,命名曰《莺啼梦晓》。本书出版后,有幸获得多项科普奖。

王梓坤
2018.10

目录

卷上　科学发现纵横谈

[2]　序/苏步青

[4]　引子——天高可问

[8]　**第一编　德·识·才·学**

[8]　不是"神"灯——德、识、才、学的实践性

[10]　贾谊、天王星、开普勒及其他——谈德、识、才、学兼备

[13]　欧勒和公共浴池——根扎在哪里?

[17]　大葫芦和一百匹马——向劳动人民学习

[19]　骡驹与盐碱地——群策群力,大搞科研

[21]　《本草纲目》的写作——搜罗百氏,访采四方

[23]　工夫在诗外——从陆游的经验谈起

[25]　冷对千夫意如何　展翅高飞壮志多——热爱人民,热爱真理

[28]　真理的海洋——谈勤奋

[30]　原因的原因——一谈识:世界观的作用

[32]　倚天万里须长剑——二谈识:科学研究中的革命

[36]　疾病是怎么回事——三谈识:主题及基本观点

[38]　天狼伴星——一谈才:实验与思维

[40]　心有灵犀一点通——二谈才:洞察力等
[43]　挑灯闲看牡丹亭——三谈才:善于猜想
[46]　康有为与梁启超——四谈才:方法的选择
[49]　林黛玉的学习方法——一谈学:从精于一开始
[52]　一个公式——二谈学:精读与博览
[55]　蓬生麻中　不扶而直——三谈学:灵活运用
[57]　涓涓不息　将成江河——四谈学:资料积累
[59]　剑跃西风意不平——五谈学:推陈出新
[62]　钱塘江潮与伍子胥——六谈学:关于学术批判
[65]　斗酒纵观廿一史——读点科学史
[67]　彗星的故事——简谈我国古代的发现、发明
[71]　万有引力的发现——长江后浪超前浪

[75]　**第二编 实践·理论·实践**
[75]　从普朗克谈起——科学发现的一般方法和逐步逼近
[79]　大自然的无穷性——认识为什么是逐步逼近的
[81]　赵县石桥——科研开始于观察
[84]　此曲何必天上有——巧妙的实验设计
[86]　原始地球的闪电——各种各样的实验
[89]　奇妙的"2"与"3"——谈仪器、操作与资料整理
[92]　走到了真理的面前,却错过了它——谈对实验结果的理解
[96]　恒星自行、地磁异常及生物电——再谈正确的理解
[99]　思接千载　视通万里——谈想象
[101]　对称、类比、联想、移植与计算——谈分析方法
[105]　针刺麻醉的启示——谈概念

[108] "我用不着那个假设"——各种各样的假设

[111] 元素周期律的发现——假设的检验

[114] 海王星的发现——谈演绎法

[117] 物体下落、素数与哥德巴赫问题——再谈演绎法

[120] 在一切天才身上,重要的是……——爱因斯坦谈科学研究方法

[124] 电缆、青年与老年人的创造——定性与定量

[128] 华山游记与镭的发现——坚持、再坚持

[131] 胸中灵气欲成云——智力的超限

[133] 苯与金圣叹的观点——谈启发与灵感

[136] 征服骡马绝症及其他——循序渐进与出奇制胜

[140] 能创造比人更聪明的机器吗——逻辑思维与科学幻想

[143] 放射性、青霉素及其他——谈偶然发现

[147] 香榧增产记——对归纳法的两点新的认识

[150] 朝霞国里万舸争流——没有结束的结束语

卷下　履尘留迹

[154] 评文论史便神飞——学理者如是说

[160] 风雨纵横好题诗——寄语学理工的青年

[164] 齐物以逍遥——论简单明确

[173] 名扬千载与泯然众人——神童的故事

[177] 嗜酒之深　醉酒之频——陶渊明的悲剧

[181] 读书面面观——读书的乐趣

[191] 贵在一个"新"字——略谈独立思考

- [199] 天才出于勤奋——漫话治学之道
- [206] 教育之火——论"才"与"财"
- [211] 治愚为本 治贫为标——教育强国赋
- [217] 孔子与鲁迅——文化随思录
- [227] 大自然是喜欢简单的——大题何妨小做
- [229] 人与自然的智力角逐——自然科学研究的一般方法
- [254] 精神的浩瀚 想象的活跃 心灵的勤奋——再论爱因斯坦的科研方法
- [259] 聆峥嵘高论 观浩荡奇文——业余研究是一乐
- [262] 想象是最杰出的艺术本领——猜谜与科研
- [265] 勤奋加毅力——论聪明
- [270] 知足不辱 知止不殆——论幸福与聪明
- [275] 养生之道 莫尚于中——健康与中庸
- [278] 事半功倍话方法——学习数学的管见
- [285] 祖冲之的老师是谁——数学自学纵横谈
- [295] 必然与偶然——论随机性
- [309] 领导学第一章——读《领导人》
- [312] 柳比歇夫的时间统计法——读《奇特的一生》
- [315] 异彩纷呈 华章迭起——读《大家知识随笔》
- [318] 天道无穷 师道无穷——师生情高春江水
- [322] 豪情尚在话当年——我的求学之路
- [329] 莫斯科大学求学记——打下坚实基础

卷上

科学发现纵横谈

屈子天问。(叶 雄绘)

序

苏步青

《科学发现纵横谈》是一本漫谈科学发现的书,篇幅虽然不算大,但作者王梓坤同志纵览古今,横观中外,从自然科学发展的历史长河中,挑选出不少有意义的发现和事实,努力用辩证唯物主义和历史唯物主义的观点,加以分析总结,阐明有关科学发现的一些基本规律,并探求作为一个自然科学工作者,应该力求具备一些怎样的品质。这些内容,作者是在"四人帮"形而上学猖獗、唯心主义横行的情况下写成的,尤其难能可贵。今天,党中央率领我们进行新的长征,努力赶超世界科学先进水平,加速建设社会主义现代化强国的步伐。在这样重大的历史时刻,本书的出版对正在向科学技术现代化进军的广大科技工作者,将会有一定的启发,起到应有的促进作用;特别对正在为革命而努力学习自然科学知识、准备将来献身于科学事业的广大青年读者,更将产生有益的作用和影响。

对广大的青年读者来说,书中的有些内容由于涉及自然科学的一些专门知识,可能一时看不大懂,但这也无关大局。因为全书文字清新,笔调流畅,观点也比较明确,要了解作者的基本意思是完全做得到的。希望广大的青年读者能够通过阅读本书,进一步明确学习方向,更快更好地成长。作者在书中提出了"德识才学"的要求,对广大青年读者来说,关键还在于"学"。这个"学",就是学习马列主义、毛泽东思想,学习各项自然科学知识,学习劳动人民在实践中的发明创造,学习群众的集体智慧。只有好好学习,才能天天向上,真正做到德智体全面发展,当好革命事业接班人。

作者是一位数学家,能在研讨数学的同时,写成这样的作品,同样是难能可贵的。希望并相信今后会有更多的自然科学工作者关心这方面的问题,写出这方面的作品,并就不同的观点开展有益的讨论,给广大的青年读者以更多的教益。

1978 年 3 月

引 子
—— 天高可问

这 浩茫的宇宙有没有一个开头?
那时浑浑沌沌,天地未分,可凭什么来研究?
穹窿的天盖高达九层,多么雄伟壮丽!
太阳和月亮高悬不坠,何以能照耀千秋?
大地为什么倾陷东南?
共工(神名)为什么怒触不周(山名)?
江河滚滚东去,
大海却老喝不够?
哪里能冬暖夏凉?
何处长灵芝长寿?
是非颠倒,龙蛇混杂,谁主张君权神授?
呵!我日夜追求真理的阳光,
渔夫却笑我何不随波逐流!

　　这许多问题是我国伟大诗人屈原(约前340—约前278)在他的名作《天问》中提出来的(见卷上"科学发现纵横谈"题图)。相传屈原在流放期间,看到神庙的壁画龙飞凤舞,心有所感,便在墙壁上写下了《天问》这篇奇伟瑰丽、才华横溢的作品。王逸(东汉文学家)在《天问·序》中说:"《天问》者,屈原之所作也。何不言问天? 天尊不可问,故曰天问也。""天尊不可问",这话是错误的。王逸大概是个"尊天派",把天看成统治者的化身,神圣不可侵犯,连向它"请示"都不敢。屈原则不然,认为天虽高,却没有什么了不起,是可问的。因而他思如潮涌,一口气提出了172个问题。天文地理、博物神话,无不涉及,高远神妙,发人奇思。当然,我们不能把《天问》看成一个人的创作,它其实是古代劳动人民集体智慧的产物。人民群众在实践中提出了许多问题,迫切需要解答,而屈原又是个有心人,接近群众,便把这些问题概括起来,构成了这篇不朽的名著。由此可见,《天问》有着深厚的群众基础,它反映了劳动人民追求真理的强烈愿望。

的确,在那天宇高洁、微云欲散的月明之夜,每当我们冷静思考各种宇宙现象时,便不能不惊叹自然界结构的雄伟壮丽、严整精密。大到银河系总星系,小到原子核基本粒子,复杂微妙如生物界,都遵循各自的发展规律不断地运动着。这些规律不仅可问,而且可知,它们是认识自然的钥匙,是改造自然的武器。

尤其扣人心弦的是,前人是怎样发现这些规律的? 他们怎样从群星争耀、高不可攀的天空,找出天体运行的轨道? 怎样从看不见、摸不着的微观世界中发现原子的结构,基本粒子的转化? 怎样从万象纷纭的生物界找出进化的规律? 地球和电子的质量是怎样计算出来的,难道可以拿在手里称一下吗?

历史是人民创造的,在人与自然、人与社会寻求和谐相处的认识与实践的漫长岁月中,人民群众积累了十分丰富的经验。科学家吸收前人的经验,又经过自己的实践不断前进。前事不忘,后事之师,难道我们不应该从中学习些什么吗?

史料当作纵横读。纵线看来,人类认识和适应自然是永无止境的历程,有高潮,有低潮,有重大突破,也有短暂的停滞,我们应该探讨突破与停滞的原因。无数的事实证明,辩证法和唯物主义的精神贯穿在自然科学的研究中,任何重大科学的发现,都是遵循"实践—理论—实践"的规律而发展的。认识来源于实践,经过飞跃而上升为理论,又反过来接受实践的检验,为实践服务,并在实践中进一步发展。

在这里,我们所要着重讨论的是,作为一名自然科学工作者,是怎样从实践到理论,又从理论到实践进行"飞跃"的?为什么在有些问题的研究中这种飞跃完成得快,而在另一些中则很慢?还有,有时两个人研究同一问题,为什么甲很快就抓住了本质,而乙则长时间停留在表面?研究过引力问题的人很多,为什么不是别人,恰好是牛顿,作出的贡献最大?或者,更一般地,我们可以问,作为一名科学工作人员,他应该力求具备一些什么品质?这样,我们就必须从横的方面来读历史,即必须对历史上一些有贡献的科学研究人员,进行个别的考察和研究。结果发现,他们当中的许多人,在德、识、才、学上是比较卓越的。

牛顿
(Isaac Newton, 1642—1727)

通常我们衡量一个人,提出德才兼备的标准。德,主要指政治立场和态度,指追求真理,热爱人民,严于律己,力求人品高尚。识、才、学受德的制约。才,指才干。不过,仔细分析,才干还可以分为识、才、学三个方面。识,一般指思想路线和科学预见的能力,它对一个科研人员正确选择主攻方向,决定这场仗该不该打,这件事该不该做,这个问题值不值得研究,以及怎样做最为有利,具有重要的意义。人们通常所说的"远见卓识"就是这个意思。任务和路线确定以后,如何去完成,则主要是才的问题。这里的才,主要指解决实际问题的能力。在科学研究中,有些人善于观察、实验和操作,另一些人则长于归纳、分析和推理,二者兼备,实为重要。学,即学问、知识。学之重要,人人皆知。荀子(约前313—约前238)《劝学篇》说:"学不可以已。……博学而日参省乎己,则知明而行无过矣。"诸葛亮(181—234)说:"夫学须静也,才须学也,非学无以广才,非志无以成学。"《文心雕龙·神思篇》指出:"积学以储宝,酌理以富才。"古代许多人如贾谊(前200—前168)、颜之推(531—约590以后)等都写过类似"劝学"的文章,大概是荀子带的头吧!他那一篇也确实写得好,后人读了,既受启发,又觉技痒,便接二连三地写了许多。

兼备德、识、才、学,对一名科技工作人员来说,至关重要。人民所需要的,是社会主义的德,辩证唯物主义的识,为人民服务的才,理论联系实际的学。我们的叙述,便从这里开始。

一些年来,阅读了一点有关科学发现的零星材料。在学习过程中,深深感到,许多重大的科学发现确实有益于人民,便情不自禁地写下一点笔记,以表达我对前人功绩的景仰,自己也分享一份胜利的喜悦。这样日积月累,时断时续,虽然十年愚勤,仍难免穷巷多怪,贻笑大方。

如今,一场向科学技术现代化进军的群众运动,正在迅猛兴起,我国科学技术事业进入一个新的阶段。如果本书所谈及的前人的一些思想、见解、经验、教训,能对我们有所启发,起到几分借鉴作用,特别是对科技战线上的青年同志,能有所增益,那会使我们感到非常高兴。本书写作的目的也正在于此。

第一编　德·识·才·学

不是"神"灯
——德、识、才、学的实践性

才如战斗队,学如后勤部,识是指挥员;才如斧刃,学如斧背,识是执斧柄的手。

谈论自然科学研究中的德、识、才、学问题的,似乎还不多见,但在史学与文学中,才、学、识的说法却由来已久。唐朝刘知幾(661—721),是著名的历史学者。郑维忠曾问他:"自古文士多,史才少,何耶?"他说:

> 史有三长:才、学、识,世罕兼之,故史才少。夫有学无才,犹愚贾操金,不能殖货;有才无学,犹巧匠无梗楠斧斤,弗能成室。

刘知幾明确提出才、学、识问题,并试图阐明三者的关系。他虽然是指史学与文学而言,但对自然科学也是有参考价值的。

其后清朝的章学诚(1738—1801)说：

> 夫才须学也，学贵识也，才而不学，是为小慧；小慧无识，是为不才。

诗人袁枚(1716—1798)很重视"识"的作用，他在《续诗品·尚识》中说得很形象：

> 学如弓弩，才如箭镞。识以领之，方能中鹄。善学邯郸，莫失故步；善求仙方，不为药误。我有神灯，独照独知，不取亦取，虽师勿师。

他们的议论虽然有一定的启发意义，但也有共同的缺点。一是脱离实践而侈谈才、学、识，就使后者成为不可捉摸的、神秘的天生怪物，成为天上掉下来的"神"灯，因而必然走向唯心主义的天才论。从唯物论看来，人们的德、识、才、学主要是在长期的实践中，通过斗争和学习逐步培养、锻炼出来的，天才只起部分的作用。因此，实践和学习是德、识、才、学的基础。二是由于时代与阶级的限制，他们没有、也不可能指出才、学、识的阶级内容，没有说明它应为哪个阶级服务，而实际上那时基本上是为统治阶级服务的。我们需要的是为广大劳动人民谋利益的才、学、识，因而，全面的提法应是德、识、才、学，德居其首。

贾谊、天王星、开普勒及其他
—— 谈德、识、才、学兼备

有些人学问渊博,但少才、识,往往只能成为供人查阅的活字典。唐朝李善(?—689),学淹今古,精通典故,为《昭明文选》作注,旁征博引,后人叹服。他的工作对后人是有益的。但也有人说他的怪话,批评他才、识不高,既少创作,又缺见解,终生碌碌,为人作注,没有起到更大的作用。

苏轼(1037—1101)作《贾谊论》,说贾谊才、学虽高,但不善于分析和利用当前的形势,急于求成,终不为当世所用,郁郁而死,没有发挥自己的才能。苏轼叹息说:"呜呼!贾生志大而量小,才有余而识不足也。"苏轼的意见,未必正确,因为导致这场悲剧主要是统治者的错误;但贾谊未尽所能,也是历史事实。在这点上他不如司马迁。司马迁为了完成《史记》的写作,使之能藏之名山,传之其人,忍受了人间最大的侮辱,最后才达到目的,这部我国最早的通史,开创了纪传体史书的先河。

由此可见,一个人有学问未必有才能;进一步,即使才、学有余也可能见识不高。这就需要有自知之明,在实践中针对自己的缺点有意识地进行锻炼,方能弥补不足。

1781年,赫歇耳认定天王星是行星。其实,在这以前,已有好几位天文学者观察过它了。当时流行着一种陈腐的观念,认为太阳系的范围只到土星为止,土星以外,再没有行星了。要打破这种观念,需要革命的卓识和勇气。持这种观念的天文学者因循守旧,他们既不敢、也从未想到应该扩大太阳系的领域,因而总是把天王星当作恒星而不加注意。勒莫尼耶(Le Monnier)甚至自1750年到1769年间观察它达12次之多,最后还是让它逃之夭夭。见识不高,可为发一浩叹!"自谓已穷千里目,谁知才上一层楼。"谁又能断定,我们今天所理解的太阳系已经到了尽头呢?

为了说明德、识、才、学兼备的重要,不妨再举两个例子。

万有引力是自然科学中最大发现之一,几个世纪以来,人们都归功于牛顿。其实,这是许多人共同努力的成果。例如罗伯特、胡克等人早已有了引力的观念。胡克(Robert Hooke,1635—1703)是卓越的实验物理学者,具有出色的实验才能,他的研究范围很广泛,在物理、化学、生物等方面都有贡献,包括众所周知的弹性力学中的胡克定律。然而,由于他缺乏牛顿那样横绝一世的数学才能,虽然走到了万有引力的跟前,却仍然无力抓住它,就像一个不会爬树又无工具的人,尽管看到橘子高悬枝头,却无法摘到它一样。胡克的故事向我们提出了一个问题,有多少原可发现的东西由于才能不足而溜掉了。

丹麦天文学者第谷,用了30年的

赫歇耳
(Frederick William Herschel,
1738—1822)

第谷
(Tycho Brahe,1546—1601)

工夫,精密地观察行星的位置。他工作辛勤,观察才能又非常出色,却短于理论分析。从长期观察的资料中,他得到的是错误的结论,他既不同意托勒玫的地心说,也不赞成哥白尼的日心说,而提出了一个折衷方案,行星绕太阳转,太阳又绕地球传。1600年,第谷请了德国人开普勒做助手。开普勒与第谷相反,对观察不太感兴趣,而且技术也远不如第谷,但他在理论研究上很有才华。通过对第谷资料的分析,他起初假设太阳绕地球转,误差总是很大,与观察不符。于是改用日心说,假设火星绕太阳作圆周运动,计算结果仍不理想。最后他大胆创新,提出了"火星的运动轨道是椭圆,太阳位于椭圆的一个焦点上"的假设,结果与观察资料相符合。就这样,第谷的精确观察与开普勒的深刻研究相结合,引导到行星运动三定律的发现。这是一个理论与实际相结合的范例,如果没有开普勒,第谷的辛勤积累也许会成为一堆废纸;反过来,没有第谷,也根本不会有开普勒的卓越成就。

托勒玫
(Claudius Ptolemaeus,
约 90—168)

优秀的科学工作人员应该兼备德、识、才、学。郭沫若(1892—1978)在《读随园诗话札记》中说:

> 实则才、学、识三者,非仅作史、作诗缺一不可,即作任何艺术活动、任何建设事业,均缺一不可。

这话是很有道理的。

开普勒
(Johannes Kepler, 1571—1630)

欧勒和公共浴池
—— 根扎在哪里?

科学研究必须深深扎根于社会生产实践的需要,扎根于群众的社会实践中。恩格斯(Friedrich Engeles,1820—1895)说得好:

社会一旦有技术上的需要,则这种需要就会比十所大学更能把科学推向前进。整个流体静力学(托里拆利等)是由于 16 和 17 世纪调节意大利山洪的需要而产生的。关于电,只是在发现它能应用于技术上以后,我们才知道一些合理的东西。在德国,可惜人们写科学史时已惯于把科学看作是从天上掉下来的。(《马克思恩格斯选集》第 4 卷,第 505 页)

这一段话是科学工作者的座右铭,必须时时记住,否则就可能迷失前进的方向。

科学研究人员如果脱离生产斗争的需要,脱离人民群众的社会实践,则将一事无成,即使他辛辛苦苦,用尽毕生精力,写成厚厚的论文册子,也必然会随着时光的流逝而变为一堆废纸,成为昙花一现的短命篇。从古至今,科学著作浩如烟海,但能流传下来的,只是极小的一部分。相传在亚历山大城图书馆中,许多书都被用来烧公共浴池,此事值得深思。他们误以为这些书没有实用价值。其实,在当时看来无用的理论,随着日后人类认识的深入,往往会体现其超前的价值,这在科学史上屡见不鲜。

哥白尼
(Nicolaus Copernicus, 1473—1543)

有价值的科学成果是不会湮没的。哥白尼的日心说受到教会的摧残,结果却得到更广泛的传播。奥国博物学者孟德尔(Gregor Johann Mendel, 1822—1884),对植物遗传作了8年实验,发现了生物的遗传定律。他的成果发表在1865年《博物学》杂志上,但未引起人们的注意。直到他死后16年,即1900年春天,在几个星期内,接连出现了得弗里斯、科伦斯和丘歇马克三人的论文,他们都根据实验重新发现了孟德尔所发现的定律。这样,孟德尔的工作便又活跃在人们的心中。19世纪初,一些数学家认为连续函数至少在某些点上可以微分。然而,1860年德国的魏尔斯特拉斯(K.Weierstrass, 1815—1897)作出了一个处处不可微分的连续函数,这在数学中是一个著名的例子。其实早在1830年,捷克的波尔查诺(B. Bolzano, 1781—1848)就已作出了类似的例子,但他的原稿在1920年才找到,1930年发表,从写出到发表经历了一个世纪。

恰当地选择研究题目,正确地决定主攻方向和路线,是带有战略性的重大措施。选题不当,就可能浪费毕生精力,一事无成。

科学中有一些重大进展,几乎同时地为几个人所独立完成。例如:

  微积分学 牛顿、莱布尼茨;

迈尔
(Julius Robert Mayer, 1814—1878)

进化论　达尔文、华莱士；
非欧几何　罗巴切夫斯基、高斯、鲍耶、史威卡特、塔乌里努斯；
发现海王星　勒威耶、亚当斯；
热功当量　迈尔、焦耳、亥姆霍兹；

焦耳
(James Prescott Joule, 1818—1889)

亥姆霍兹
(Hermann Ludwig Ferdinand von Helmholtz, 1821—1894)

相对论　爱因斯坦、彭加勒。
怎样解释这些现象呢？

在科学发展的大道上，每一个时期都有一套挑战性的题目，它们的出现不是偶然的，而是人类在社会实践中，在生产斗争和科学本身发展到一定阶段中必然产生的。这些问题大都经过许多人长时期的努力钻研。然而，问题的彻底解决需要一定的条件。等到条件成熟时，一个问题同时被几个人突破，也就不足为奇了。

在选择研究主题时，主要应根据社会实践的需要，以及本学科发展过程中

张衡
(78—139)

提出的重大问题,此外,还要适当注意是否有可能解决的主、客观条件。理论联系实际是进行科学研究必须遵守的原则。我国的科学工作具有这方面的优秀传统,指南针、纸、印刷术、火药四大发明以及张衡(78—139)的地动仪、李时珍(1518—1593)的《本草纲目》等,都是和社会实践的需要紧密相结合的。

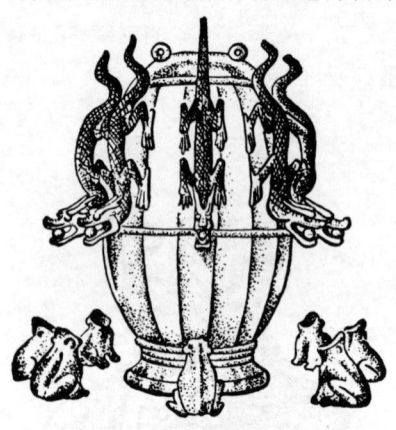

张衡发明的地动仪

巴斯德(Louis Pasteur,1822—1895)由于实际需要而研究啤酒变酸和蚕生病的原因,发现这主要是细菌活动的结果,由此建立了细菌致病的学说。这也是理论联系实际的一个很好的例子。

越是抽象的学科,就越要努力从实际中吸取营养和力量。瑞士的欧勒(L. Euler,1707—1783)是18世纪卓越的数学、力学工作者,也是最多产的作家,他的科学著作多达756项(一说为886项)。理论联系实际的原则像一条红线贯穿在他的全部工作中。为了制造海船,需要力学根据,他就研究力学,成为分析力学创始人之一;为了用天文方法决定船只在海洋中的位置,他就研究月球运动,1753年他出版了《月球运动理论》。为了观察星球的运动,他又研究光学和天体望远镜、显微镜。他从实际需要中选择研究对象,并以实际为师。正因为如此,他的立足点高,活动面广,路也越走越宽。这样,他就能走在科学发展的大道上,而不把精力浪费在无现实意义的琐碎问题里,从而使他的创造才能得以充分发挥,他的研究成果能得到实际的承认,具有较长时期的生命力,而不是转瞬即逝的过眼风云。

大葫芦和一百匹马
—— 向劳动人民学习

紧密联系群众,虚心向劳动人民学习,是我国科学工作人员优良传统之一。

1400多年前,《齐民要术》一书的作者贾思勰(南北朝北魏农学家)养了许多羊,饲料不缺,却饿死不少。他莫名其妙,便向一位老牧人请教。老牧人问他是怎么喂料的,他回答说,把饲料全铺在羊圈里,让羊随便吃。老牧人说,这就坏了,羊爱干净,你把饲料铺在圈里,羊在上面踩来踩去,屎尿都拉在上面,羊怎么肯吃呢?

氾胜之,是汉朝的农学家,他很虚心向农民学习。有一位善于种大葫芦的老农向他传授经验,老农说,要种出特别粗大的葫芦,首先要挖一个直径和深度各三尺(1尺等于0.3333米)的大圆坑,坑内上足粪;把粪和土搅匀,再上足水;等水渗下去后,种下十颗从大葫芦里选出的种子。第二步,等十条葫芦蔓长到两尺多长,用布把它们扎在一起,外封泥土;过几天后,把九条葫芦蔓的上端摘掉,留下一条最粗的,这样,十条根吸上来的养料和水分都供给这一条了。第三步,结出来的前三个小葫芦全部掐掉,因为这时根茎叶还没长好;第三个以后的留下,由于根、茎、叶全长壮了,供给的养料也充足了,这些小葫芦便都长得又肥又大。氾胜之把向群众学到的生产经验写了下来,汇成了一部著名的农书《氾胜之书》。这种书当然不会受到封建统治阶级的重视,所以早失传了。幸亏它为广大人民所热爱,许多人在其他的书里引用了它,这部书的部分内容才得以保存下来。

类似的故事还发生在明朝末年,那时宋应星(1587—?)写了一部《天工开物》,记述了我国古代农业和手工业方面的科技成就。这部书也是作者长期深入生产实际、向劳动人民学习的产物。然而,它也几乎失传。直到1926年才从日本传回翻刻本。新中国成立以后,北京图书馆从宁波李氏墨海楼捐献的藏书中得到了1637年(明崇祯十年)的初刻本。在群众的支持下,此书现已出版,广为流传。作者宋应星是个有志气的人,他在序言中说,请那些热衷于科举大事业的人,把这本书扔到一边去吧!它对于猎取功名,追求高官厚禄是毫不相干的。这充分表达了他对统治阶级及科举制度的蔑视和鄙视。

1970年9月,《人民日报》登过《一匹马和一百匹马》的报道,发人深思。某运输连的一匹大黄马突然倒毙,大家都愕然,不知是怎么回事。剖开肚子一看,肠里堆了28斤(1斤等于0.5千克)沙子,显然,这是致命的原因。接着他们又发现许多马也患有同样的病。怎么办呢?便向老牧民请教。老牧民说,不用打针,也不要吃药,只要给马灌上一些猪油就行了。果然,灌油后,病马便纷纷拉下沙子来,少的五六斤,多的20多斤,马拉下了沙子后病都好了。可是,沙子怎么跑进马肚的呢? 老牧民说,因为水土关系,这里的马要多吃盐。沙中有盐分,所以马就吞沙。要预防这种病,只需在饲料中多加些盐就行了。按照老牧民的指点,将原先每匹马每天只喂4钱5分(1钱等于5克,1分等于0.5克)盐,增加到1两(1两等于50克)盐以后,马果真都不吞沙了。死了一匹马,却挽救了一百匹马。群众的智慧,的确无穷无尽。

骡驹与盐碱地
—— 群策群力,大搞科研

我们再举两件事,说明人民群众如何通过周密的观察和试验,导致科学发现,终于解决了生产中的实际问题。

母马下骡驹,小驹刚生下来时体格健壮,又蹦又跳。可是次日下午就无精打采,低头耷耳,卧地不起,还出现贫血、黄疸、血尿等症状,最后死去了。原来小驹患了新生骡驹溶血病。以前认为这是绝症,死亡率达百分之百。这是怎么回事呢?按照旧说,发病原因是"胎血热""钩端螺旋体病",或者说是"败血病",但都没有解决问题。广州部队后勤部的一些同志决心搞清这个难题,便从观察入手。他们仔细观察新生的骡驹,晚上蹲在马厩里察看它的生活情况,通过对上百匹小骡驹的研究,终于摸清了发病原因。有的小骡驹未吃奶前,活蹦乱跳,吃奶后就萎靡不振,可见发病与吃母马的初奶有关。于是他们反复化验母马的初奶和骡驹的血液,在初奶中找到了一种致病的特异抗体,抗体进入骡驹体内后,便破坏血中的红细胞,使骡驹得病。他们还发现,这种抗体只破坏骡驹血球,而对马驹血球没有破坏作用。于是他们便让骡驹与马驹交换母马哺乳,收到了较好的预防效果;或者干脆把母马的初乳挤掉,暂时实行人工喂养;后来他们又找到了一种草药,也取得了一定的成效。

另一件事是改造盐碱荒地为良田。有些地区含盐量高,寸草不生。盐碱含量与地下水有关,因后者中含有盐分,当地下水位升高时,水会沿着土壤毛细管上升到地表,太阳晒后,水分蒸发,把盐留在地面。反之,下大雨后,盐被雨水溶解,或随水下渗,或被水冲走,于是盐分减少。这就是"盐随水来,盐随水去"的规律。但怎样利用这一规律呢？人们起初并不自觉,后来观察到：离排水沟越近的地方,不论种棉花、绿肥,总是出苗齐,长得快,而盐斑大都留在离沟远的田中间。这一发现引起了大家的注意。原来地里有了排水沟,大雨过后,盐随水顺沟排走,地面上减少了盐分；同时土壤中的水也能排走许多,因而地下水位降低。这样,天晴时地下水就不容易上升到地面,从而减少了地下水中的盐分上升,这就是排水沟的作用。至于离沟远的地方,盐分就不能这样顺利排走,因此盐斑就多。大家明白了这个道理,就决心大修水利,建成一套完整的排水淋盐系统；连种三年绿肥,变盐碱荒地为良田；再加上植树造林,防风防盐,盐碱地便可能得到根本的改造。

《本草纲目》的写作
—— 搜罗百氏,访采四方

  我国明朝的李时珍(1518—1593),是世界上伟大的药学家。他的名著《本草纲目》记载药物 1 892 种,附方 11 096 则,先后被译成英、法、俄、德、日、拉丁等十余种文字,成为国际一致推崇和引用的主要药典。这部巨著不仅对医药,而且对生物、矿物和化学也作出了重要贡献。李时珍的学术见解是高超的,他的分类方法很符合现代的科学原则。

  李时珍所以能取得如此巨大的成就,固然由于他批判地总结了前人的成果,"搜罗百氏",旁征博引,参考 800 余家;更主要的,还在于他忠心为群众服务的精神。他认识这项工作对群众有利,因而用了近 30 年的时间,三次改写,才最后成书。"字字看来皆是血,十年辛苦不寻常",此书与《红楼梦》,一属科学,一属文学,交相辉映,相携永垂。在写作过程中,他不辞辛苦,深入实际,"访采四方",先后到河南、江西、江苏、安徽等地,收集标本与药材。他治学态度严谨,一丝不苟。例如,为了证实前人所说"穿山甲诱蚁而食",便亲自动手,解剖穿山甲,结论是:"腹内脏腑俱全,而胃独大,常吐舌,诱蚁食之,曾剖其胃,约蚁升许也。"

  李时珍写《蕲蛇传》,也是一个有益的故事。他父亲李言闻研究了蕲州的特产——艾叶,写成了《蕲艾传》,他读后很受启发,便决心写一本《蕲蛇传》。开始他只是从蛇贩子那里观察白花蛇,有人告诉他,这不是真正的蕲州蛇,真蕲蛇"其走如飞,牙利而毒",人被咬后会迅速致死,是当时皇帝指定进贡的制药珍品。不入虎穴,焉得虎子,李时珍不顾危险,几次爬上龙峰山去观察蕲蛇,目睹了它吃石南藤及被捕情形,了解了它形体与习性上的特点,终于写出了很有特色的《蕲蛇传》。李时珍很重视这种研究方法,认为这样可以"一一采视,颇得其真"。

"言而无文,行之不远。"许多科学名著都注意作品的文学性与通俗性,以求广泛流传,易为群众所接受。牛顿写他的巨著《自然哲学的数学原理》,坚持用初等数学,避而不引他新发明的微积分。拉格朗日推崇这部书是自然科学中人类心灵的最大产品。地理,如果写得不好,很容易枯燥无味;然而郦道元的《水经注》,却文思清丽,情景交融,读来使人飘然意远。《本草纲目》也如此,许多药物的描述,类似优美的散文。李时珍的文学造诣很高,他创作了许多诗歌,可惜大都散失了。现在幸存的有两首,一是《吴明卿自河南大参归里》:

青锁名藩三十年,虫沙猿鹤总堪怜。
久孤兰杜山中待,谁遣文章海内传?
白雪诗歌千古调,清敬日醉五湖船。
鲈鱼味美秋风起,好约同游访洞天。

用以安慰他的好友吴明卿罢官回家,吴是反对过坏人严嵩的正直人。另一首(载于明人刘雪湖《梅谱》卷下):

雪湖点缀自神通,题品吟坛动巨公。
欲写花笺寄姚澜,画梅诗句冠江东。

工夫在诗外
—— 从陆游的经验谈起

宋朝爱国诗人陆游（1125—1210），在他逝世的前一年（即1209年，84岁），曾给他的第七个儿子写了一首诗，传授他写诗的经验。大意说：他初学做诗时，专门在词藻雕琢、绘声绘色上下工夫，只注意追求形式的美，到中年才领悟到这种做法不对，诗应该注重内容，应该反映人民的要求和喜怒哀乐。从此他的诗起了本质性的变化，道路越走越宽广。最后他说："汝果欲学诗，工夫在诗外。"

"工夫在诗外"，这是陆游一生创作的重要经验，而且是在他中年或晚年才总结出来的，值得用金字写下。初听起来也许奇怪，学诗当然应在诗上下工夫，怎能跑到诗外去学呢？这句话该怎样理解呢？

陆游在评肖彦毓的诗时说："君诗妙处吾能识，正在山程水驿中。"另一处又说："纸上得来终觉浅，绝知此事要躬行。"这就很清楚，所谓"工夫在诗外"，就是强调要"躬行"。无数事实证明，如果只关在屋子里冥思苦想，搜索枯肠，面壁九年，也绝写不出好作品来的。要做出成绩，就得深入实际，亲身实践，到火热的斗争中去体验生活，收集资料，本着对人民的深厚感情，进行艺术加工。文情汹涌而后发，这样写出来的东西才是有血、有肉、有哭、有笑的上等文章。

当然,生活在封建时代的陆游,他所主张的"躬行",是不能与我们当今的实践相提并论的。我们生活在科技创新的时代,以人为本的社会环境为我们提供了实践的广阔场所。

文学创作如此,研究自然科学也如此。从文献到文献,把现成的理论修修补补,作点逻辑推理,那就是"纸上得来",必然轻飘飘很少分量。只有深深扎根于客观实际,才能材料丰富,根据充足,"厚积而薄发",最后结出丰硕的果实。

道理很简单,在旧的公理、假设或学说中转圈子,固然也可以做出一些成绩,可以把原有理论加以延伸、深化或推广,但无论如何,总不能超越旧的"理论场",不能得出与原有公理截然不同的结论,因而得不出本质上崭新的、带有革命性的成果。要取得全新的成果,需要从另一条根开始,而这条根,又必须生长在实践的肥沃土壤上。俗话说:种瓜得瓜,种豆得豆。要想得豆,怎能只种瓜呢?

不过,对"工夫在诗外"这句话,也不能作片面的理解。如果对一个想学数学、却还不会加减乘除的人说"工夫在数学之外",那未免为时过早。陆游的诗已经做得很好了,技巧很高,缺少的是以现实生活为背景的题材和思想感情,所以他才敢自信地说"工夫在诗外"。比较全面的学习方法是,一定要重视努力学好专业的基础理论、知识和技能,打下坚实的基础,又要注意深入到实际中去,边干边学,在实践中锻炼和提高。

冷对千夫意如何　展翅高飞壮志多
—— 热爱人民,热爱真理

真理的力量无穷,捍卫真理的勇士不可战胜。残暴凶狠的黑暗势力可以杀害个人,却永远不能阻挡真理的车轮滚滚向前。

残暴只能破坏,创造和建设则需要勤劳与智慧。

公元 4 世纪,埃及亚历山大城的女天文学者伊巴蒂,为了研究天体运行,被基督教僧侣指控为妖术,最终惨遭撕死。疯狂的迫害延续了千多年,新教徒和罗马教徒在搜罗"妖人"上互相竞赛。某人被告发后,如果他自认有罪,就会立即处死,除非他捕风捉影地出卖别人,也许可以减轻刑罚。如果不认罪,他就必须忍受各种酷刑,直到牺牲为止。总之,死是很难幸免的。那时,真是人人自危,不知哪一天会大祸临头。据估计,欧洲在 15—16 世纪的两百年间,被指为妖人而遭残害的达 7.5 万人以上。

1600 年,又发生了震动世界的布鲁诺惨案。意大利的布鲁诺(Giordano Bruno,1548—1600),具有先进的宇宙观,他积极宣传哥白尼的日心地动学说,并且比哥白尼还前进了一大步。他认为宇宙是无限的,太阳不过是无数恒星之一,宇宙中可以居住的星球也是无限多的。在他的著作《论无限性、宇宙和诸世界》中,有一首诗表明了他的观点:

> 展翅高飞信心满， 晶空对我非遮拦，
> 戳破晶空入无限， 穿过一天又一天，
> 以太万里真无边， 银河茫茫遗人间。

他的学说触犯了《圣经》上的教条，耶稣教会把他视为眼中钉、肉中刺，必欲置之死地而后快。他被迫流亡国外多年，1592年回到意大利，不久被一个绅士出卖给宗教裁判所。1600年3月17日，教会以极其野蛮的手段，火焚布鲁诺于罗马的百花广场，罪名是他不仅是一个"异端分子"，而且是"异端分子的老师"。真是欲加之罪，何患无辞。在漫长的7年监狱生涯里，布鲁诺英勇顽强，毫不妥协，表现了视死如归的大无畏精神。他断然拒绝要他放弃自己的观点就可得到宽大的诱降劝告，并且公开揭发了教会的黑暗、卑鄙和无耻。1599年10月21日的档案记录中说：

> 布鲁诺宣布，他不打算招供，他没有做过任何可以反悔的事情，因之也没有理由去这样做……

其后，政治迫害愈演愈烈。恩格斯说：

> 新教徒在迫害自然科学的自由研究上超过了天主教徒。塞尔维特正要发现血液循环过程的时候，加尔文便烧死了他，而且还活活地把他烤了两个钟头；而宗教裁判所只是把乔尔丹诺·布鲁诺简单地烧死便心满意足了。

（《自然辩证法》）

宗教裁判所残酷迫害科学家，他们以为用残酷手段，就能阻止真理的传播，阻止科学文化的发展，真是大错而特错。事实证明，凡是这类暴行，无不以失败而告终，这可算是一条历史规律。越镇压，真理就传播得越迅速、越广泛。霍尔巴赫（Paul Henri Dietrich d'Holbach，1723—1789）在《袖珍神学》一书中有一段批判他们的绝妙的文字：

> 不信教的人……用他们凡人的眼光只看见我们神圣的教会里无非是一些愚人蠢事，别的什么也看不见。他们在其中发现一个愚蠢地让人钉在十字架上的愚蠢上

帝,一批愚蠢的使徒,一些愚蠢的奥秘、愚蠢的见解、愚蠢的争论以及一些由蠢人们来举行使远非愚蠢的僧侣得以生活的愚蠢仪式。

热爱真理,忠于人民,不畏残暴,不怕困难,是科学工作人员应具有的优秀品质。布鲁诺和一切献身于真理、献身于人民、献身于革命事业的英勇战士,是人类的鲜花,他们的精神浩然长存。滔滔江水,巍巍青松,真理之光,不可灭焉!

真理的海洋
——谈勤奋

追求真理,其乐无穷。多少科学工作人员在困难的环境里度过艰苦的一生,却始终守志不移,为真理而献身。进化论的先行者拉马克(J. Lamarck,1744—1829),家贫,一辈子刻苦勤学,与天奋斗。他在《动物学哲学》一书中热情地说:

> 观察自然,研究它所生的万物;追求万物,推究其普遍或特殊的关系;再想法抓住自然界中的秩序,抓住它进行的方向,抓住它发展的法则,抓住那些变化无穷的构成自然界的秩序所用的方法。这些工作,在我看来,乃是追求真实知识唯一的法门。这等工作还能予我们以真正的益处;同时,还能给我们找出许多最温暖、最纯洁的乐趣,以补偿生命场中种种不能避免的苦恼。

这最后一句话,实际上是对资本主义社会的控诉。拉马克在科学上为人类作出了重要贡献,他建立了生物的种可以发生变异、有机体适应外界条件而发展以及用进废退、获得性遗传等学说,第一个系统地阐述了唯物主义的生物进化的思想。然而社会却对他冷酷无情,他晚年双目失明,靠幼女笔录,坚持工作;死后连坟地也买不起,以致后人凭吊时找不到他的墓。我们今天生活在幸福的社会主义社会,更应奋发图强,为人民积极工作,至死不息。

真理的海洋

永不满足的对自然现象的好奇心,火一般地追求真理的愿望,炽热地对待新事物的态度,锲而不舍的钻研精神,是科学工作者不可少的重要品质。科学巨匠牛顿说:

> 我不知道,在别人看来,我是什么样的人;但在我自己看来,我不过就像是一个在海滨玩耍的小孩,为不时发现比寻常更为光滑的一块卵石或比寻常更为美丽的一片贝壳而沾沾自喜,而对于展现在我面前的浩瀚的真理的海洋,却全然没有发现。

在力学三定律的确立中,在万有引力的发现中,在光的微粒说以及微积分的创建中,他的贡献是关键性的,但他毫不满足,面对真理的海洋,对后人寄予殷切的希望。他伫立在当时科学的最高峰,眼界辽阔,站得愈高,发现的问题也愈多,与未知世界的接触面就愈广,因而追求真理的心情也就愈迫切。

牛顿的成就,主要是靠辛勤劳动取得的,而不全是倚靠天才。这可举他的助手 H.牛顿的话为证:

> 他很少在二三点钟以前睡觉,有时到五六点……特别是春天或落叶的时候,他常常六个星期,一直在实验室里。不分昼夜,灯火是不熄的,他通夜不眠地守过第一夜,我继续守第二夜,直到完成他的化学实验。

牛顿如此,其他在科学上作出贡献的人也往往如此。达尔文曾说过,他自己"所完成的任何科学工作,都是通过长期的考虑、忍耐和勤奋得来的"。

爱迪生说过:"发明是百分之一的灵感加上百分之九十九的血汗。"这句话是值得我们认真考虑的。

爱迪生
(Thomas Alva Edison, 1847—1931)

原因的原因
—— 一谈识:世界观的作用

说也不信,像牛顿这样卓越的科学工作者,却同时又是一个上帝的最虔诚的信徒,特别是在他后半生,竟花了 25 年的时间来研究神学,企图证明上帝的存在,白白浪费了宝贵的生命。他对上帝的颂词,实在荒唐。例如,他曾写过:"至高无上的上帝是一个永恒、无限、绝对完善的主宰者……他是无所不能和无所不知的;就是说,他由永恒到永恒而存在,从无限到无限而显现";"他浑身是眼、浑身是耳、浑身是脑、浑身是臂。……上帝能见,能言,能笑,能爱,能恨,能有所欲,能授予,能接受,能喜,能怒,能战斗,能设计,能工作,能建造";"我们因为他至善至美而钦佩他,因为他统治万物,我们是他的仆人而敬畏他崇拜他"。

美与丑如此尖锐地集中在一个人身上,真是一幕悲剧。思想如此深刻却又如此浅薄,以致缺乏最起码的常识,这是为什么呢?初想起来确实令人迷惑难解。

人类对自然的认识是逐步深化的,永远没有尽头。一种现象必有它的原因(第一层),这个原因又有原因(第二层),这第二层原因又有第三层原因,如此下去,以至于无穷。譬如说,为什么抛出去的石块会落地?这是因为地球有吸引力(第一层)。为什么地球会有吸引力?因为任何物体都有引力,即万有引力(第二层)。为什么万物皆有引力？限于目前的科学水平,我们暂时还不知道这第三层原因是什么。由此可见,对于一个具体的人来说,他的认识只能达到某一层。这样,人们自然会想到：是否有一最初的原因？

有没有最初的原因？主要有两种本质上不同的答案。

辩证唯物主义认为事物是不可穷尽的,人类的认识能力也是无穷尽的,没有最初的原因,事物的原因只能从事物本身中去找,不需要也不存在超客观的因素。如果说有最初的原因,那么引起这个"最初的原因"的原因又是什么呢？辩证唯物主义的答案是积极的,它引导人们奋发图强,把原因一层层地深入追下去,每进一层就深入一步,整个人类的认识也就提高一步,如此下去以至于无穷。

唯心主义者所持的是另一观点,它认为这一非常复杂的过程可以由于引进一个"美妙的"假设而极其简单化,这就是假设上帝的存在；上帝是一切事物的创造者,是万能的主宰,是一切原因的原因。你问他引力从何而来,他说那简单得很,是上帝赋予的；再问他星球为什么会运动,他说那是由于上帝"最初的一击"；关于时间有没有开头问题,他说时间和世界一同被上帝创造出来,在上帝创造世界之前,没有时间,上帝是不生活在时间之中的。

这个假设虽然"美妙",却封闭了真理的大门,有了它,那还需要什么科学呢？

然而牛顿虔诚地相信真有上帝,甚至不惜拿出半生光阴来作赌注,原因何在呢？牛顿出身于一个宗教气氛非常浓厚的家庭,其主要成员不是牧师就是教徒。牛顿从小就受着信奉上帝的教育。当他研究自然科学时,在客观事物面前,他不能不承认事物之间的相互联系与相互制约性,因而具有自发的唯物主义思想倾向,这帮助他取得了很大的科学成就。然而,当上帝在他头脑中抬头时,特别是当他成了企业主,成了资产阶级政治活动家时,他就迅速地陷入了唯心主义的泥坑,而且越陷越深,从而也就葬送了他后半生的科学创造。世界观对人的影响如此之大,值得深以为戒。

倚天万里须长剑
——二谈识:科学研究中的革命

科学工作人员应该具有披荆斩棘的革命胆识,对于那些阻碍科学发展的陈腐"理论",必须坚决推翻,在批判错误理论的基础上建立新的学说。"掀翻天地重扶起",真理与谬论不能并存,非大破无以大立,事物发展的辩证法就是如此。

化学中的燃素说,生物学中的物种不变论,天文学中的地心说,等等,都是陈腐的"理论"。

笛卡尔
(R.Descartes,1596—1650)

早自笛卡尔起,物理界流行着"以太假说",认为以太是一种构造微妙的介质,它充塞于整个宇宙之中。电磁波(包括光)依靠以太传播,正如声波依靠空气传播一样。两个世纪以后,迈克耳孙(A.A.Michelson,1852—1931)和莫雷(E.W.Morley,1838—1923)于1887年在克利夫兰做了一次著名的实验,目的是想判断以太是否真的存在,结果却得到了否定的答案。他们的想法如下:如果地球真的是在以太海中航行,那么从地球上向以太海中发出的光线必定会受因地球的运行而发生的以太流所影响,正如从轮船上抛出的木片会受因轮船的运行而发生的海流所影响一样。地球绕太阳的运行速度是每秒32.18公里,光速每秒约299 731公里,所以,当一束光沿地球运行方向射出,也就是逆着以太流射出时,它的速度约为每秒299 699公里,而当逆地球运行方向射出时,应为每秒299 763公里,顺、逆两种速度应相差约64公里。可是,试验的结果表明,怎样也观察不出这一差额;换句话说,不管光线的方向如何,光的速度总是一样。这一结果使人们左右为难,或者必须放弃以太理论,或者必须推翻哥白尼的地动说。物理界为此意见纷纭,许多新的假说匆匆地贸然而来,又匆匆地悄然逝去。只有爱因斯坦敢于采取革命行动,毅然否定以太说,牢牢地抓住实验中所观察到的事实,并把它提高为一条基本假设:光速不因光源的运动而变。乍看起来,这条假设是与人们的生活常识相违背的。然而,正是从它与相对原理出发,爱因斯坦终于建立了轰动一时的相对论。

非欧几何诞生的故事更为动人。我们知道,欧几里得几何学是建立在公理的基础上的,它雄视科学界两千年,没有人能动摇它的权威。通常,科学著作容易被新著作所淘汰,很少几本能流传两三百年,唯独欧几里得写的《几何原本》与众不同,居然芳泽绵长,传诵至今。由此可见,欧几里得几何是如何深入人心了。

欧几里得
(Euclid,约前330—前275)

不过后来人们也发现了一个问题,原来在那些作为基石的公理中,第五公理显得很特别。这条公理现在是这样说的:"通过不在直线上的一个点,不能引多于一条的直线,平行于原来的直线。"可是,怎样才能断定两条直线平行呢? 要做到这一点,必须把它们向两端无限延长,并且处处不相交。这当然无法做到。因此第五公理是否符合实际就值得怀疑。有什么根据说不能引多于一条的平行线呢?欧几里得本人似乎也察觉到了这一点,他总是尽量避免引用它,在他的书中,第五公理出现得很晚。这样一来,便更增加了人们的怀疑。能不能把它从公理中删掉?能不能从其余的公理中,把它证明出来,因而改变它的地位,使它由公理变为定理呢?早自5世纪以来就有人从事这一研究,而且历代不绝,其中包括一些造诣很深的数学工作者如瓦里斯(J. Wallis, 1616—1703)、兰贝尔特(J. H. Lambert, 1728—1777)、勒让德、拉格朗日,等等,然而他们都没有成功。

拉格朗日
(J.L.Largrange,1736—1813)

勒让德
(A. M. Legendre,1752—1833)

伏尔夫刚·波里埃终生从事于第五公理的证明而毫无成就,他的痛苦心情,流露在他给儿子的信中:"希望你不要再做克服平行线公理的尝试。你花了时间在这上面,但一辈子也证不出这个命题。……我经过了这个夜的无希望的黑暗,我在这里面埋没了人生的一切亮光,一切快乐。……它会剥夺你的生活的一切时间、健康、休息和幸福。"

正当这个问题像无底洞一般吞噬着人们的智慧而不给予任何报酬时,只有罗巴切夫斯基、鲍耶、高斯等几位敢于抽出革命的剑,把它斩为两段,他们真不愧为数学革新中的佼佼者。

罗巴切夫斯基(Николай Иванович Лобачевский,1792—1856)于1815年开始研究平行线问题,起初也想走证明第五公理的老路,可是1823年他认识到以前所有的证明都是错误的。1826年,他公开声明第五公理不可证明,并且采用了相反的公理:通过不在直线上的一点,至少可以引两条直线平行于已知直线。从这个新公理和其余的公理出发,他终于建立了一种崭新的非欧几何学。由于这种新几何学的结论违反人们的常识(例如,它断定:三角形三内角的和小于180度),常常使人瞠目结舌,不知所云。这种几何学及其他的非欧几何学在天文学、宇宙论等中找到了应用。

罗巴切夫斯基毫不动摇地坚持自己的信念,不怕犯错误,不怕社会舆论的批评,敢于向权威挑战,公开声明第五公理不可证明,他这种大无畏的精神,很值得我们学习。高斯(Garl Friedrich Gauβ,1777—1855)也得到了同样的正确的结果,甚至比罗巴切夫斯基更早些,但他谨慎地隐藏了自己的发现,没有公诸于世。非欧几何的出现解放了人们的思想,扩大了人们的空间概念,可说是人类对空间的认识史上的一次革命。

疾病是怎么回事
—— 三谈识:主题及基本观点

自觉地学习和运用辩证法,树立辩证唯物主义世界观,对科研人员极为重要,对提高人们的德、识、才、学,有着莫大的帮助。事实证明:凡是科学中的重大发现,都是自觉或不自觉地运用辩证唯物主义的结果。自觉性越高,科学洞察力就越强,对事物本质的认识也就越深。相反,如果走向形而上学、唯心主义,那就必定会把科学引向失败或毁灭。即使像牛顿那样卓越的科学家,一旦把天体运动的原因归于上帝"最初的一击"时,真理的大门立即对他关闭了。

识的作用,表现在科研主题的选择上,表现在对问题的基本观点上。

爱因斯坦曾经说过:

> 提出一个问题往往比解决一个问题更重要,因为解决问题也许仅是一个数学上或实验上的技能而已。而提出新的问题,新的可能性,从新的角度去看旧的问

爱因斯坦
(Albert Einstein, 1879—1955)

题,却需要有创造性的想象力,而且标志着科学的真正进步。

1755年,康德(I. Kant, 1724—1804)发表了他的巨著《自然通史和天体论》,他在序言中说,该书的目的是要"揭发造物的伟大要素所结合成的一种广袤无际的结构,并且要用力学的法则从自然界的太初状态中推测出天体的形成及其运动的起源"。由此可见,康德正确地提出了两个问题:一是揭露恒星宇宙的构造;二是解释天体及其体系的起源。康德本人虽不可能完成这些使命,而且他把天体的形成归结为力学问题也是不全面的,但他提出的两个问题,对天文学的发展起了推动作用,特别是第二个问题,成为后来天体演化学的开端。

人类的疾病是怎么回事?怎样才算是疾病?它的本质是什么?这些问题并不简单。德国魏尔肖(R. Virchow, 1821—1902)提出细胞病理学说,他认为疾病是由于致病因素直接作用于局部的细胞,破坏了它们的营养、机能和生长繁殖的结果。这一见解虽然起了一定的进步作用,但他把疾病看成局部细胞的变形,忽视了疾病过程中机体的整体作用,带有严重的片面性。巴甫洛夫(И. П. Павлов, 1849—1936)从辩证唯物主义出发,批评这种片面性。他根据机体和环境的矛盾统一的观点,认为应该把疾病理解为机体和环境之间以及机体内部正常关系被致病因素破坏的结果,没有严格局部定位的疾病。致病因素一方面引起疾病,另一方面还可以作为刺激物,通过神经系统的反射作用,引起机体对致病因素的斗争。这种斗争一直继续到病愈或死亡为止。这一见解比较深刻,已被较多的人所接受。

当然,在今天,我们对科研主题的选择,首先应该根据国家建设和发展的需要,改善民生的需要,以求在科学方面有重大突破,要在理论上有重大创新,技术上有重大发明,使我国在科学技术上跃入世界先进国家的行列。

天 狼 伴 星
—— 一谈才:实验与思维

科学研究需要多种才能:制造仪器之才,观察实验之才,抽象思维之才,推理计算之才,等等;但基本上是两种:一是实验;二是思维。既能动手,又能动脑。

科学史上有些人由于这两种才能而成对出现,他们共同协作,导致重要发现。例如前面提到过的第谷与开普勒,又如伽利略与牛顿,法拉第与麦克斯韦。"每一对中的第一位都直觉地抓住了事物的联系,而第二位则严格地用公式把这些联系表述了出来,并且定量地应用了它们。"(《爱因斯坦文集》第1卷,第15页)

法拉第
(Michael Faraday,1791—1867)

法拉第,出身于英国的一个贫苦家庭,父亲是铁匠。他只上过短期小学,13岁去书店当学徒,学识全靠刻苦自学得来。他用微薄的工资,尽量购买科学仪器,以从事化学与电学的实验。后来,他听了英国化学家戴维的演讲,印象很深,便写信给戴维,请求介绍到皇家学院去工作。在工作中他表现出杰出的实验才能,对实用电学的三大分支(电磁感应、电化学与电磁波)作出了贡献,还得到了能量守恒的正确概念。但他在科学理论上的成就则较少受人注重,例如关于电磁学说,虽然他已提出了电场与磁场等基本思想,但表达不明确,没有找出数量上的规律。直到麦克斯韦,用精确的数学方法作了透彻的说明,才为世人所普遍接受。

然而不要以为这两种才能不能兼备,切勿把才能神秘化,俗话说得好,"熟能生巧",苦干是巧干的母亲。许多人如李时珍、达尔文(C. Darwin, 1809—1882)等就一身兼有这两种才能:既善于从自然界索取第一手资料,又能独具慧眼,从中找出规律来。

著名的天狼伴星的发现在天文学史上传为佳话,同时也显示了人类的才智。1834年,贝塞尔(F. W. Bessel, 1784—1846)观察天狼星运行时,发现它并不沿着直线(直线指大圆的弧)运动,而描绘出波浪形的曲线。他怀疑这是由于天狼星被另一颗紧挨着它的星所摄动而产生的。1844年,经过详细计算,贝塞尔从理论上断定这颗星(后来叫天狼伴星)是存在的。1862年,也就是他死后16年,美国的克拉克把新制成的18英寸(1英寸等于25.4毫米)的天文望远镜对准天狼星时,果然发现了这颗伴星,贝塞尔的预言令人信服地被证实了。

天狼伴星是人类最先发现的白矮星,它的质量大得惊人,密度为水的17万倍多。贝塞尔的发现,也证明他是一个兼备实验与思维能力的人。

贝塞尔对数学也很有研究,贝塞尔函数就得到了广泛的应用。

心有灵犀一点通
—— 二谈才：洞察力等

好比下棋，生手自以为想了好几步，熟手看来却很平易；生手挖空心思，熟手则灵活自如。下棋如此，科学研究也如此。要问原因，无它，熟手的才干处于较高的水平。

同一道数学题，甲做来单刀直入，十分简捷；乙虽然也做对了，却繁杂冗长，这反映了两人的思想方法和水平。甲把解题的线索想好后，下了一番整理的工夫，抓住主要的论据，逐步深入，不走弯路。这说明他力有余裕，从容不迫。乙的思路不很明确，带有盲目性和偶然性，一会儿想到东，一会儿又想到西，生怕漏掉，匆匆忙忙记下来，最后侥幸凑成答案。乙没有经过顺序的思考，他的解答中，有不少话多余、绕圈子或文不对题。由此看出，甲举重若轻，乙则喘息不已。

有时，乙花了很大力气，完成了一项研究，自以为很深刻。然而在甲看来，觉得平常，他甚至稍稍思索后就能猜中乙的解答，尽管他还不能严格地证明它。这说明甲的想象力和洞察力比较强。

"身无彩凤双飞翼，心有灵犀一点通"，有时的确如此。有些人的科学见解，远远超出同时代人之上，对一些问题的看法，洞若观火。由于历史条件的限制，虽然他缺乏"双飞翼"，不能精确地证实他的预见，但他的心灵，由于辛勤劳动和长期思考，已和自然界的客观规律"一点通",可以敏锐地感觉到它和领悟到它了。

这方面的例子不是个别的,德国的兰伯特(Lambert,1728—1777)关于宇宙体系的见解就是其中之一。兰伯特认为宇宙的结构是无限的,是由无穷个等级不同的体系构成的,太阳系是第一级体系,包含太阳的星团是第二级,银河系为第三级,许许多多的银河系共同组成第四级,再上去还可能有第五级、第六级,等等。他的卓越见解除一些细节外已为后来两百多年的天文观察所证实,超出当时的水平两百年。

科学的洞察力,就是俗话所说的"一眼看穿"的能力,它表现在能迅速地透过现象抓住本质,表现在对一些表面上似乎不同的事物,能迅速地找出它们共同的原因或彼此间的联系。克劳塞维茨(Carl ron Clause witz,1780—1831)在《战争论》中说:

> 这里对较高的智力所要求的是综合力和判断力,二者发展成为惊人的洞察力。具有这种能力的人能迅速抓住和澄清千百个模糊不清的概念,而智力一般的人要费很大力气,甚至要耗尽心血才能弄清这些概念。

我国宋朝时的沈括,是一位多才的科学家。1074年,他考察雁荡山,发现一些奇怪的现象:"予观雁荡诸峰,皆峭拔崄怪,上耸千尺,穹崖巨谷,不类他山,皆包在诸谷中,自岭外望之,都无所见,至谷中则森然干霄。"他以惊人的洞察力,判断形成这种奇特地貌的原因是"谷中大水冲激,沙土尽去,唯巨石岿然挺立耳"。这也就是说,他明确认识到这是流水侵蚀作用造成的。同时,他又联想到成皋、陕西大涧中,"立土动及百尺,迥然耸立",也是同样的原因,差别只在"此土彼石耳"。在西欧,直到18世纪末英国人郝登,才阐述了流水侵蚀作用,比沈括晚约700

沈括
(1031—1095)

年。沈括还在数学、天文、物理、医药等许多方面作出了卓越的贡献。无怪乎日本数学家三上义夫说：

中国的数学家，像沈括那样的多艺多能，实不多见，不用说在日本，就是在全世界数学史上也没有发现像他那样的人物。(《中国算学的特色》)

善于观察，不仅对科学，而且对文学、艺术以及处理日常事务等方面都是非常重要的。洞察力也不是天生的，而是在长期实践中培养锻炼的产物。法国短篇小说家莫泊桑曾向福楼拜请教写作的方法，福楼拜说："请你给我描绘一下这位坐在商店门口的人，他的姿态，他整个的身体外貌；要用画家那样的手腕传达他全部的精神本质，使我不至于把他和别的人混同起来。""还请你只用一句话就让我知道马车站有一匹马和它前前后后五十来匹是不一样的。"关于这点，福楼拜进一步说：

对你所要表现的东西，要长时间很注意地去观察它，以便发现别人没有发现过和没有写过的特点。任何事物里，都有未被发现的东西，因为人们观看事物时，只习惯于回忆前人对它的想法。最细微的事物里也会有一星半点未被认识过的东西，让我们去发掘它。

挑灯闲看牡丹亭
—— 三谈才:善于猜想

人的秉赋不同,才能各异。或深于理解,或长于记忆;或富于直观形象,或精于逻辑推理;有些人抽象能力强,能从纷纭万象中抓住本质,另一些人则能攻坚破阵,具体问题具体解决。以上种种,都是人所共知的。然而在科学发现中,还需要一种才能,却不太为人所注意,这就是"猜"。

大自然往往把一些深刻的东西隐藏起来,只让人们见到表面或局部的现象,有时甚至只给一点暗示。总之,人们只能得到部分的、远非完全的消息。善于猜测的人,仅凭借于这部分的消息,加上他的经验、学识和想象,居然可以找出问题的正确或近于正确的答案,使人不能不承认,这是一种才华的表现。

于是我们联想起猜谜来。这是人民群众喜爱的一种智力游戏。我国远在三千多年前的夏朝,就有了这种活动。有些谜语很文雅,例如有一个谜说:"南面而坐,北面而朝,像忧亦忧,像喜亦喜。"谜底是镜子。这个谜不仅符合镜子的实际,揭示了镜像对称,而且很有文采,富于形象。

猜谜的本领,随人不同;即使同一个人,他可能猜某一类谜很内行,猜另一类却无能。这种本领,主要来源于广泛的知识和丰富的想象,一个从未照过镜子的人,怎能猜出上面那个谜呢?

猜谜不简单,制谜也不容易。制谜的人大都先有了谜底,然后从它抽出某些特点,或者打一些比喻,必要时再转一点弯,便制成一个谜。例如姚雪垠的小说《李自成》中,有一谜是"挑灯闲看牡丹亭",打一名句。谜底是王勃(649—676)《滕王阁序》中的一句:"光照临川之笔。"这大概是读这句话时,联想起《牡丹亭》的作者汤显祖(1550—1616)是江西临川人,才制出这样文雅的谜来。由此可见,制谜和猜谜的思维程序,恰好是相反的。

公安人员侦破案件,在很大程度上也类似于猜谜;不过这谜是犯人出的。民警把犯人留下的蛛丝马迹连贯起来,提出一条线索,从而制订破案计划。

大自然更是一部巨大的谜书,人类为了读它,已经花了五千多年。结果发现,这些谜是永远猜不完的。猜出的越多,涌现的新谜也越多。科学家的任务,第一是要发现自然之谜(相当于制谜),第二是要猜出自然之谜。

至少从古希腊的德谟克里特(Dèmocritus,约前460—约前370)起,人类就在猜想一切物质是否都由原子组成,等到这个问题有了眉目,又出现了新谜:原子是怎样构造的?猜出这个谜的是卢瑟福。1910年他和同事们提出了原子结构的行星系模型。接着,人们又猜想原子中蕴藏着巨大能量,从而提出了如何释放原子能问题。

爱因斯坦在《物理学的进化》一书开头就说:

卢瑟福
(Ernest Rutherford,1871—1937)

我们是不是可以把一代继着一代,不断地在自然界的书里发现秘密的科学家们,比作读这样一本侦探小说的人呢?这个比喻是不确切的……但是它多少还有些比得恰当的地方,它应当加以扩充和修改,使更适合于识破宇宙秘密的科学企图。

和猜谜类似,研究自然科学需要广博的专业基础知识,需要观察和实验,需要丰富的想象力和正确的方法。这四者的有机结合,大大有助于识破自然之谜。

康有为与梁启超
—— 四谈才:方法的选择

做 任何事情都要讲究方法,方法对头,才能使问题迎刃而解,收到事半功倍的效果。这方法,不仅要针对问题的实际,使之有效;而且需切合自己之所长,扬长避短,使之可行。因此,善于迅速地找到有效的方法,也是一种重要的才能。

门捷列夫通过分类和比较,发现周期律;爱因斯坦运用数学方法和理想实验,创立相对论;德布罗意根据对称和类比的思想,发现物质波。他们的成就都是与方法分不开的。

采用什么方法,不只是一个孤立问题,而是与世界观紧密相关的。热爱人民,热爱真理,热爱劳动,是掌握科学方法的重要前提。许多科学大师在进行工作时,总是对自己

门捷列夫
(Д. И. Менделеев,1834—1907)

提出最高的要求，态度十分严谨认真。在对问题的解答尚未完全满意以前，在自认为尚未遍览全部有关资料以前，他们决不轻易公布自己的结论。

优秀的科学家如笛卡尔、爱因斯坦等人都非常重视方法，甚至把方法论当作专题来研究。拉普拉斯（P. S. Laplace，1749—1827）说：

> 认识一位天才的研究方法，对于科学的进步……并不比发现本身更少用处。科学研究的方法经常是极富兴趣的部分。（《宇宙体系论》）

德布罗意
(Louis Victor de Broglie,
1892—1987)

我国古代在学术研究中，非常重视方法论。晋朝陆机（261—303）的《文赋》、梁朝刘勰（465—520左右）的《文心雕龙》，对文章的创作方法作了系统精辟的论述；司空图（837—908）的《诗品》、王国维（1877—1927）的《人间词话》以及许多其他著作，对诗词的评价和创作都有所阐发。

清末的梁启超（1873—1929），在他所著的《清代学术概论》第二十六节中，曾比较他和他的老师康有为（1858—1929）的治学方法，颇有意思，可供一读。他说：

> 启超与康有为有最相反之一点，有为太有成见，启超太无成见。其应事也有然，其治学也亦有然。有为常言："吾学三十岁已成，此后不复有进，亦不必求进。"启超不然，常自觉其学未成，且忧其不成，数十年日在旁皇求索中。故有为之学，在今日可以论定；启超之学，则未能论定。然启超以太无成见之故，往往徇物而夺其所守，其创造力不逮有为，殆可断言矣。启超"学问欲"极炽，其所

嗜之种类亦繁杂。每治一业,则沈溺焉,集中精力,尽抛其他;历若干时日,移于他业,则又抛其前所治者。以集中精力故,故常有所得;以移时而抛故,故入焉而不深。

看来,康过于"有我",因而保守自封,以己之一见而排斥新思想;而梁则过于"从众",故常变主张而不能自造一新学说。前者在独树一帜而后者在宣传普及新思想上,却各有所得。这就是由于治学方法不同而导致治学成果各异的一个明证。

林黛玉的学习方法
——一谈学:从精于一开始

我国著名古典小说《红楼梦》第四十八回讲了一个故事:香菱向黛玉请教如何做诗,黛玉说:

> 我这里有《王摩诘全集》,你且把他的五言律一百首细心揣摩透熟了,然后再读一百二十首老杜的七言律,次之再李青莲的七言绝句读一二百首;肚子里先有了这三个人做了底子,然后再把陶、应、刘、谢、阮、庾、鲍等人的一看,你又是这样一个极聪明伶俐的人,不用一年工夫,不愁不是诗翁了。

诗来源于生活,林黛玉的这种学诗方法虽然不够全面,作家应该深入到实际中去,才能找到诗的不竭的源泉;但如果是为了继承古代诗歌的优秀传统,并从前人的创作中吸取经验,她的意见却有可取之处。

林黛玉的学习方法,对初学自然科学的人也有参考价值。现代科学,面广枝繁,不是一辈子学得了的。唯一的办法是集中精力,先打破一缺口,建立一块或几块根据地,然后乘胜追击,逐步扩大研究领域。此法单刀直入,易见成效。宋朝的黄山谷也发表过类似的见解,他说:

> 大率学者喜博而常病不精,泛滥百书,不若精于一

也。有余力,然后及诸书。则涉猎诸篇,亦得其精。

费尔巴哈(L. A. Feuerbach, 1804—1872)说:

> 托马斯·霍布斯(1588—1679)只阅读非常杰出的著作,因此他读的书为数不多,他甚至经常说,如果他像其他学者那样阅读那么多的书籍,他就会与他们一样无知了。

要建立研究据点,必须认真学好最基本的专业知识。在一个或几个邻近的科学领域内,下苦功夫精读几本最基本的、比较能照顾全面的专业书。这些书应该慎重挑选,最好是公认的名著或经典著作。有些好书,读时虽很费力,读懂了却终生受益。达尔文非常爱读赖尔的名著《地质学原理》,并以此书作为考查工作的理论指导,从中得到不少启发。书不能太少,太少则行而不远;也不能贪多,贪多则消化不良,容易沦为别人的思想奴隶。精读应循序渐进,扶摇直上,有如登塔,层层上升,迅速接近顶端。切忌贪多图快,囫囵吞枣,否则势必根基不稳,患上先天贫血症。另一方面,也不要老读同一类书,以免长久停留在一个水平上,作平面徘徊,虚掷时光,劳而少功。最好请有经验的人,帮助订一个学习计划,确定学习科目、书名、顺序和进度。

如何攻读经典名著?初读时要慢、细、深,一步一个脚印,以便深入掌握这门学科的基本知识,并体会其技巧、思路和观点。强迫自己读慢、读细、读深的一个好方法是做笔记、做习题或做实验。我们的思想常常急于求成,用这种方法可以控制自己。细读第一遍后,留下许多问题,读第二遍时会解决一些,同时又可能发现一批新问题。如此细读几遍,到后来便越读越快,书也越读越觉得薄了。这时可顺读,可反读,也可就一些专题读。顺读以致远,反读以溯源,专题读则重点深入以攻坚。三种读法,不可或缺。如是反复,最后才能提要钩玄,得其精粹。到了这时,绝大多数问题已经解决,留下少数几个,往往比较深刻,不妨锲而不舍,慢慢琢磨。这时我们面临着攻坚战,这几个难题成了攻坚对象。不要指望一两天就能成功,需要的是坚持、顽强和拼命精神。白天攻,晚上钻,梦中还惦着它们。"此情无计可消除,才下眉头,却上心头","忆君心似西江水,日夜东流无歇时",反正不攻下来就没个完。这样搞他几个月,不信一点也搞不动。到最后可能还剩下极少数顽固分子,那就转入持久战,时时留心,处处注意,一旦得到启发,就可一通百通,有的甚至可以成为新的起点,导致新的发现。因此,深刻的问题,怕无而不怕有,嫌少而不嫌多。学问、学问,学与问本来就是同一事情的两个方面,是矛盾的两个组成部分,相辅相成,对立而又统一。在最后的攻坚战中,勤学多问,向一切有经验的人学习,坚信"科学有险阻,苦战能过关",这对解决难题是十分重要的。

当然,只有那些十分重要、高水平而又艰深的著作,才值得如此努力;至于一般的书,那就只需一般读之。

有了一定的专业基础,就应抓紧时机,转入专题研究。只有从事研究,才能消化和运用已学到的东西。并且,"书到用时方恨少",那时又会逼着自己去寻找新知识、新方法。唐代名医孙思邈(581—682)曾说:

> 读书三年,便谓天下无病可治;及治病三年,便谓天下无方可用。

这确是切身经验之谈。要经常阅读科学杂志、评论及文摘,了解最新的发展。读大部头书,只能学到比较古典的知识,一般地,正式写进书里的东西至少是几年前的发现,不能反映最新成果。多读有关杂志,才能掌握本学科国内外的新动向、新思想、新成就。

一个公式
—— 二谈学：精读与博览

长时期只读同一专业的书，就会三句话不离本行，思想大受限制。许多有成绩的科研人员，都有广泛的兴趣。我国古代著名的数学家祖冲之，在天文、历法、文学、哲学和音乐等方面都有很深的造诣；李时珍除在医药上作出了突出贡献外，还精通博物、文学与史学。

17世纪以前，科学积累的知识不如现在丰富，一个人有可能从事多方面的研究。17世纪以后情况便大大改变了，科学在加速发展，专业分工越来越细，没有人能充分掌握当代的全部知识。于是不少人终生在自己的专业圈子里挣扎着，简直没有工夫抬起头来向周围望望。勇敢的人认识到这种局限性后，就自觉地冲杀出去，不断扩大研究领域，其中一些人终于成为科研的多面手。

别的学科的新思想有时会对专业工作带来很大的启发和帮助。"晴空一鹤排云上，便引诗情到碧霄"，科学研究也常有这种境界。19世纪初，病人经手术后，伤口化脓十分严重，这对生命是个很大的威胁。英国外科医生里斯特日夜思索化脓的原因，久久不得其解。后来幸亏读到法国细菌学家巴斯德的著作，从中了解到"细菌是腐败的真正原因"，深受启发，终于发明了用石炭酸杀菌的消毒方法。1874年，他给巴斯德写了一封热情洋溢的感谢信:"请你允许我乘这机会恭恭敬敬地向你致谢,感激你指出细菌的存在是腐败的真正原因,只是根据这惟一可靠的原理,才使我找出了防腐的方法……"

数学工作者维纳(N. Wiener, 1894—1964)具有多方面的才能,他批评一些人只注意本行,稍有逾越便认为多事,忘记了科学的无人区正是大有可为的地方。他说:

> 在科学发展上可以得到最大收获的领域是各种已建立起来的部门之间的被忽视的无人区。……到科学地图上这些空白地区去做适当的查勘工作,只能由这样一群科学家来担任,他们每人都是自己领域中的专家,但是每人对他邻近的领域都有十分正确的和熟练的知识。

维纳和他的同事们正是在数学、生理学、神经病理学等的边沿交叉地区奠定了控制论的理论基础。

阅读多种书刊,还可以使大脑得到积极的休息,使思想方法受

巴斯德(L.Pasteur, 1822—1895)

到多方面的训练。英国的弗兰西斯·培根(Francis Bacon, 1561—1626)说：

   阅读使人充实,会谈使人敏捷,写作与笔记使人精确。
  ……史鉴使人明智,诗歌使人巧慧,数学使人精细,博物使人深沉,伦理之学使人庄重,逻辑与修辞使人善辩。

这番话有一定的参考价值。

  鲁迅很主张嗜好性的读书,他在《读书杂谈》中说:"爱看书的青年,大可以看看本分以外的书,即课外的书,不要只将课内的书抱住。"晋朝的大诗人陶渊明也说:"好读书,不求甚解,每有会意,便欣然忘食。"这里说的是博览群书。

  从精于一开始;经过博而达到多学科的精;集多学科的精,达到某一大方面或几大方面的更高水平的精。这可以看作是一个公式。

蓬生麻中　不扶而直
—— 三谈学:灵活运用

一种读书方法是把书本当作教条,死背强记,生搬硬套;另一种以书本为武器,迅敏机动,灵活运用。采用前法必被书所奴役,为书所淹没;用后法的人统帅群书,供我驱使。这两种读法,哪种好呢? 当然是后者。

读书要有目的,希望它解决什么问题? 我想从中找到些什么? 同时还要有我的独立见解。把书中的精华与自己的见解加以比较、融化,就可加深对问题的认识。

读书应有的放矢,爱因斯坦曾说:

> 在所阅读的书本中找出可以把自己引到深处的东西,把其他一切统统抛掉,就是抛掉使头脑负担过重和会把自己诱离要点的一切。

有舍才能有得,轻装才能高速前进。行军如此,读书亦如此。

南北朝时的贾思勰,很会读书。当他读到荀子《劝学篇》中"蓬生麻中,不扶而直"两句话时,他想,纤细茎弱的蓬长在粗壮的麻中,就会长得很直,那么,把细弱的槐树苗种在麻田里,也会这样吗? 于是他做实验。槐树苗由于周围的阳光被麻遮住,便拼命向上长。三年过后,槐树果然长得又高又直。

1907 年,德国的欧立希(P. Ehrlich, 1854—1915)想用染料来

灭锥虫,累遭失败。一天他在化学杂志上读到一篇文章,其中说:在非洲流行着一种可怕的昏睡病,当锥虫进入人的血液大量繁殖后,人就会长时间昏睡而死。用化学药品"阿托什尔"可以杀死锥虫,救活病人,但后果仍很悲惨,病人会双目失明。这篇文章给欧立希很大启发,但他没有停留在文章的结论上。他想:阿托什尔是一种含砷的毒药,能不能稍许改变它的化学结构,使它只杀死锥虫而不伤害人的视神经呢? 在这种思想的指导下,他和同事们找到了多种多样改变化学结构的方法,一次又一次地做实验。他们的毅力的确惊人,在失败了许多次之后,终于成功地制成药品六〇六(砷凡纳明),挽救了无数昏睡病人和梅毒病人的生命。①

这些例子充分说明读者的见解与书本的精华相结合是何等重要。"阿托什尔能杀死锥虫,但也伤害人的视神经",这是文章的结论;"可以改变它的化学结构,使它有利而无害",这是欧立希的见解。这两方面的结合导致六〇六的发明。书本的精华,只有经过一番凝缩、分析、比较、抽象的工夫后才能抓住。有的放矢,带着问题学习的人,容易提出自己的见解,因为他对这个问题思索已久,脑海里储存了许多有关的信息,大有盘马弯弓、一触即发之势。如果欧立希没有长时间思考消灭锥虫的问题,那么,这篇文章写得再好,也决不能激起他智慧的浪花,只会悄然无声地消逝在茫茫无际的文献海洋之中,直到另一些人发现它的价值为止。

---

① 传说失败了605次;但也有人认为606是这种药物的编号。

涓涓不息　将成江河
—— 四谈学:资料积累

我们读一些科学名著,常常为它们的旨意高远、体大思精、立论谨严、搜罗丰富而感叹,同时也不禁要问:作者从哪里找到这么多的思想和资料呢？其实,这决非朝夕之功,而是日积月累,辛勤劳动的结晶。

据不完全的统计,马克思为了写《资本论》,曾钻研过1500多种书,而且都作了提要。这种工作毅力令人惊服。列宁也是一样,善于从各方面(甚至包括托尔斯泰、屠格涅夫等人的文学作品在内)汲取他所需要的材料。

读书应做有心人。要善于在平时逐渐搜集对日后有用的资料,把它们写成笔记。有各种各样的笔记:有些是简单的摘录;有些加进了自己的见解,成了创作的半成品;而另一些则是相当完善的精制短篇。零件既备,大器何难！一旦需要时,就可以把它们组织起来,使之成为有价值的著作。

唐朝著名诗人李贺(790—816),《新唐书》说他:"每旦日出……背古锦囊。遇所得,书投囊中……及暮归,足成之……日率如此。"可见他随时随地都在搜集资料,然后"足成之"以制佳篇。涓涓不息,将成江河。相传王勃的《滕王阁序》,是对客挥毫一气呵成的,这说法未必全面。我认为王勃有坚实的基础,平日积累了许多丽辞佳句,才能当场吐玉泻珠,写出这篇文采飞扬的骈体文压卷名作来。

鲁迅(1881—1936)也很重视资料积累。为了研究中国小说史,他从上千卷书中寻找所需要的资料,《古小说钩沉》《唐宋传奇集》等书就是他辛勤辑录的成果。正如他自己所说:"废寝辍食,锐意穷搜。"鲁迅积累资料的勤奋态度和认真精神,值得我们学习。

俄国作家果戈里(Николай Васильевич Гоголь,1809—1852)说:

> 一个作家,应该像画家一样,身上经常带着铅笔和纸张。一位画家如果虚度了一天,没有画成一张画稿,那很不好。一个作家如果虚度了一天,没有记下一条思想、一个特点,也很不好……

果戈里总是每天一大早就开始工作。他又说:

> 必须每天写作。如果有一天没有写,怎么办呢?……没关系,拿起笔来,写'今天不知为什么我没写','今天不知为什么我没写'。把这句话一遍一遍地重复下去,等到写得厌烦了,你就要写作了。

达尔文是善于直接向大自然索取第一手资料的能手。从1831年踏上军舰作航行考察时开始,他就孜孜不倦地搜集各种珍贵动植物和地质标本,挖掘古生物化石,研究生物遗骸,观察荒岛上许多生物的习性。经过27年长期的资料积累和分析、写作,终于发表了轰动一时的《物种起源》,恩格斯称赞它是一部划时代的著作。

没有渐变,不会有质变;没有数量,就谈不上质量。只有平日多学习,多积累,才有可能产生高水平的创作。荀子说:

> 不积跬步,无以至千里;不积小流,无以成江海。

这话对我们是有启发的。

剑跃西风意不平

—— 五谈学：推陈出新

读书当作两面观：取其精华，去其糟粕。二者结合，再加创造，就叫"推陈出新"。

清代的袁枚在《随园诗话》中说：

> 欧公（欧阳修）学韩（韩愈）文，而所作文全不似韩，此八家中所以独树一帜也。公学韩诗，而所作诗颇似韩，此宋诗中所以不能独成一家也。

他对欧阳修（1007—1072）的评论虽未必全面，却形象地说明了"推陈出新"的重要。在另两处，他又说，"不取亦取，虽师勿师"；"平居有古人，而学力方深；落笔无古人，而精神始出"，也是这个意思。

要破除迷信，敢于向科学权威的错误挑战。真理的长河永无穷尽，任何人，不管他如何正确，他总是生活在一定条件之下，因此，他的见解，总会带有某种局限性。桃李不须夸鲜艳，风雨纵横好题诗。前贤虽云好，新人胜旧人。这是历史发展的必然规律。

唐朝有一部书叫《唐本草》，书中说：如果把北方的芜菁移植到南方，就会变成白菜，意思是说，移植是不会成功的。700年过去了，明朝的徐光启偏偏不信，他要试一试，便在南方种下芜菁，几年后却并未变成白菜。此后，他又把山芋从福建移植到上海，把水稻从南方移植到北方,都得到了成功。

20世纪初,有人断言:向地球上的远方发射电磁波完全不可能,因为电磁波穿过大气层就会一去不返。然而马可尼(G. Marconi, 1874—1937)却不相信,他不用导线把信号送过大西洋,对岸居然收到信号。这是由于大气层的电离层像镜子一样把电磁波反射下来。马可尼与俄国波波夫的发现是无线电事业的开端。

要说大权威,可以举出希腊的亚里士多德,然而他也有许多错误。例如,他说:"推一个物体的力不再去推它时,原来运动的物体便归于静止。"这个似是而非的论断,欺骗了世人一千多年,直到引起伽利略的怀疑为止。伽利略这样想:有人推一辆小车在路上走,如果他突然停止推车,小车并不立即停止,还会再走一段路,如果路面平滑,这段路就会更长些。伽利略过人之处,就在于他的思想并未于此中断,相反,它却再向前走了一大步,居然完成了认识上的飞跃——一个真正够得上飞跃称号的飞跃。他设想,如果毫无摩擦,小车便会永远运动下去。这确实是一个大胆的革新思想,谁见过永远前进的车子呢?当然,这个实验是不可能实现的,因为无法把摩擦全部消除,它只是一个"理想实验"。伽利略的想法后来由牛顿写成力学第一定律:"任何物体,只要没有外力作用,便会永远保持静止或匀速直线运动的状态。"能从万象纷纭的无数学说之中,挑出伽利略的这一思想,并把它提到这样的高度,

亚里士多德
(Aristotle,前384—前322)

伽利略
(Galileo Galilei 1564—1642)

说明牛顿的科学鉴赏力是何等高超,可谓慧眼识真金矣!爱因斯坦也高度评价了这一工作,他说:"伽利略的发现以及他所应用的科学推理方法,是人类思想史上最伟大的成就之一,而且标志着物理学的真正开端。"顺便提出,爱因斯坦本人也是善于从事"理想实验"的。

　　荒谬的东西,没有巧妙的伪装,便一刻也不能生存。"剑跃西风意不平"。不要被学术权威所吓倒,对陈腐观念,要敢于怀疑,敢于斗争。同时还必须尊重客观实际,脚踏实地,努力工作。"为求一字稳,耐得半宵寒。"只有把大无畏的革命精神与实事求是的科学态度结合起来,才能作出较大的贡献。

钱塘江潮与伍子胥
—— 六谈学:关于学术批判

汉朝王充(27—约97),是一位批判大师,他读书很多,但决不盲从,认为"俗儒守文,多失其真"。他写了一本书叫《论衡》,就是专门批驳前人的错误或他不同意的论点的。这部书的写作,前后历时30多年。王充的批判,根据充实,说理透彻,言词精简,有破有立,决不是从个人或帮派小集团的利益出发,以古为弹,以今为靶,专门颠倒黑白,伤人害人。所以他的文章,读来令人心服。譬如,在《书虚篇》中谈到钱塘江的潮水问题,据说是伍子胥被吴王夫差杀害后,忠魂不散,驱水为潮,以表愤慨。王充指出这是欺人之谈,他举出12点理由,反复说明潮水决非伍子胥的魂所激起的;接着又列出6点根据,正面解说潮水是一种自然现象,并正确地指出"涛之起也,随月盛衰,大小满损不齐同"。他在当时能认识到潮与月的关系,确是卓见,非同凡响。英人李约瑟很重视这段批判,把这段原文和译文完整地引用在

李约瑟
(Joseph Needham, 1900—1995)

他写的《中国科学技术史》第四卷中。王充的思想确很深刻,真能探微索隐,入木三分。他有许多见解,远远超过当时的水平。又如关于两小孩辩日,问太阳是在早晚近还是在中午近。这在那时确实是一大难题,因为人们对日、地的运动及地球的形状还认识不清。而王充却能慧心独运,举出三点理由,证明中午的太阳近。这不能不令人惊服。

学术批判,必须讲道理,明是非,不能强词夺理,以势压人。批判,是批判错误,批判消极因素,是为了促进学术繁荣,扶植百花齐放,决不是否定一切、打倒一切。批判的最后成果,应是立新;无新,则批判不能彻底。有些道理,并非全错,只是适用范围有限。批判它的局限性,也是有积极意义的。例如牛顿力学对低速运动是很准确的,但对高速运动,则误差很大,应以相对论力学来代替。

17世纪以前,医学界流行着一种错误的见解,认为人的血液产生于肝脏,存在于静脉中,进入右心室后渗过室壁流入左心室,经过动脉,遍布全身后就在体周完全消耗尽。这是2世纪罗马医学家格林等人的说法,保持了千多年的权威,"糟粕所传非粹美,丹青难写是精神",直到英国哈维(W. Harvey, 1578—1657)对它进行批判,并发现血液循环不止。

哈维认为血液是循环的,而不是产生后不久就消耗尽。他的根据是:半小时内通过心脏的血液,已经是人体血液的全部,人决不能在这么短的时间里制造这么多的血,只有假设血液沿着一条封闭线路循环流动,才能解释这种现象。哈维说:

> 心脏传输的血量到底有多大?流过的时间到底有多短?这些问题长期在我头脑中盘旋。结果我发现,血液只能从动脉倒流入静脉,从而流回心脏右方,消化所吸取的营养精华。否则,无论如何也不可能供给这么多的血液,这样静脉也会被抽空,动脉将因供血太多而胀破。当我总结这些证据的时候,我就开始推想是不是可能有一个循环的运动。

接着,哈维用结扎人体四肢的实验,证明由动脉流来的血液,不是在体周消失,而是流入静脉了。此外,他还用了胚胎学和比较解剖学的材料,来论证血液的循环。哈维的发现,为动物生理学建立了基础,贡献很大,但他谦虚谨慎。哈维很喜欢这首诗:

谁也没有达到完善的地步,
他以为是知道的,实际上有许多地方还不知道。
时间、空间和经验增加了他的知识,
或改正他的错误,或训诲他,
或引导他放弃那些他过去曾经深信不疑的东西。

斗酒纵观廿一史
—— 读点科学史

明朝末年,史可法(1602—1645)写过一副对联:"斗酒纵观廿一史,炉香静对十三经。"唐太宗李世民(599—649)也曾说过:"以铜为镜,可以正衣冠;以古为镜,可以知兴替;以人为镜,可以明得失。"宋朝的司马光(1019—1086)等人遵照皇帝的命令,花了19年时间,修成编年史《资治通鉴》;司马光说自己"学术荒疏,凡百事为皆出人下,独于前史粗尝尽力,自幼至老嗜之不厌"。可见封建统治阶级是非常重视读史的。其目的是想从历史中吸取治理国家和管理百姓的经验教训,掌握所谓牧民之术。封建统治阶级既然如此,我们难道不也应该读点历史,来识破和揭露他们那一套统治的手段,并且古为今用,从中吸取对我们有益的经验吗?

读社会发展史,可以提高对文明进化、社会发展的理解和认识;同样,读科学发展史,吸取前人的经验,对提高科学工作者的德、识、才、学,也有很大的帮助。

科学上一些重大的发现,或者重要学说的建立,往往需要几十年、几百年甚至上千年的集体努力。例如,对天体运动的研究,从遥远的史前时代就已开始,我国古代早就有"地动"的思想,汉朝的著作《春秋纬·元命苞》中说:"天左旋,地右动",《尚书纬·考灵曜》中说得更清楚:

地恒动不止,而人不觉,譬如人在大舟中,闭窗而坐,舟行而不觉也。

以后经过波兰的哥白尼推翻地心说建立日心说的革命,经过万有引力的伟大综合,直到广义相对论的出现,才为宇宙论打下初步的理论基础。即使从哥白尼算起,也有近500年的历史,何况现代宇宙论正方兴未艾,有待后人的继续努力呢!

宇宙论如此,其他如电磁学说、原子论、生命起源、生物进化、等等,也无不经历很长的历史发展时期,其中有资料积累的渐变岁月,也有大破、大立、大跃进的关键时刻。人们应该了解今天在这个发展长河中处于什么位置,应该抓住现阶段的发展主流和生长点,以便正确安排我们的工作,为此,就应该读点科学史。

纵观科学史,不仅可以了解科学发展的趋势,而且还会因前人的成就而受到启发和鼓舞。开普勒因发现行星的轨道是椭圆而喜不自禁地写道:

以我一生最好的时光和第谷在一起所追求的那个目标,终于要公诸于世了。再没有什么能制止我了。大势已定!书已经写成了,是现在被人读还是后代才被人读,于我都无所谓了。也许这本书要等上100年,要知道大自然也等了观察者6000年呢!

当我们读到这些词句时,不也似乎分享到一份欢乐,为科学的重大发现而兴高采烈?

彗星的故事
—— 简谈我国古代的发现、发明

我国人民勤劳勇敢,聪明能干,富于创造精神,古代四大发明:火药、指南针、纸、印刷术,早已誉满全球。其实我国的发明创造,车载斗量,不可胜数。在炼铁、建筑、缫丝、手推车、风车、水车、风箱、多轮磨、染料、耕作、酿酒、制糖、制酱、医药等方面,都在世界上遥遥领先。

公元132年,张衡发明世界上第一个记录地震的仪器——候风地动仪。

我国最早制造瓷器,比西方早1000多年。

公元166年左右,东汉崔寔(?—约170)在《四民月令》中记载植物的性别与繁育关系,比欧洲早1500多年。

公元304年,西晋嵇含的《南方草木状》中关于生物防治的记载,比西方早1500多年。

公元前581年已有针灸疗法的记录,此法于公元550年传入日本,17世纪传入欧洲。2世纪,东汉华佗(?—208)成功地运用全身麻醉药物,比西方早1400多年。

5世纪,南朝祖冲之(429—500),算出圆周率 π 的值在3.1415926和3.1415927之间,比西方早1000多年。

《汉书·五行志》中有关于公元前28年的太阳黑子记录,《伏候古今注》中有关于公元前 30 年的极光记录,这些都是世界上有关方面的最早记录。史书《春秋》中记载了公元前 722 年至公元前 481 年的 36 次日食,经推算其中 32 次是可靠的,这是上古最完整的日食记录。

周朝已使用凹面镜聚焦阳光取火,最早利用太阳能;《论衡》中有磁性指示方向的司南勺及静电现象的记录;北宋沈括研究了指南针的四种装置方法,并在世界上最早发现地磁偏角;他关于地壳运动也有很多创造性的见解,写在《梦溪笔谈》中。

以上只是我国古代科学发现和发明中极少的一部分。劳动人民的想象力是惊人的,他们有许多很有价值的思想。一些人在此基础上再加以提炼、概括、观察,创立新说。例如古代的浑天说,主张"天之形状似鸟卵,天包地外,犹卵之裹黄",其中便暗含地球是球形的思想。又如关于宇宙构造问题,老子的《道德经》中有一段话很有意思:

    天地之间,其犹橐籥乎?虚而不屈,动而愈出。

这段话的意思是说:宇宙好像大皮囊,富有弹性,虽然空虚,但不屈折,一经压迫,气便外泄(参见第 70 页上插图)。老子(道家创始人)也许是受了当时冶铁工艺的启发。因为冶铁必须高温,高温必须鼓风,大皮囊便是用来鼓风的。20 世纪初,瑞典物理化学工作者阿尔亨尼斯(1859—1927)等提出"脉动的宇宙",认为宇宙有时既以星系"逃逸"的形式膨胀,有时又发生收缩,恰如心脏时伸时缩一样。这种把整个宇宙看成有限的观点还在讨论中;但如只考虑宇宙的一部分,例如我们的银河系所在的总星系,那么,根据广义相对论,总星系有可能是脉动的。膨胀反映为红移,收缩表现为各星系的相互接近。这恰好和两千多年前的老子思想相暗合。

许多天文记录,也以我国为最完备。英国哈雷(E. Halley,1656—1742)发现 1682 年出现的彗星,与 1607 年及 1531 年出现的彗星有相似的轨道,因而推论这是同一颗彗星(后命名为哈雷彗星),约每隔76年6个月出现一次。于是,他便查出这颗星出现的时间,但用欧洲的记载只能上溯到公元989年,即北宋太宗雍熙三年。除我国外,世界最早记录也只能到公元66年——法国天文杂志载:公元66年在耶路撒冷看到彗星。而我国的记录却可追溯到公元前611年,即春秋鲁文公十四年秋七月,"有星孛入于北斗";自秦始皇七年即公元前240年起,记载更为完整,至公元1910年止,我国共有记录29次,加上以前的两次共31次,都符合于理论计算,这说明记录是准确的。上下两千年,绵延近百代,居然无一次记错,可谓难能可贵矣!后人还根据这些资料,算出哈雷彗星在汉朝时轨道与地球轨道平面的交角,与现在比较已相差达八度之多。

人们曾研究金牛座的蟹状星云,发现星云以每秒1300多千米的速度在膨胀,如果这个速度历来未变,那么可以算出大约在900年前,星云的全部物质集中在很小的中心地区。于是,不难想象那时曾发生一次超新星的大爆发,然后物质才四向扩散而成为今天的星云。果然,我国《宋史》卷五十六有这样的记载:

至和元年五月己丑(即1054年7月4日),客星出天关东南可数寸,岁余稍没。

天关就是金牛座星,现在天文界已普遍承认,这就是那次超新星大爆发的历史证明。由此可见我国天文工作者的认真负责精神。

回顾我国古代科学发现、发明,可以看到,我国伟大的各族人民,是非常聪明,非常勤劳,非常勇敢的,他们中涌现出了许多杰出的科学家,创造了灿烂的古代科学文化,对人类作出过巨大贡献。

新中国成立以后,在党的领导下,全国人民和广大科技人员,建立和发展了一系列新兴科学技术,例如自力更生地制成原子弹、氢弹、导弹,准确发射和回收人造地球卫星,创建地质力学,推翻了中国贫油论,成功地预报了一些大地震,在世界上第一次人工合成结晶胰岛素。此外,在数学、医学等方面的研究上也都取得了重要成果。如今形势更为喜人,国家为科学技术的疾飞猛进,进一步开拓了广阔的道路,我们应该乘东风,破万里浪,继承和发扬祖国科学技术的优秀传统,充分发挥聪明才智,为攀登世界科学技术高峰,建设强大的社会主义国家而作出更多、更大的贡献。

天地之间,其犹橐籥乎? 虚而不屈,动而愈出。(叶雄绘)

万有引力的发现
—— 长江后浪超前浪

科学上的许多重要发现,例如万有引力、电磁场、相对论、量子论、生物进化论、元素周期表、原子能,等等,真是人间珍品、科学精英,"何须浅碧深红色,自是花中第一流",使人心旷神怡,一读三叹。

是什么促使科学家获得这样丰硕的成果和达到这样高的创造境界呢?泰山虽高,还须岩石支持;江河虽大,无源必致枯竭。一个伟大学说的建立,需要广大人民群众的集体努力。群众的生产实践,是一切发现、发明的基础。等到初具规模,欲出未出时,专业人员的见识,以及他们所具有的卓越的洞察事物本质和训练有素的概括综合才能往往起决定性的作用。概括综合,绝不是像加法一样简单求和,而是要从表面似乎不相关联而实际上却是同类的许多事实中抽取共同的规律。

考察一下万有引力发现的经过,对我们了解识、才、学在其中的作用,无疑是很有益的。

自从开普勒等人发现行星运动的三定律后,自然就产生了一个迷人的问题:是什么驱使行星不知疲倦地绕太阳作椭圆运动呢?

也许是有某种力作用于行星呢。以研究磁铁著称的吉尔伯特

就曾设想这种力是磁力。1666年波勒利又想到行星运动必然产生离心力,为了使它们不离日而去,必须有一种"向心力"来平衡离

吉尔伯特
(William Gilbert,1544—1603)

惠更斯
(Christiaan Huygens,1629—1695)

心力,就像人用绳子系着石块作圆周运动时,手必须用力牵着绳子一样。1673年惠更斯在研究钟摆的著作中进一步指出:离心力和半径 r 成正比,和周期 T 的平方成反比,这也就是与 $\frac{r}{T^2}$ 成正比;然而根据开普勒第三定律, T^2 与 r^3 成正比。因此,向心力应与 $\frac{r}{r^3}=\frac{1}{r^2}$ 成正比。这一结论已为胡克、哈雷等于1679年左右得出。

另一方面,当时还流行着笛卡儿的涡动学说。笛卡儿认为宇宙是由太初的混沌演化而来的,混沌中充满了物质的微粒,微粒的初始运动没有什么规律,后来逐渐获得了离心的涡动性质,就像水绕某些点作漩涡运动一样。涡动的结果之一便产生了太阳系,太阳是一个涡动中心。

由此可见,前人已在引力方面做了许多工作。那么,牛顿又做了些什么呢?

第一,对引力本质的认识。牛顿起初也是相信笛卡儿学说的,

但后来抛弃了它。笛卡儿学派还有一个更一般的观点,他们否定彼此间有距离的物体间有相互作用力,要有的话,也必须通过中间介质(以太)来传递。牛顿对此提出异议,他认为:物体之间有吸引力,这种力不需要什么介质的帮助;吸引作用是物质本身固有的属性,就像磁力是磁铁的属性一样。牛顿也与惠更斯不同,后者认为引力不是物体本身所固有的,而是物体机械运动的结果。从牛顿的观点出发,立即得出一个重要的推论:既然引力是物体本身的性质,那么宇宙间一切物体都应该有引力,这就是引力的万有性。

第二,关于万有引力的数学形式。以上只是初步的猜测,如果不找出引力的定量表示,而且验之于实践,那么这些想法是不能使人信服的。由于引力与质量都是物体所固有的,因而容易想到,二者之间应有某种关系,而且是正比关系。把这一思想和胡克等人的结果联系起来,便得到万有引力 F 的表达式为:

$$F = k\frac{m_1 m_2}{r^2}。$$

其中 k 是比例常数,m_1 与 m_2 代表两物体的质量,r 是它们之间的距离。

第三,考验此公式是否正确,唯一的办法是通过实践。牛顿对月球的运动作了大量研究,结果证实:月亮运动的向心加速度,以及地球表面物体(如苹果)落地加速度的数值,都和上述公式吻合。此外,他又用数学演绎法证明:开普勒根据经验求得的行星运动三定律可以由上面的引力公式重新推算出来。由此可知,驱使行星运动的正是引力。这样,便有相当根据断定:无论是月球绕地,物体落地或行星绕日,都是同一种力,即引力作用的结果,这些引力的数值可以按同一公式计算出来。

牛顿以后,哈雷对彗星的研究,海王星的发现,天体力学以及其他方面的无数事实,都验证了万有引力定律是普遍(至少是高度近似的)正确的。后人利用上面的公式,近似地求出了地球的质量约为 6×10^{27} 克。

从上面的故事中可以得到什么启发呢?

"引力是物体的固有属性",这是牛顿对引力的"识",也是他进行研究的指导思想。正因为他有了正确的指导思想,才可能把物体落地,月亮绕地,行星绕日等表面上毫不相干的现象联系起来考虑。学习和批判笛卡儿等先行者的研究成果,这对他的"识"的形成,起了重大的作用。除有正确的"识"以外,牛顿的概括综合、分析推理的才能也是惊人的,他与莱布尼茨等人所发明的微积分学,是他进行研究的强有力的数学武器。发现万有引力定律时,牛顿才25岁,够得上"桐花万里丹山路,雏凤清于老凤声"了。

莱布尼茨
(Leibniz, Gottfried Wilhelm, 1646—1716)

当然,牛顿的工作也有局限性。从他的观点看来,引力是瞬时建立的,传播的速度是无限大。然而相对论却证明了:引力的相互作用也是以一个有限速度传播的。牛顿还拒绝研究引力是怎样产生的,他说:"引力事实上是存在的,这就足够了。"其实,万有引力的本质确是一个重大问题,至今还远未解决。目前关于引力子与引力波的研究,正是这方面的一些尝试。

第二编　实践·理论·实践

从普朗克谈起
——科学发现的一般方法和逐步逼近

德国人普朗克是物理学中量子论的创始人，关于科学发现问题，他有一段话讲得很清楚：

物理学各种定律是怎样发现的？它们的性质又是怎样的呢？……物理定律的性质和内容，都不可能单纯依靠思维来获得，唯一可能的途径是致力于对自然的观察，尽可能搜集最大量的各种经验事实，并把这些事实加以比较，然后以最简单最全面的命题总结出来。换句话说，我们必须采用归纳法。一个经验事实所根据的量度愈是准确，其内容也就愈丰富。所以，物理知识的进步显然和物理仪器的准确度，以及使用量度的技术有密切的关系。……要找出不同量度所遵守的共同定律都非常困难……

唯一有效的方法就是采用假说……我们遇到了一个难题,即如何找到最适当的假说的问题?在这方面并无普遍的规则。单有逻辑思维是不够的,甚至有特别大量和多方面的经验事实来帮助逻辑思维也还是不够的。唯一可能的办法是直接掌握问题或抓住某种适当的概念。这种智力上的跃进,唯有创造力极强的人生气勃勃地独立思考,并在有关事实的正确知识指导下走上正轨,才能实现。……如果假说被证明是有用的,那我们就必须继续前进。我们必须接触假说的实质,并通过适当的公式表达出来——除去一切非本质的东西,说明它的真正内容。……前面所说的那种智力跃进可以构成一座桥,让我们通向新知识。……我们还须用一个更经久的建筑物来代替它,要能经得起批评力量的重炮轰击。每一种假说都是想象力发挥作用的产物,而想象力又是通过直觉发挥作用的。……但直觉常常变成一个很不可靠的同盟者,不管它在构成假说时是如何不可缺少。……还要认识到,新理论的创造者,不知是由于惰性还是其他感情作用,对于引导他们得出新发现的那一群观念往往不愿多作更动,他们往往运用自己全部现有的权威来维护原来的观点,因此,我们很容易理解阻碍理论健康发展的困难是什么。(录自《从近代物理学来看宇宙》)

普朗克
(Max Karl Ernst Ludwig Planck,
1858—1947)

在这里,普朗克谈了许多问题,其中特别指出:物理定律不可能单纯依靠思维来获得,而必须致力于观察和实验;同时,他也讲到提出假说时

"智力上的跃进"的重要。但他最后还是没有很好回答到底怎样才能找到正确的假说这一难题,只是说"唯一可能的办法是直接掌握问题或抓住某种适当的概念"。而"直接掌握问题或抓住某种适当的概念"又怎样才能做到呢？他也没有回答。

其实,绝大多数正确的假设,都不是一次就找到的,必须通过逐步逼近的途径。每提出一次假设,经过实践的考验,不管成功或失败,我们都会前进一步。吃一堑,长一智。不断试探,不断前进,一次又一次地修改前面的假设,才可能实现最后的成功。我们管这种方法叫逐步逼近法。一般地说,正确的假设往往是在修改许多错误的或片面的假设以后才获得的。明确了这一思想,我们就有胜利的信心。至于如何减少逼近的次数,则依赖于研究人员的科学想象力与洞察力,依赖于他们的德、识、才、学。

在数学中,为了求出某个方程的数值解,常常采用逐步逼近法。其实,这种方法不仅适用于数学,对任何科学研究都是卓有成效的。

前面已经说过,开普勒就是运用逐步逼近法发现了行星运动三定律的。他对第谷的观察资料进行分析以后,初次假设太阳绕地球转,第二次假设火星绕太阳作圆周运动,都与观察不符,最后才假设火星绕太阳作椭圆运动,终于得到了正确的结论。

一般说来,为了研究某个问题,应该从观察或实验着手,尽量收集有关资料,对资料进行仔细分析,经过对比、类比、推理、计算等考虑以后,思想便会发生一个飞跃,得出初步的结论。但因这个结论还是粗糙的,只能算是尚未证实的假设,这是对问题解答的第一步逼近。为了考验初次假设的正确性,需要继续观察或实验,如果新资料与它符合,那么它就得到了新的支持而变得更可靠;如果不符合,就应研究为什么,找出原因,从而修改初次假设以提出第二次假设。如此继续下去,一次比一次更接近于正确的解答。

这里发生一个问题:怎样判断假设的正确性？它必须具备两个条件:一是能圆满解释已有的全部资料;二是根据它能多次作出

正确的预言,以便指导实践。经得起实践考验的正确假设就是自然的客观法则或定律。

除了一些偶然发现外,许多重大发现、发明都是走这条路的。我们只看到最后的、成功的结果,那些逐步抛弃的中间假设则从不公布,这是很可惜的,因为其中蕴藏着许多经验教训和千万个不眠之夜。另一方面,这也容易造成人们对科学家的迷信,把他们看成超人,非常人所能望其项背,哪有这么一回事?其实这是因为只见其巧,不见其拙,没有看到他们的全部底稿中,百分之九十由于不够完善而没有发表的原稿。

大自然的无穷性
—— 认识为什么是逐步逼近的

大自然讨厌孤独,喜欢联系,它总是把许多事物直接或间接地联系起来,使每件事物都有来龙去脉,左邻右舍。绝对孤立的东西是从来没有的。可是,正因为如此,也就使它容易暴露自己。人们正是通过事物间的相互联系来认识世界的。

通过各种形式犯罪案件的侦破,公安人员发现:凡集体作案往往比单人作案易于破获。因为人多则必相互联系,连环套中总有弱点可寻,只要突破一点,就可能由此及彼,环环相扣,拉出一长串来。大自然把各种事物联在一起,正如多人作案一样,容易被人破获。这是世界可知性的重要原因之一。

从突破一点,到问题的彻底解决,正是逐步逼近的过程。人们总是通过台前表演人,逐步找到幕后指挥者。由此可见,逐步逼近法所以普遍适用,决不是偶然的,而是因为它切合了自然界本身结构的规律,有它深刻的哲学根据的。

大自然的另一性格是绝不满足现状,它总是在不断地运动和发展,并且在这个过程中努力改造和调整自身。自然界井井有条,近代物理学和天文学都证实了宇宙结构的层次性。人类日常接触的范围叫宏观世界,往下是分子、原子的微观世界,再往下是基本粒子。基本粒子也不是最后的,它们也应该有自身的结构,尽管现阶段的科学对此还知道得不多。近年来我国一些科学工作者提出的"层子模型"是这方面研究的开端。往上是太阳系、银河系,再往上是总星系,等等。生物界也是如此,从普通生物到微生物以至病毒。自然界的无穷性极其丰富,一首民歌说得好:

大跳蚤背着小跳蚤， 小的就把大的咬；
小的身上还有更小， 一直下去没完没了。

自然界一方面显示着层次性,另一方面,在同一层中,又展开了面上的无穷性。以宏观世界而言,有无机界、有机界之分,有生命、无生命之分,以及动物、植物之分,等等。

自然界的运动、发展和结构的层次性决定了人们的认识必然是逐步逼近的,这是逐步逼近法的另一哲学基础。一条定律或一种学说只适用于一定的范围,只在一定的条件下正确。如果条件变了,或者范围扩大了,就必须修改甚至推倒重来。经典力学是很好的例子,它在低速的宏观世界里非常准确;但是对接近于光速的运动则无能为力,必须代之以相对论力学;至于深入到原子领域,那就基本上不能用,那里是量子力学和量子场论的天下。无数种各自适用于一定范围和条件的定律、法则组成真理的滚滚长河,"江山代有才人出,各领风骚数百年"。人们就是这样不断地认识自然界的。

赵县石桥
—— 科研开始于观察

河北省赵县有一座桥,是隋代石工李春设计修建的,历时1300多年,至今仍巍然屹立于洨水之上。这是世界上保存完好的最古老的石拱桥,是建筑史上的奇迹,它充分体现了我国劳动人民卓越的才智。

洪水泛滥,冲击桥身,桥必须很坚固,才能承受巨大的冲力;但另一方面,如过分考虑它的牢靠性,就会投资过多,造成浪费。要解决这个矛盾,只能从观察入手,收集多年来河流的最大洪水量,从洪水以及其他有关资料出发,才能切合实际地制订出建桥方案,使它既经济,又耐用。

其实,在主题确定以后,任何联系实际的科学研究都开始于观察,连抽象的数学也不例外,数学中的许多公理不是来源于对实际的观察吗?人们通过观察以积累资料,从而增加感性知识。马克思说:

研究必须充分地占有材料,分析它的各种发展形式,探寻这些形式的内在联系。只有这项工作完成以后,现实的运动才能适当地叙述出来。(《资本论》第二版跋)

狄德罗(Denis Diderot,1713—1784)说:

我们有三种主要的方法,对自然的观察、思考和实验。观察搜集事实；思考把它们组合起来；实验则来证实组合的结果。

观察有直接、间接两种：直接的观察，由研究人员亲自动手，以取得第一手资料，如李时珍观察蕲州蛇，第谷观察行星运动；间接的观察，即利用前人观察所得的充实、可靠的资料，如开普勒之于第谷。

1977年3月，人们通过直接观察，发现天王星有环（以前误认为行星中只有土星有环），国际天文界称它为自1930年得博发现冥王星以来，50年间太阳系天文学的重大发现。事情的经过是这样的：1973年英国格林威治天文台预报，1977年3月10日天秤座内的恒星SAO158687将被天王星本体所挡住。根据这一预报，我国及美国等天文界按时进行了观察。出人意料的是：在天王星本体掩之前35分钟，就出现了掩事件，光度计记录了光度读数下降7秒钟后回升，在以后的9分钟内，光度计又下降了4次，每次1秒钟；在本体掩以后又发生了对称的5次掩事件。这说明天王星至少有5个环，主环广100千米，其他环各宽10千米。

有些现象可以从自然界直接观察到，如日月食、地震。有些则不然，或因自然界无此种现象，如生物品种杂交；或因自然界虽有，但难于观察，如放射性现象。对此人们便安排实验，创造便于观察的环境，以收集所需的资料，例如通过加速器来研究基本粒子，又如斐索安排实验以测定光速。由此可见，实验也是为了观察和检验。

观察必须明确目的，应该把全部注意力集中于研究对象，其他的暂时置之不理，做到"目无全牛"，专心致志。观察还必须有正确的指导思想，这无论在观察的过程中，或在资料的整理中，都极为重要；否则就可能失之交臂，即使得到了正确的结果也仍然不认识它。

牛顿在发现万有引力之后，曾经从事天体运行的研究。关于彗星他曾说过："如果说，有两颗彗星，经过一定的时间间隔后出现，描画出相同的曲线，那么就可以下结论说，这先后两次出现的实质上是同一颗彗星。这时候我们就从公转周期本身决定轨道特性,并求出椭圆的轨道。"

哈雷挑起了这副担子,他收集了从 1337 到 1698 年间各种书刊上有关彗星的记录,在牛顿思想的启发下,终于认出了他所关注的彗星(后人称之为哈雷彗星)。读一下哈雷自己的工作记录,无疑会留下深刻的印象。他说:

> 收集了从各处得来的彗星观察记录后,我编成一张表,这是广泛的、辛勤劳动的果实,对于研究天空的天文学家,这是不大的果实……天文学的读者必须注意到,我所提出的数字是从最精确的观察得到的,并经过多年忠诚的、尽我力所能及的研究以后才发表的。
>
> 相当多的事情使我想到,1531 年阿比安所观察的彗星,跟 1607 年开普勒和朗格蒙丹所描述的是同一颗,也就是 1682 年我自己观察的那一颗。全部轨道根数都是完全一致的,只有周期不等,其中第一个周期是七十六年两个月,第二个周期却是七十四年十个半月,大概这里面有问题,但是它们的差是这样小……因而我坚定地预言,这颗彗星在 1758 年还要回来的……

果然,没有辜负哈雷的期望,它于 1758 年 12 月回来了。随后又于 1835、1910、1985 年出现,下一次该在 2060(或 2061)年。

此曲何必天上有
—— 巧妙的实验设计

做实验时,操作的熟练程度固然重要,但更重要的是实验的设计,即如何正确地安排实验的问题。

历史上一些著名的实验,例如测定光速的实验、测定电子电荷的密立根实验、迈克耳孙-莫雷否定以太存在的实验、列别捷夫(П.Н.Лебедев,1866—1912)证明光具有压力的实验,等等,为科学发展建立了功勋。它们巧妙的设计思想,闪耀着智慧的光辉,使人们赞叹不已。"鸳鸯绣出从君看,金针还须度与人。"仔细探讨它们的设计思想,会使人深受启发。

清早,当我们看见太阳从地平线升起,总以为它一出来,我们就立即看到了它。谁会想到,它出来的时刻,其实要比我们最初看到它时要早,虽然早得很少。历史上,伽利略以惊人的洞察力,最先认识到光速不是无限大(即不是瞬时的),而是有限的。这样,他就正确地提出了计算光速的问题。其后 44 年,也就是 1676 年,丹麦天文学家罗梅尔(Olaus Römer,1644—1710)由观察发现:当地球与木星的距离最小时,木卫星食的时刻比预计的早些;相反,当距离较大时就晚些。这证明木星的光到达地球的时间在前后两种情况下是不同的,可见光速的确有限,从而证实了伽利略的想法。罗梅尔还利用这一发现,第一次测得光速约为每秒 20 万千米，误差虽然很大，却把问题的解决大大向前推进了一步。

1847年法国的斐索（H.L.Fizeau，1819—1896）首次用非天文方法测得光速为每秒313 000千米。我们不能在这里叙述他的巧妙实验，只想提出一点：要测出光速，必须设法判断走过一段距离后到达的光就是原来出发的光。我们能认出老朋友是因为有面貌为标志，有什么办法也能给光安上标志，使人能识别这就是原来的那一束光呢？这就是斐索实验设计中的精华。他用一个迅速旋转的齿轮把光束"劈开"而解决了问题。"此曲何必天上有，人间亦得几度闻。"斐索偏偏不服气，居然不在天上，而是在地球上测出了比较精确的光速，不能不说是很大的创造。

缺口一经突破，以后便容易多了。接着就有很多人或者改进斐索的方法，或者另创新法，继续测定光速，次数在25次以上，前后持续300年，赫赫然可谓盛矣！目前测得光速的最佳值为每秒299 792.5千米，误差不超过1千米。

不管实验的设计如何巧妙，总是以比较简明的基本思想为依据的。罗梅尔利用木卫食，斐索则"劈开光束"，抓住了这点，其他就好理解了。

原始地球的闪电
——各种各样的实验

有各种各样的实验,按其目的分类,有:

(1) **定性实验** 判定某因素是否存在,某些因素间是否有联系,某对象的结构如何,等等。例如,迈克耳孙-莫雷否定以太存在的实验,列别捷夫证明光具有压力的实验,都属于这一类。另一著名的否定性实验是吴健雄等人完成的。1956年,李政道、杨

李政道与杨振宁(右)

振宁提出了弱相互作用中宇称不守恒的假设。为了证实这一假设，吴健雄用钴^{60}来做实验，但在常温下，钴^{60}本身的热运动会干扰实验的结果，因此，需要把钴^{60}冷却到0.01K，使钴核的热运动停止下来以除去干扰，结果证实了这一假设。

（2）定量实验　目的是要测出某对象的数值，或求出对象与因素间的数量关系之公式。著名的例子如斐索测定光速的实验、汤姆孙求出电子荷质比的实验，等等。在封入稀薄气体的玻璃管两端加上高电压，这时，从阴极发出了一种射线，根据它在电场和磁场同时作用下的弯曲程度，可以测定阴极射线粒子的速度以及它的质量 m 和它的电荷 e 的比值 m/e。

吴健雄
(Chien-Shiung Wu, 1912—1997)

原来这种粒子的质量约为最轻的氢原子的 1/2000，这就是电子的发现。

（3）模型实验　人们根据部分的观察，设想研究对象的大致轮廓，从而提出一个模型，它在某些方面反映了对象的特征。然而，这个模型是否真的近乎实际，还有待于更多的实验来检验，这一类实验就是模型实验。1910 年，卢瑟福等人以 α 粒子束注射金箔时发现，有些粒子的轨道发生了大角度的散射，因而领悟到原子核的存在，于是提出了原子结构的行星系模型。然后，"用数学方法我算出了散射所应遵循的定律并发现沿着一定角度散射的粒子数目应同散射箔的厚度、同原子核电荷的平方成正比，并同速度的四次方成反比。这些结论在后来为盖勒与马斯登的一系列的漂亮实验所证实。"（引自卢瑟福《原子结构理论的发展》）

（4）析因实验　这是寻找主要原因或因素的实验。例如，1864 年法国巴斯德证明食物腐败主要原因是由于微生物的作用，这一实验还肯定了几个世纪悬而未决的疑难:生命不能在很短时间内从无生命物质中突然产生出来。

（5）模拟实验　在实验中创造条件以模拟自然条件或自然的演变过程。例如1952年,米勒(S.L.Miller,1930—)用甲烷、氨、氢和水汽混合成一种与原始地球大气基本相似的气体,把它放进真空的玻璃仪器中,并连续施行火花放电,以模拟原始地球大气层的闪电。只用了一星期的时间,居然在这种混合气体中得到了五种构成蛋白质的重要氨基酸;而在自然界中,完成这种转化需要几百万年。这为研究生命起源开辟了一条新途径。

（6）理想实验　根据日常的经验,人们认识到为了研究某个事物,有些因素是次要的,可以暂时放弃不计;只需抓住本质的东西,就可得到基本上正确的结论。例如,在研究地球绕太阳公转时,由于地球半径只约有6378千米,比起日地的平均距离(约14 960万千米)来,小得几乎可以不计,因此,这时可以把地球当作一个"质点"来处理。于是,为了使事情大大简化,人们可以设想一种所谓理想实验,其中次要因素已被排除。这样就出现了数学中无部分的"点",无宽度的"线";物理中无形变的"刚体"、无粘滞性的不可压缩的"理想流体",以及略去了分子体积和分子间相互作用的"理想气体",等等。历史上一个著名而又简单的理想实验是由伽利略所设想的,由此他发现了惯性定律。爱因斯坦在建立相对论时,也曾采用理想实验以帮助思维。

还有其他类型的实验,不能一一列举。实验需要理论的指导,理论需要实验的启示和证实,两者相辅相成,互相促进。

奇妙的"2"与"3"
—— 谈仪器、操作与资料整理

制造新仪器,改进操作技术,对科学实验具有重大意义,它可以帮助我们看到前人从未见过的现象,从而导致新的发现。没有显微镜,列文虎克(A.V. Leeuwenhoek, 1632—1723)就不能发现细菌,巴斯德也不可能建立细菌致病的学说。没有望远镜,伽利略就不能发现木星的卫星。列文虎克的显微镜和伽利略的望远镜,都是亲手制造的,这样才使得他们在此两项发现上领先。

"工欲善其事,必先利其器",随着仪器的不断改进,研究也逐步深入。在金属物理中,人们起初只是用显微镜来观察金属的结构。1912年,X射线的应用打开了金属内部结构的大门,从此对金属的研究由宏观转入微观,由表面进入内部。1930年以后,由于电子衍射技术及电子显微镜的发明,研究金属表面构造的工作又大大向前推进了一步。

在光谱分析发明之前不久,实证主义的创始人孔德(A. Comte, 1798—1857)还断言天体的化学成分永不可知,但运用此项发明于太阳与恒星后,就立即推翻了孔德的唯心主义不可知论的断言。

为了研究环境对生物的影响,人们建成了"生物电子室"。一间房里炎热干燥犹如沙漠,隔壁却寒风刺骨好似北极。每间房内的温度、湿度、压力、风向和阳光都可单独调整,用以模拟地球上任何一个地区的气候条件,从而为研究环境对动物、植物的影响提供了方便。

熟练掌握操作技能,是做好实验的基本功。要善于使用现代仪器,以扩大感官功能;还要灵活地控制高温、高压、高速、真空等实验条件,以模拟环境。在实验过程中,必须省设备,赶时间,眼明手快,头脑清醒,既不放过有用线索,又能迅速地取得准确的数据。对于观察结果,要及时记录、整理和分析,以免像野鹤孤云,随风飘去,杳不可寻。

分析资料时首先碰到的问题是:它们是否完全? 是否可靠? 前者易懂,后者却有些费解,来自实际的东西,怎么会不可靠呢? 其实,原因也很简单。譬如说,人造卫星发出的信号,可能由于太阳及电离层的活动,由于接收机中分子的热运动,或多或少被歪曲了,因而人们收到的,是受到噪声干扰后的信号,其中有了不同程度的失真。干扰越厉害,可靠性就越低。目前,人们已经创造出一些抗干扰、恢复信号本来面目的方法。

如何发现隐藏在资料背后的自然规律? 这确是一门高超的艺术,它依赖于研究人员的德、识、才、学。近年来数学中有一些数据处理的方法,可以帮一些忙。门捷列夫发现元素周期表,是成功地分析资料的光辉先例。这里还可举另一个重要而又简单有趣的例子——行星运动三定律的发现。为了说明问题,我们不妨把它复述一遍。

把地球作为比较的标准,地球与太阳的距离算成一个单位,它绕太阳公转一周的时间(即周期)是一年。任一其他行星与太阳的距离记为 D,绕太阳公转周期设为 T 年,那么,第三定律说:$T^2 = D^3$。这意味着:行星公转周期的平方等于它与太阳距离的三次方。

开普勒是怎样发现这个定律的呢? 他所得到的直接观察资料只是下表中的头两横行,上面记着:对水星而言,距离是 0.387 个单位,公转周期为 0.24 年;对其他行星可类似读表。现在让我们设身处地地为开普勒想一下,假设要某人从头两横行的数字中找出规律来,他接过这一任务后,立刻就会发现这些数字很凌乱,简直没有头绪;如果他缺乏耐心,两天过后,就很可能把它们扔到一边,洗手不干了。开普勒却不然,有一个信念在支持着他,即他坚信自然界必有规律可循;何况他又迷恋着数学,所以他认为一定可以从中找出规律来。于是在很少有人理解和支持的困难条件下,他顽强地战斗下去,中间也不知道经过多少次失败,最后终于发现了第三定律:$T^2 = D^3$。

我们从表中第三、四行可以看到,那里上下两个数是多么接近啊! 这个哑谜,道破了极其简单,但在未揭露谜底以前,确实令人想断肝肠。怎么会想到 T^2 与 D^3 呢?这个 2 与 3 是怎么想出来的呢?"独上高楼,望尽天涯路。"开普勒一定做了许多次尝试,搞了多次逐步逼近,才最后找到它们。今天,我们如果利用对数,事情就明朗得多,请看下表的比例近似于 2:3,即

$$2:3 = -0.41:-0.62 = -0.14:-0.21 = \cdots$$

但当时对数还刚发明,开普勒很可能不知道它是什么。

	水星	金星	地球	火星	木星	土星	天王星	海王星
D	0.387	0.723	1.000	1.52	5.20	9.54	19.2	30.1
T	0.24	0.615	1.000	1.88	11.9	29.5	84	165
D^3	0.057	0.377	1.000	3.512	140.6	868.3	7078	27271
T^2	0.057	0.378	1.000	3.534	141.6	870.2	7056	27225
$\log D$	−0.41	−0.14	0	0.18	0.72	0.98	1.28	1.48
$\log T$	−0.62	−0.21	0	0.27	1.07	1.47	1.92	2.22

走到了真理的面前,却错过了它
—— 谈对实验结果的理解

实验的结果未必正确,即使正确,也可能理解错误。这有两种情况:一是由于做实验的人学识不足,经验不够;二是解说人早有成见,戴着有色眼镜,把实验结果硬拉来为某种目的服务。后面这种偏见更为顽固,不容易纠正。

18世纪,化学界流行着一种错误的理论——燃素说。它认为:某物体所以能燃烧,是因为它含有一种特殊的物质,名叫燃素。燃烧就是燃素从物体中分离的过程。可是燃素是什么样子呢?谁也没有见过。于是,许多人投入了寻找燃素的工作。

1766年,英国的卡文迪许做了一个新奇的实验,他把锌片和铁片扔进稀盐酸或稀硫酸里,金属片突然大冒气泡,放出来的气一遇到火星就立即燃烧以至爆炸。燃素说的信徒们听到这个消息后顿时高兴得沸腾起来,高喊燃素找到了。他们解释说:金属片和酸作用时,金属被分解为燃

卡文迪许
(Henry Cavendish,1731—1810)

素和灰烬，因此，放出来的气体就是燃素。然而，他们大错特错了，这种气体其实是氢气。

解释还在一错再错。1774年，英国的普利斯特里，对氧化汞加热后得到一种新气体，点燃的蜡烛碰到它就会大放光芒。今天，我们知道，燃烧是燃烧物质和空气中的氧相化合的过程。普利斯特里找到的正是氧气。如果他能客观地分析问题，是有可能正确地揭开燃烧之谜的。不幸之至，我们又遇到了一个顽固的燃素论者。他从燃素论的观点出发，完全错误地解释了自己的实验，说什

普利斯特里
（Joseph Priestley，1733—1804）

拉瓦锡
（A.L.Lavoisier，1743—1794）

么新气体是不含燃素的，一旦碰到蜡烛，便贪婪地从蜡烛中吸取燃素，既然燃素大量释放，所以燃烧便非常旺盛。就这样，普利斯特里走到了真理的面前，却当面错过了它。后来直到拉瓦锡，才建立了正确的燃烧学说。

关于燃烧，还有一个故事，它说明指导思想的重要性。1673年，英国的玻意耳把铜片放在玻璃瓶里，猛烈燃烧后，铜片竟变重了。许多人重做了他的实验，结论都一样。但俄国的罗蒙诺索夫偏偏不信，他也重复了一遍，不过他与玻意耳不同，在整个实验过程中都把瓶口密封，而玻意耳在加热完后就把瓶口打开。这次的结果与以前不同，玻璃瓶并未加重。这是怎么回事呢？原来在玻

意耳的实验里,空气进入瓶内,与金属化合,所以重量增加了。

玻意耳
(Robert Boyle,1627—1691)

罗蒙诺索夫
(Михаил Васильевич Ломоносов,1711—1765)

人们不禁要问:为什么想到"密封"呢?

这不是偶然的碰巧,而是与"识"有关。罗蒙诺索夫对自然的认识比较深刻,在实践中他已认识到物质不灭定律,他写道:

在自然界中发生的一切变化都是这样:一种东西增加多少,另一种东西就减少多少。

正是根据这一指导思想,罗蒙诺索夫终于揭示了玻意耳的错误。

历史上有不少重要的发现与发明,人们需要经历很长的时间,才能充分理解它们的意义。时间是一面精细的筛子,它以人类实践织成的网格进行筛选,尽量不让有价值的成果夭折,也不容忍废物长存。因此,对待新的科学发现,最好是报以热情,并让实践去考验它,犯不着匆匆忙忙乱批乱砍,须知它是不会马上造成奇

富兰克林
(Benjamin Franklin,1706—1790)

灾大难的。相传富兰克林曾请一位太太参观他的科学新发现,那位太太问:"可是,它有什么用呢?"富兰克林回答道:"夫人,新生的婴儿又有什么用呢?"

1782年,英格兰的古德利克(J.Goodricke),对恒星大陵五进行了研究,他发现这颗星的亮度总是有规律地增强和减弱。他经过仔细的思考,获得了正确的理解:大陵五有一颗绕自己旋转的暗伴星,当这颗伴星周期性地走过大陵五的面前时,便掩食了它的光。100年以后,这一出色的解释得到了来自多普勒效应方面的有力支持。古德利克是一位聋哑人,死时才22岁。我们不能不为他在巨大困难中所取得的成功而敬佩,同时也从中得到鼓励:只要努力和坚持,勤于观察,善于思考,我们就有可能为祖国的科学事业作出贡献。像李四光(1889—1971)先生那样,他和我国地质工作者所创建的地质力学,在矿藏勘探、工程地质、地震地质等方面都获得了许多的应用。精诚所注,石烂海枯,非虚言也!

恒星自行、地磁异常及生物电
——再谈正确的理解

譬如打仗,侦察员收集各种情报,或正确,或虚假,或片面,甚至有相互矛盾的。司令员的指挥艺术,就在于通过深思熟虑,把这些情报联贯起来,给它们一个合情合理的、能够说明一切现象的解释,并根据这种理解,下定决心,作出判断,制订战斗计划。由此可见,对情况的正确理解是何等重要。

科学研究也是战斗,不过它的对手是自然界。科学研究的观察相当于战斗中的侦察,而且对方(如基本粒子世界、癌症等)往往是完全陌生的,难于认识的。

通常,观察只提供不完全的消息,由这部分消息,可以得出多种理解,但其中只有一种是正确的。要找到这种正确的理解,必须去伪存真,由表及里,下一番苦功,这就需要卓越的才识。爱因斯坦说:

> 知识不能单从经验中得出,而只能从理智的发明同观察到的事实两者的比较中得出。

如果把这种"理智的发明",理解为对观察资料的正确解释,以及从而作出的科学假设,那么他的话是很有道理的。

1718年以前,人们错误地认为恒星是不动的。哈雷把弗兰斯提依(1646—1720)、第谷及喜帕恰斯(前190—前125)所编的三张星表中所载恒星的位置加以比较,发现天狼星、大角星和毕宿五在这三张表前后所经历的19个世纪中,相对于其他恒星有了明显的移动,它们与黄道的距离有变化。面对这种情况,可以有三种解释:一是观察记录有误差,二是黄道位置有变动,三是恒星本身在运动。哈雷正确地坚持后一观点,终于发现了恒星的自行。

1761年,罗蒙诺索夫在彼得格勒观察金星凌日,发现金星进入太阳圆面和后来离开时,围绕金星出现了一个明亮的环形带。他正确地解释了这一现象,认为这是由于太阳光在金星大气中折射而产生的。于是他最先发现了金星上有大气,并且认为金星大气不稀于地球大气。这一发现早于在天文学中应用光谱分析和摄影术之前100年。近来的星际航行测定:金星确有灼热的大气,密度约为地球的60倍。

我们知道,地球上存在着磁场——地磁场。1874年斯米尔诺夫发现库尔次克地区的地磁场有强烈的异常现象。1919年,在列宁的指示下,对该地区进行了地球物理勘探。1923年,第一个钻孔在163米深处找到了巨大的铁矿。这件事对地球物理勘探方法的迅速发展起了重要的推动作用。

我们常是由结果推究原因,但事物往往是一果多因的,这就要求排除片面性。下面的两个例子说明这一点。

在酿酒制酱过程中,我们看到发酵现象,但发酵的原因何在呢?巴斯德对细菌作过深入研究,他深信发酵一定是某种活的有机体活动的结果,而不是什么惰性的化学反应。另一方面,封·利比喜却认为发酵的起因是某种化学酵素的作用。两种见解相持不下。直到1897年,布希纳(E. Buchner,1860—1917)从磨碎的酵母中分离出一种酵素,因而开创了对酶的研究,这才证明了他们两人都是正确的,不过都有片面性:发酵由酵素引起,但这种酵素只能由活的生物经营而成。

另一次学术辩论发生在18世纪,问题是生物的肌肉和神经会不会产生电流?意大利的伽伐尼(A. L. Galvani,1739—1798)在解剖青蛙时,发现蛙腿会由于接触金属而颤抖,他认为这只能用生物能产生生物电流来解释。但是瓦尔达持异议,他说这是因为两种不同的金属相接触而引起的金属电。后来人们认识到这两种电(生物电与金属电)都存在,人、电鳗、含羞草、向日葵等都有生物电。

最后一个例子说明,对待观察数据,必须采取客观和认真的态度。1672年,法国科学院派李希去开云观察火星冲日,他到那里后,察觉带去的相当准确的钟莫名其妙地每昼夜总要慢两分半,他只得缩短摆长来作校正。10个月后,李希返回巴黎,发现那钟又快了起来。由此他领悟到开云地方的重力加速度比巴黎的小,从而发现地面各处重力不相等。牛顿从中也得到启发,他想:由于地球自转产生的离心力,地球物质应有向赤道方向移动的趋势。因此牛顿断定:地球的形状是个扁椭球,夸大些说像个平放的鸡蛋。但当时法国有许多人不承认,他们从漩涡论出发,认为地球是个长椭球,有如直立的鸡蛋。主张此说的有巴黎天文台台长卡西尼等。卡西尼还进行了一次实际测量,似乎证实了自己的主张。这争论继续了几十年,直到牛顿死后数年,法国科学院派了两支测量队分别去赤道附近的秘鲁和北方的拉普兰德作实地测量,才最后证明牛顿是正确的。长椭球论者所以失败,除理论错误以外,还因为他们的测量中含有很多误差,并且态度主观,只选用那些对自己的成见有利的数据。

思接千载　视通万里
——谈想象

在分析观察资料时,从实际出发的创造性的想象起着重要的作用。客观实际是空气,想象力是翅膀,只有两方面紧密结合,才能飞得高,飞得快,飞得远。

想象以客观的资料为依据,但又不拘泥于实际而有极高的抽象性,它是直觉的深化与外延,人们凭着想象来猜测研究对象的性质及其未来。列宁高度评价想象在科学创造中的重要作用,他说:幻想是极其可贵的品质。

> 有人认为,只有诗人才需要幻想,这是没有理由的,这是愚蠢的偏见!甚至在数学上也是需要幻想的,甚至没有它就不可能发明微积分。(《俄共(布)第十一次代表大会》,《列宁全集》第33卷,第282页)

爱因斯坦也非常重视想象力,他说:

> 想象力比知识更重要,因为知识是有限的,而想象力概括着世界上的一切,推动着进步,并且是知识进化的源泉。严格地说,想象力是科学研究中的实在因素。(《爱因斯坦文集》第1卷,第284页)

爱因斯坦认为是想象力推动知识进化,推动着人类进步。可见,他对想象力是多么重视。

有些人对所研究的问题有着丰富的想象,仿佛身临其境,亲眼目睹一样。18世纪初,当人们对电的种种现象还没有理出一个头绪时,富兰克林根据自己的实践构成了对电的鲜明直觉,他把电想象为一种电流体,这种流体充塞于一切物体中;当它处于稳定状态时,物体不带电,流体过多时就带正电,过少就带负电;流体有趋于稳定的趋势,这种趋势表现为吸引力,引力太强就发生火花或电震。富兰克林的想象对电学发展有深刻的影响,如果把他所设想的电流体看成电荷,那么他的想象与现代的电学原理是暗合的。

想象是怎样产生的呢?

和一个人接触多了,闭上眼睛,就会出现他的形象,或者说,对那个人有了直觉。我们脑中的形象,并不包含那个人的一切细节,只是他的带有特征性的、区别于其他人的大概的轮廓。同样,和所研究的对象打交道久了,也会产生直觉,直觉就是它的一幅写生画。这幅画已经把对象初步抽象化了,就是说,已经初步扬弃了一些表面的次要的东西,抓住了一些重要的特征,并把这些特征组成为一个整体。电在富兰克林心目中的写生画就是电流体。

通过想象,人们可以把时间缩短、空间缩小,或者反之,把它们放长、放大。晋朝陆机在《文赋》中说:"观古今于须臾,抚四海于一瞬""笼天地于形内,挫万物于笔端"。刘勰《文心雕龙·神思篇》中说:"寂然凝虑,思接千载;悄焉动容,视通万里。"说的都是这个意思。

想象往往带有浪漫主义的色彩,如屈原在《橘颂》中写的"苏世独立,横而不流兮。闭心自慎,终不失过兮"。李白写的"飞流直下三千尺,疑是银河落九天",这些是文学中的想象。这些诗句之所以动人,不仅因为它有丰富的想象,而且因为这想象是有现实基础的,可信的。同样,科学发现中的想象,也必须从实际出发,否则就可能坠入唯心主义的空想,对工作毫无好处。

想象是星星之火,有的熄灭了,有的却会引起席卷山林的熊熊烈焰;想象是滔滔大海中的滚滚波涛,没有它,海洋就会变成一潭死水。

对称、类比、联想、移植与计算
—— 谈分析方法

问题来了,从哪里下手呢?收集了观察资料,怎样分析呢?怎样提高我们的想象力呢?

人们常常把一个大而难的问题,分成若干个比较小而易的题目,从容易突破的地方开始;也可以先找一些带有典型性的特例,从实际例子下手。一般说来,具体的、特殊的情况比较容易研究,把它们搞清楚了,就可能得到启发。《老子》中说:"图难于其易,为大于其细",也有这个意思。

1856年,巴斯德发现乳酸杆菌是使啤酒变酸的罪魁;后来,他又研究蚕病的原因,事实证明,细菌仍然是祸首。根据这两次经验,他终于领悟到细菌致病的一般原理,为医学作出了贡献。

除了"从具体到抽象、从个别到一般"的方法外,还可采用对称、类比、联想、移植、计算等方法。开普勒运用计算方法成功地发现了行星运动三定律。

大家知道,自然界到处有对称性:阴电、阳电,正面、反面,生物躯体的左右对称,天体运动对时间的对称(表现为周期性),等等。

1924年,法国人德布罗意正是根据对称的思想,发现了实物的波动性。他的想法如下:

1. 自然界在许多方面是显著地对称的;

2. 现今可观察到的宇宙是由光与实物组成的；

3. 既然光有粒子性和波动性，那么，与光对称的实物也应具备这两种性质。

实物具有粒子性，人人皆知；至于说它还有波动性，可就觉得新鲜了，谁见过实物的波呢？

德布罗意甚至还前进了一步，他又用类比法预言了实物波的波长。如所周知，对光来说，波长 λ 和动量 p 之间有关系式 $\lambda = \dfrac{h}{p}$，h 是普朗克常数。德布罗意宣称：这个公式也适用于实物。他的这些思想，后来都被证实了。

由于某事物的启发，联想到其他事物，有时也能导致新发现。1932 年发现中子后，苏联物理学家朗道（Л.Д.Ландау，1908—1968）联想到宇宙中可能存在一种密度极高的星体——中子星。两年以后，美国的伯德（Baade）及茨威斯基（Zwicky）也有同样看法，并发表文章，说："所谓中子星，就是星的最终阶段，这完全由挤得很紧的中子构成。"1968 年，人们果然从蟹状星云的中心找到了这种星。

所谓移植法是将一个学科中已发现的法则或行之有效的方法移用到其他领域中去。例如运用细菌致病学说于医学中而产生抗菌消毒法；免疫疗法来源于种牛痘；电子仪器的可靠性理论可为研究大脑的功能和构造打开思路。

一般地说，人们对所研究的对象愈陌生，就愈想拿熟悉的东西来和它对比，例如，麦克斯韦把电磁现象与不可压缩的液体对比，因为二者在数量规律上相似。广而言之，许多在质上虽不同的现象，只要它们服从相似的数量规律，就往往可

薛定谔
（E. Schrödinger, 1892—1961）

以运用类比方法来研究。例如振动理论可用于机械的、电磁的、声的、热的、光的、地质的、天体物理的、生理的等振动现象中,甚至量子力学中的薛定谔方程也是古典波动方程的类似。

再看一个运用类比法的有趣的例子。17世纪,数学界对无穷级数还研究得很少,著名数学家伯努利(J. Bernoulli,1654—1705)不会计算级数

$$\sum_{n=1}^{\infty}\frac{1}{n^2}=1+\frac{1}{4}+\frac{1}{9}+\frac{1}{16}+\cdots$$

的值,于是他请求支援。消息传到欧勒那里,引起了他的兴趣,最后欧勒用类比法求出了它的值为 $\frac{\pi^2}{6}\approx 1.645$。他的思想是拿三角函数方程与代数方程作类比(参看本篇附录)。从现代数学的观点来看,这个解法是不严格的,却得到了正确的结果。类比、对称以及移植等方法,有时(但不是一切时候)可以得到正确的结论,因此,它们不失为启发性的思想方法。启示的初步结论有

欧勒
(L. Euler,1707—1783)

待进一步严格地证明。在科学研究中,不仅要学会严格,而且要善于"不严格"。过于严格只能循规蹈矩地前进,而善于"不严格"却往往会取得出奇制胜的成功。"不依古法但横行,自有风雷绕膝生。"如果是不受旧规的束缚而又合乎客观规律的"横行",这话自有几分道理。

附录:欧勒用下述的类比法,求得

$$\sum_{n=1}^{\infty}\frac{1}{n^2}=\frac{\pi^2}{6}$$

(甲)设 $2n$ 次代数方程

$$b_0-b_1x^2+b_2x^4-\cdots+(-1)^nb_nx^{2n}=0 \qquad (1)$$

有 $2n$ 个不同的根为 $\beta_1, -\beta_1, \beta_2, -\beta_2, \cdots, \beta_n, -\beta_n$。两个代数方程,如果有相同的根,而且常数项相等,那么,其他项的系数也分别相等,故

$$b_0 - b_1 x^2 + b_2 x^4 - \cdots + (-1)^n b_n x^{2n}$$
$$= b_0 \left(1 - \frac{x^2}{\beta_1^2}\right)\left(1 - \frac{x^2}{\beta_2^2}\right)\cdots\left(1 - \frac{x^2}{\beta_n^2}\right)$$

比较两边 x^2 的系数,即得

$$b_1 = b_0 \left(\frac{1}{\beta_1^2} + \frac{1}{\beta_2^2} + \cdots + \frac{1}{\beta_n^2}\right) \tag{2}$$

(乙) 考虑三角函数方程

$$\sin x = 0$$

它有无穷多个根 $0, \pi, -\pi, 2\pi, -2\pi, 3\pi, -3\pi, \cdots$,将 $\sin x$ 展开为级数,除以 x 后,这方程化为

$$1 - \frac{x^2}{3!} + \frac{x^4}{5!} - \frac{x^6}{7!} + \cdots = 0 \tag{3}$$

其中 $n! = 1 \cdot 2 \cdot 3 \cdots n$。显然,方程(3)的根是

$$\pi, -\pi, 2\pi, -2\pi, 3\pi, -3\pi, \cdots$$

方程(3)与(1)不同,因为(3)式左方有无穷多项,(3)不是代数方程。但欧拉不管这些,硬拿(3)比作(1),并对(3)运用(2),得

$$\frac{1}{3!} = \frac{1}{\pi^2} + \frac{1}{4\pi^2} + \frac{1}{9\pi^2} + \cdots$$

由此即得 $\dfrac{\pi^2}{6} = \sum\limits_{n=1}^{\infty} \dfrac{1}{n^2}$。

针刺麻醉的启示
——谈概念

人们利用自己在长期实践中积累起来的德、识、才、学,对观察资料进行分析研究,这两方面的初步结合便构成想象。想象还是比较直观的东西。要使认识从感性上升到理性,来一个飞跃,需要抓住事物的本质、事物的内部联系以及经常起主要作用的因素。人们常常把这种在实践中多次重复出现的、本质的内部联系或主要因素抽象为"概念",用概念来概括它们。

毛泽东曾经说过:

> 社会实践的继续,使人们在实践中引起感觉和印象的东西反复了多次,于是在人们的脑子里生起了一个认识过程中的突变(即飞跃),产生了概念。概念这种东西已经不是事物的现象,不是事物的各个片面,不是它们的外部联系,而是抓着了事物的本质,事物的全体,事物的内部联系了。

如果把想象比作研究对象的写生画,那么概念便是这幅画的画龙点睛部分;眼神流盼,全画皆活,画中人物,也就呼之欲出了。

举个例子来说,我国医务人员,发明了针刺麻醉方法,只需用几根银针,扎在人体的有关穴位上,对病人就能起到麻醉镇痛作用。针刺能治头痛、牙痛,这早在两千多年前我国古医书《内经》里就有记载。人们想到,既然针刺可以止痛,那么它是否也能预先防痛呢?通过摘除扁桃腺等手术的实验后,发现果然有效,不过也有失败的记录。有一次,确定了二十多个穴位,扎针后捻转几下,就让针留在穴里,随即开始做手术,可是这次失败了。为什么呢?人们想起《内经》里的一句话:"刺之要,气至而有效。"这就是说,针刺入后,一定要使病人产生酸、胀、重、麻等感觉,同时医生手下则有一种好似针被轻轻吸住的感觉,这样才能生效。这就是所谓"气至",或叫"得气"。

医务人员有了"得气"的概念后,随即发生第二个问题,怎样才能"得气"呢?后来发现,只有在手术过程中,持续捻针,而不只是开始时捻几下就停止,才能得气。于是产生了第二个概念,为了得气,必须要有足够的"刺激量",即不仅要捻,而且要捻得足够。

到此,还只说明针刺可以镇痛,可是为什么能镇痛呢?人们追本溯源,又前进了一步:第一,得气感与疼痛感在病人大脑中并存斗争,得气感压下了疼痛感;第二,针刺调节了病人各种器官的功能,克服了由于手术引起的功能混乱。由此可见,没有足够的刺激量是不行的。

针刺麻醉是我国的创造,它正在继续向前发展。这个例子生动地说明了:在科学研究中必须形成正确的概念,才能抓住事物的本质。概念是由感性认识过渡到理性认识的桥梁,是认识过程中的里程碑和加油站,是思维借以飞跃的翅膀。

正确的概念指引我们前进,错误的概念却会把人引入歧途。"生命力"这一概念就是如此。18世纪中叶,有些人认为无机物与

维勒
(Friedrich Wöhler, 1800—1882)

有机物之间有一道不可逾越的鸿沟,只有生物体中所特有的一种叫作"生命力"的神秘东西,才能把无机物变为有机物。这种思想是错误的。1828年,尽管德国人维勒用人工方法由无机物制成了有机物尿素,可是"生命力"论者还是不服输,说什么尿素是动物体内排泄出来的废物,所以才能制得,至于生物体本身的物质,没有"生命力"是不可能制成的。直到1848年,德国可尔培合成了醋酸,1854年法国柏脱勒合成了脂肪,1861年,俄国布特列洛夫合成了糖类,特别是1965年我国用人工方法合成了结晶胰岛素——一种具有生命活力的蛋白质,这些人才哑口无言。

布特列洛夫
(Александр Михайлович Бутлеров,1828—1886)

可是,怎样才能形成正确的概念呢?这既依赖于周密细致、反复多次的实验和观察,也仰仗于研究人员的德、识、才、学。错误概念之所以产生,或因试验次数太少而带片面性,或因过分强调某一次要因素而忽视主要因素,或因不能正确分析诸主要因素间之关系,或因科研人员囿于偏见而丧失客观态度,诸如此类,不胜枚举。只有经过充分的观察实验,并且客观地进行深入的思考,才能得到正确的概念。

"我用不着那个假设"
—— 各种各样的假设

从观察资料出发,经过整理和分析,便产生想象和概念。至此,思维就会超越已有的经验而向前推进,对所研究的问题可以提出初步的推断。由于这种推断尚未经过实践的考验,我们只能把它作为假设(或假说)提出来。如果以后的实践证明它是正确的,那它就由假设上升为定律、法则或理论;否则就需要采用逐步逼近法,提出第二次、第三次……假设,直到完全解决问题为止。

众所周知,物质是由原子构成的,但原子又是什么样子呢?谁也没有见过。1903 年,汤姆孙提出"面包夹葡萄干"的原子模型。他认为正电荷散布在整个原子中,就像葡萄干散布在整个面包中一样。可是这个假说经不起考验。英国人卢瑟福等人用 α 粒子冲击原子,发现有些 α 粒子不是沿直线前进而是偏转很大,有的甚至倒弹回来。在汤姆孙的模型里,原子中

汤姆孙
(Joseph John Thomson,1856—1940)

没有这么大的障碍物足以使粒子发生如此显著的偏转。于是他不得不放弃汤姆孙假说,他想,一定是粒子碰到一团相当结实的物质而给弹回来了。这团物质后来就叫原子核。1912年,卢瑟福终于提出了一个类似太阳系结构的原子模型:原子中央是一个重的带正电荷的原子核,电子绕核旋转,有如行星绕太阳转。这个假说已得到大家的承认。

另一种情况是,假说一个接着一个,但仍未解决问题。例如关于太阳系的起源问题,18世纪康德-拉普拉斯提出的星云假说,1916年左右秦斯(J. H. Jeans, 1877—1946)的潮汐假说,列脱敦(Lyttleton)的双星假说,都因与后来的观察不合而失败。1944年左右施米特(Щмидт О. Ю., 1891—1956)的俘获假说虽能解释更多的现象,但也有一些困难而未被接受。

还有一些假说,长时间不知道它是对的还是错的,使人们陷于迷惘的窘境。例如,关于其他星球上有高级生物的假说,又如数学中的所谓"费马猜想"。费马曾肯定说:当整数 $n>2$ 时,方程式 $x^n + y^n = z^n$ 没有正整数解;就是说,没有一组正整数 $x、y、z$,能满足上面的方程式。费马在一本书的页边上写下这个"定理",并且自豪地说:"我得到了这个断语的惊人的证明,但这页边太窄,不容我把证明写出来。"他有过多的

费马
(Pierre de Fermat, 1601—1665)

智慧,却缺少写下来的勤劳,结果便害得三百多年来许多人为之绞尽了脑汁,包括像欧勒这样的大数学家,到头来还是既不能肯定,又不能否定;直到1993年,英国怀尔斯(A. Wiles)宣告,他已获得肯定性的证明。

假说应该有一定的事实根据,否则便是无知或胡说的代名词,对科学极为有害。为什么木头能烧呢?因为它有"燃素";为什

有些东西很冷呢?因为它有"冷素";为什么橡皮能伸长呢?因为它有"弹性素"。这种"某某素"的假说,实是欺人之谈。历史上最大的假设是"上帝存在"。相传法国的拉普拉斯(P. S. Laplace, 1749—1827)把他的伟著《世界体系》一书送给拿破仑,事前有人告诉拿破仑说这本书里根本没有提到上帝,于是拿破仑便对拉普拉斯说:"你写了这样一部大著作,却从不提到世界体系的创造者。"拉普拉斯当即豪迈地回答道:"我用不着那个假设。"

元素周期律的发现
—— 假设的检验

假设的正确性,只能在实践中去考验,它应能正确地解释已有的全部观察资料(内符),而且,更重要的,还要能预见将来,指导今后的实践(外推)。

列宁说:"人的和人类的实践是认识的客观性的验证、准绳。"(《哲学笔记》,第 227 页)

恩格斯高度评价了元素周期律和海王星的发现,它们都是成功地分析和整理资料的典范,同时也是说明如何检验假设的很好的例子。海王星的发现,用的主要是演绎法,关于这个问题我们将在后面谈到。

1869 年以前,人们对化学元素如氢、氧、钾、镁等的性质,已经有了一定的认识,但这种认识是孤立的,只看到各元素的个性,至于诸元素之间的联系,则缺乏研究,更谈不到对未知元素的预测了。那时,每出现一种新元素,就像突然来了一位不速之客一样,完全出人意外。

俄国的门捷列夫等人发现周期律后,从根本上改变了这种情况。他把元素按照原子量的大小排成次序,随即发现每经过一定的间隔就有化学性质相似的元素出现,或者说,相同的性质随着元素原子量增大的次序周期性地出现。

这种排列是否真有客观的科学意义呢？元素性质的周期性是否具有价值呢？关于这点，门捷列夫曾说过：

门捷列夫
（Д. И. Менделеев，1834—1907）

确定一个定律的正确性，只有借助于由它推导所得的结论（当还没有这定律时，这些结论是不可能有的和不可设想的），以及这些结论在实际考验中的证实。

他说到做到，根据周期性，勇敢地预言一些当时尚未发现的元素的存在，并预言了它们的性质。这些预言后来都以惊人的准确度光辉地被证实了。例如，1871年他预告有一种新的金属元素存在，它的原子量接近72，比重约5.5；果然，1886年人们发现了金属元素锗，原子量为72.6，比重为5.35。"千里好山云乍敛，一楼明月雨初晴。"人们对元素间的关系，从此有了较深刻的认识。

是什么引导着门捷列夫，使他作出了如此重大的发现呢？

关键是他的"识"。他深信在一切化学元素之间，一定存在着内部联系，就像开普勒坚信行星运动一定有规律一样。没有这种信念，是不可能坚持到底的。可是，应该根据什么线索才能找到这种关系呢？经过深思熟虑之后，他认为这应该是原子量。门捷列夫说：

人们不止一次问我，根据什么、由什么思想出发而发现了并肯定了周期律？让我尽力来答复一下吧！……当我在考虑物质的时候……总不能避开两个问题：多少物质和什么样的物质？就是说两种观念：物质的质量和化学性质。而化学这门研究物质的科学的历史，一定会引导人们——不管人们愿不愿意——不但要承认物质质量的永恒性,而且也要承认元素化学性质的永恒性。因此,自然而然就产生出这样的思想:在元素的质量和化学性质之间,一定存在着某种的联系,物质的质量既然最后成为原子的形态,因此就应该找出元素特性和它的原子量之间的关系。而要寻找某种东西——不论是野蕈也好,或是某种关系也好,除了看和试之外,再没有旁的方法了。于是我就开始来搜集,将元素的名字写在纸片上,记下它们的原子量和基本特性,把相似的元素和相近的原子量排列在一起……

他又说:

因此,一方面寻求元素的性质和其原子量之间的关系,而在另一方面寻求其相似点与原子量之间的关系,要算是最简捷和极自然的想法了。

光有正确的思想还不够,还需要正确的方法。门捷列夫的方法不同于前人,前人只追求把性质相似的元素归并在一起。这种分类法是静止的,只能对已知元素起整理归类作用,不能外推,不能预见新元素。而门捷列夫则把化学性不同、但原子量相近的元素排在比邻,从而使互不相似的元素能彼此联系起来。

勤奋是门捷列夫成功的必不可少的主要条件之一。当别人称誉他是天才时,他笑笑说:"唔!天才就是这样,终生努力,便成天才。"他常接连几夜不眠地工作,只休息很少的时间。他写《有机化学》一书时,两个月内几乎没有离开书桌。

"宝剑锋从磨砺出,梅花香自苦寒来",诚至言也!

海王星的发现
—— 谈演绎法

正确的假设组成公理、定律、法则、理论或学说。从它们出发,运用逻辑推理(包括数学计算),得出一批结论;然后又根据这些结论及原来的公理或新的公理,再运用逻辑推理,又得出一批结论;如此穷追下去,层层推理,往往可以得到许多比较深刻的结果。这种方法广泛地应用于天文、物理、数学及其他学科中,通常称之为演绎法。

许多人都为欧几里得几何学这座科学宫殿所感动,它是多么庄严、宏伟并且富于内部旋律啊!它的推理,明确而又严密;它的论断,深远而又清晰。然而,不管这座宫殿多么富丽堂皇,其结构却很单纯:全部结论都是从少数公理经过演绎而来的。

海王星的发现,是人类集体智慧的胜利,它显示了数学演绎法的强大威力。1781年发现天王星后,人们注意到它的位置总是和根据万有引力定律计算出来的不符。于是有人怀疑引力定律的正确性;但也有人认为,这可能是受另一颗尚未发

亚当斯
(John Couch Adams,
1819—1892)

现的行星所吸引的结果。当时虽有不少人相信后一种假设,但都缺乏去寻找这颗未知行星的勇气,因为这是一件非常困难的工作。初生牛犊不畏虎。一位年方23岁的英国剑桥大学的学生亚当斯勇敢地承担了这项任务。他利用引力定律和对天王星的观察资料,反过来推算这颗未知行星的轨道。经过两年的努力,他终于在1843年10月21日把计算结果寄给格林威治天文台台长艾利。但艾利的保守思想非常严重,他不相信"小人物"的工作,把它扔到一边,置之不理。两年以后,幸亏法国也有一位青年勒威耶从事这一工作。1846年9月18日,他把结果告诉了柏林天文台助理员卡勒。23日晚,卡勒果然在勒威耶预言的位置上发现了海王星。"天公斗巧乃如此,令人一步千徘徊。"这一伟大胜利使那些最顽固的保守派也不得不相信日心说和万有引力定律。

勒威耶
(Urbain Le Verrier,
1811—1877)

麦克斯韦
(James Clerk Maxwell,
1831—1879)

演绎法的胜利不胜枚举,高斯算出谷神星的轨道,麦克斯韦预言电磁波以及狄拉克(P. A. M. Dirac,1902—1984)预言正电子的存在,等等,都在人们的记忆中留下了深刻的印象。

然而,不管推理如何严密,如果它的依据(公理)有问题,那么结论也不可靠。还是那位勒威耶,后来又发现水星的轨道与计算的也不一致。水星是已知的最靠近太阳的行星。勒威耶根据上次的经验,自然又假定还有一颗更接近太阳的行星。然而这次他完全失败了,这颗"行星"纯属子虚乌有,连影子都找不到。事情的确使人茫然不解,天文学界为此苦恼了五十多年,直到相对论发表后才搞清楚。原来万有引力定律只是近似正确的,越靠近太阳,准确性就越低,在计算水星轨道时,应作一些修正才能与观察符合。

物体下落、素数与哥德巴赫问题
—— 再谈演绎法

从上节可见：严密、准确、透彻的演绎思维往往可以导致惊人的结果。下面我们再举两个例子。

关于物体从高空下落的运动，亚里士多德曾断言："快慢与其重量成正比"；这就是说，重的要比轻的落得快些。这个错误的论断延续了1800多年，直到伽利略才得到纠正。伽利略认为：在真空中，轻、重物体应同时落地。他除了用实验来证明以外，还指出一个十分简单的推理证法，使反对者不得不尊重事实。设物体A比B重得多，按照亚里士多德的说法，A应比B先落地。现在把A与B捆在一起成为物体$A+B$。一方面，因$A+B$比A重，它应比A先落地；另一方面，由于A比B落得快，B应减慢A的下落速度，所以$A+B$又应比A后落地，这样便得到了自相矛盾的结论：$A+B$既应比A先落地，又应比A后落地。既然这个矛盾来源于亚里士多德的论断，因此，这个论断是错误的。

请看，千多年的错误竟被如此简单的推理所揭露，我们不能不佩服伽利略的思想是何等尖锐、明确。

下一个例子同样闪耀着智慧的光辉，它是数学中一种证题方法的典范。

任何一个正整数，除了可以被1与它自己除尽外，如果不能被其他整数除尽,即不能分解因子,就称为素数。例如:2、3、5、7、11、13 等都是素数,而 4、6、8 等则不是(因为它们至少都可被 2 除尽)。

问题:一共有多少个素数?

欧几里得回答说:有无穷多个。他的证明很简单:如果说只有有限多个,那么,就可把它们统统写出来,记为 p_1、p_2、…、p_n,此外,再没有更大的素数了。然而

$$p_1 \times p_2 \times \cdots \times p_n + 1$$

或者是一个素数,它显然比一切 p_1、p_2、…、p_n 都大;或者它包含比它们都大的素数因子。不论哪种情况,总有更大的素数存在,这样便发生了矛盾。因此,只有有限多个素数的假设是错误的。这个证明再简单也没有了,在数学中叫做构造性证明。欧几里得的证法真是出奇制胜,一针见血,闪耀着智慧的光辉。你不是说素数全都在此,再也没有了吗?他却立即给你找出一个,使你张口结舌,无言以对。

关于素数还有不少有趣的难题,它们大都易懂而难证,其一就是哥德巴赫问题。容易想象,在一切整数中,素数该是最基本的了,因为其他整数可以分解为素数的乘积,例如:$6=2\times3$,$8=2\times2\times2$,$9=3\times3$ 等,于是,1742 年德国人哥德巴赫(Christian Goldbach,1690—1764)在信中问欧勒:"一切偶数能分解为两个素数的和吗?"(拿化学打比方,就相当于问:一切化合物能分解为两种元素的和吗?)此问题的数学提法是:"对任一偶数 $2n$,n 为大于 1 的正整数,是否存在两个素数 p_1、p_2,使 $2n=p_1+p_2$?"对于常见的偶数,答案是肯定的,例如:$6=3+3$,$8=3+5$,…困难在于"一切"二字。这问题久悬未决已 230 多年。近年来我国数学家陈景润做出了成绩,把它的解决向前推进了一步。他证明了:大偶数都可表示为一个素数加不超过两个素数的乘积,简称为 1+2。这与最终的目标 1+1(即 1 个素数加 1 个素数)虽仍有距离,但已是目前国际上关于此问题的最好结果了。

正确的思维可以导出深远的结果,但这并不等于说智慧是万能的。我们不能同意拉普拉斯的一段话,虽然他是当时最杰出的学者之一。1814年,他在《概率论的哲学试验》一书中说:

> 智慧,如果能在某一瞬间知道鼓动着自然的一切力量,知道大自然所有组成部分的相对位置;再者,如果它是非常浩瀚,足以分析这些材料,并能把上至庞大的天体,下至微小的原子的所有运动都囊括于一个公式之中,那么,对于它就没有什么东西是不可靠的了,无论是将来或过去,在它面前都会昭然若揭。

这种超现实的万能的"智慧",否定了物质的无限性,否定了物质运动的偶然性,不能是别的,只能是一种主观的幻想。

在一切天才身上,重要的是……
—— 爱因斯坦谈科学研究方法

爱因斯坦是历史上罕见的伟大的科学家,学习他的科研方法对后人无疑是很有益的。

屠格涅夫说:

在一切天才身上,重要的是我敢称之为自己的声音的一种东西……重要的是生动的、特殊的自己个人所有的音调,这些音调在其他人的喉咙里是发不出来的……一个有生命力的富有独创精神的才能卓越之士,他所具有的重要的、显著的特征也就在这里。

那么,爱因斯坦所有的"自己的声音"是什么呢?依我看来,这就是他多次反复谈到的需要建立新的思想体系。爱因斯坦的方法基本上是演绎法,而演绎法的依据是思想体系。他不太重视经验定律和归纳法,认为这样只能停留在经验科学的水平上。他说:"适用于科学幼年时代以归纳为主的方法,正让位于探索性的演绎法。"(《爱因斯坦文集》,第一卷,商务印书馆1976年版。以下引文皆出于此书)

没有一种归纳法能够导致物理学的基本概念。对这个事实的不了解,铸成了19世纪多少研究者在哲学上的根本错误。

他认为：经验科学的发展过程就是不断归纳的过程；人们根据小范围内的观察，提出经验定律或经验公式，以为这样就能探究出普遍规律，其实这是不够的，这不能使理论获得重大的进展。那么应该怎样做呢？应该"由经验材料作为引导"，"提出一种思想体系，它一般是在逻辑上从少数几个所谓公理的基本假设建立起来的"。对这个体系的要求，应该是能把观察到的事实联结在一起，同时它还具有最大可能的简单性。所谓简单性是指"这体系所包含的彼此独立的假设或公理最少"。大家知道，相对论的公理只有两条，相对性原理（任何自然定律对于一切匀速直线运动的观测系统都有相同的形式）和光速不变原理（对于所有惯性系，光在真空里总以确定的速度传播）。

至于思想体系的内容，它应该由"概念、被认为对这些概念是有效的基本定律，以及用逻辑推理得到的结论这三者所构造的"。基本定律有时就指公理。

如何建立思想体系？爱因斯坦认为科学家的工作可分为两步，第一步是发现公理，第二步是从公理推出结论。哪一步更难些呢？他认为，如果科研人员在学生时代已经得到很好的基本理论、推理和数学的训练，那么他在第二步时，只要"相当勤奋和聪明，就一定能够成功"。至于第一步，即要找出作为演绎出发点的公理，则具有完全不同的性质，这里没有一般的方法，"科学家必须在庞杂的经验事实中间抓住某些可用精密公式来表示的普遍特性，由此探求自然界的普遍原理"。其实，善于抓住公理，除了研究人员的远见卓识、革新精神和非凡的科学洞察力外，他还必须站在历史的转折点上。"时势造英雄"，让历史为他提供条件和选择，时机未成熟，是不可能的，正如牛顿不可能抓住光速不变原理一样。如果公理选择得当，推理就会一个接一个，其中一些是事先难以预料的。牛顿力学、相对论、普朗克的量子论都是光辉的榜样。

爱因斯坦富于革新精神，这表现在他对一些人们认为不证自明的概念如"同时性""质量"等的重新考虑上。在他看来，许多所谓常识的东西其实无非是幼年时代被前人灌输在心中的一堆成见,这堆成见是需要重新审核的。它们很可能是由于我们只处于宇宙一个局部领域而见到的特殊现象,并不是宇宙的一般规律。例如,物体运动时长度似乎不变只是低速世界的特殊现象,长度随着速度而变化才是宇宙的一般规律。

爱因斯坦多次强调客观规律的存在及其可知性,所以他基本上是一位自然科学的唯物论者。他说:

> 要是不相信我们的理论构造能掌握实在,要是不相信我们世界的内在和谐,那就不可能有科学。

> 相信世界上在本质上是有秩序的和可认识的这一信念,是一切科学工作的基础。

通过爱因斯坦对一些科学家的评价,可见他很重视下述几种才能:

(1) 想象力　爱因斯坦的方法既然主要是演绎的,所以他特别强调思维的作用,尤其是想象力的作用。他认为科学家在探讨自然的秘密时,"多少有一点像一个人在猜一个设计得很巧妙的字谜时的那种自由",他需要极大的想象力。不过"他固然可以猜想以无论什么字作为谜底,但是只有一个字才真正完全解决这个谜"。同样,自然界的问题也只有一个答案,所以最后还是应该受实践的检验。在谈到想象的重要性时,他说:

> 想象力比知识更重要,因为知识是有限的,而想象力概括着世界上的一切,推动着进步,并且是知识进化的源泉。严格地说,想象力是科学研究中的实在因素。

想象力之对于科学,其重要性不下于它之对于文学。文章如无想象,就会成为一潭死水式的帮八股。同样,科学如无想象,就很可能停留在一些皮表的、抓不住本质的经验公式上。不过二者之间也有不同,科学中的想象最后要受到实践的毫不留情的检验,而文学创作中的想象虽然也应反映客观实际,却比较灵活。例如,小说中某角色的结局不必是唯一的。

(2) 直觉的理解力 爱因斯坦赞扬玻尔说:"很少有谁对隐秘的事物具有这样一种直觉的理解力,同时又兼有这样强有力的批判能力。"评论埃伦菲斯特时说:"他具有充分发展了的非凡的能力,去掌握理论观念的本质,剥掉理论的数学外衣,直到清楚地显露出简单的基本观念。这种能力使他成为无与伦比的教师。"

玻尔
(Niels Henrik David Bohr,
1885—1962)

(3) 数学才能 这是演绎法所必不可少的。爱因斯坦在谈到牛顿时说:"他(牛顿)不仅作为某些关键性方法的发明者来说是杰出的,而且在善于运用他那时的经验材料上也是独特的,同时他对于数学和物理学的详细证明方法有惊人的创造才能。"爱因斯坦本人的数学已经是很好的了,但他说:"我总是为同样的数学困难所阻。"由于研究的需要,他专门请了一个很强的年轻的数学助手。

以上的几种才能是关于思维方面的,而关于科学实验方面都没有提及,这不必惊异,因为爱因斯坦本人主要注意演绎法。由于时代的限制,他的方法论并不是完全无可非议,例如对归纳法的轻视,强调"自由创造"等。但每个人都不可能十全十美,不能要求他成为完人。

电缆、青年与老年人的创造
—— 定性与定量

  太阳绕地球转还是地球绕太阳转？光传播要不要时间？这一类问题涉及定性；求出地球绕太阳运行的轨道,测得光的速度,这些是定量问题。一般地,研究性质的属于定性,求出数量关系的属于定量。定性是定量的基础,定量是定性的精化。定性决定一个塑像的身段轮廓,而定量则规定身段各部分的尺寸。因此,二者是相互补充的。定性可以影响人们对问题的认识和观点,但要对实践起到具体的指导作用,则有待于做定量的研究。

  在设计如何安装第一条大西洋电报电缆时,青年工程师汤姆孙(W. Thomson,1824—1907)曾进行定量研究,做了许多精确的电学测量,并在此基础上提出了很好的建议。然而他的建议被抹煞了,因为当时的权威不能理解他所提建议的基本原理。直到原计划屡遭失败,人们才认真考虑他的见解。采纳了他的建议后,安装工程于1858年终于胜利完成。"莫悲先哲骑鹤去,天降人材意不休。"汤姆孙可算得是后起之秀了。

  顺便谈谈,年轻人的发明创造易被名流学者所否定,而且创造性越大,否定的可能性也越大。又如法国17岁的数学家伽罗瓦(E. Galois,1811—1832),由于研究高次代数方程的代数解法而在群论方面做出了开创性的工作,他把结果写成论文送交法兰西科学院审查,审稿人是普阿松(S. D. Poisson,1781—1840)与柯西(A. L. Cauchy,1789—1857)两位大师。由于不够重视,原稿被柯西丢失。1829年,伽罗瓦重写了一次,不幸又遗失了。1831年,伽罗瓦第三次要求审查,4个月后,普阿松的审查意见是:"完全不能理解。"直到伽罗瓦死后14年,他的创造才逐渐为人们所认识。另一个故事同样发人深省:门捷列夫发现元素周期律的前三年,即1866年,在英国化学学会上,青年化学家纽兰兹将元素按原子量增加的次序排列,并指出每隔8个元素就有相同的物理、化学性质重复出现时,引起了哄堂大笑。有人讽刺地说:"你怎么不按元素的字母排列呢?那时也许会得到相同的结果。"就这样,他研究的成果被粗暴地否定了。这些事例告诉我们,对待年轻人的发现、发明和创造,必须慎重对待,不要因为自己暂时不能理解就轻易否定。"落红不是无情物,化作春泥更护花。"应该持这种爱护的态度。

历史上许多天才早熟,如:唐朝著名诗人李贺(790—816),7岁能文,他在短短一生中(只活了27年),写出了相当多的富有艺术特色的诗歌;明末的夏完淳(1631—1647),12岁时已"博极群书,为文千言立就,如风发泉涌",他为国牺牲、慷慨就义时才17岁。又如莫扎特4岁开始作曲,10岁写歌剧《简单的伪装》;雨果(Victor Hugo,1802—1885)15岁写悲剧《厄拉曼》;巴斯卡16岁发表有关圆锥曲线的论文;牛顿21岁发现二项定理,23岁发明微积分,25岁发现万有引力定律;爱因斯坦26岁时建立狭义相对论。

童年莫扎特
(W. A. Mozart,1756—1791)

刚才讲的是青年人的故事;老一辈科学家也可以做出很好的

工作,特别是他们治学的认真态度和渊博学识,值得尊重和学习。进化论奠基人达尔文(C. R. Darwin, 1809—1882)60 岁以后,写了《人和动物的感情表现》(1872 年)、《论食虫植物》(1875 年)等许多重要著作,其中《植物运动能力》(1880 年)、《蚯蚓作用下腐植土的形成》(1881 年)是在 70 岁以后完成的。德国的洪保德(A. Humboldt, 1769—1859)是卓越的自然科学家,在植物地理学、地球物理学、水文学方面都有贡献,约在 75 岁,他正式动笔写作《宇宙》,这是他最重要的著作。此外,法国的让·佩兰 56 岁确定阿伏伽德罗常数;德国伦琴 50 岁发现 X 射线;英国布雷格 53 岁提出布雷格定律;荷兰奥勒斯 55 岁发现低温超导体,这四人都因此而分别获得诺贝尔奖。

伦琴
(Wilhelm Konra Röntgen,
1845—1923)

著名黑人作家杜波依斯(1868—1963),为黑人的解放运动作出了贡献,他的作品很多,直到 1955 年,他已达 87 岁的高龄了,还开始写另一部长篇小说《黑色的火焰》三部曲,并且于 1961 年即他 93 岁时全部完成。曹操(155—220)说:"老骥伏枥,志在千里;烈士暮年,壮心不已。"这真是:莫道彩笔随老去,佳作偏映夕阳红。

回到正题上来。关于定量问题,汤姆孙说:

> 我常讲,当你能把所研究的东西测量出来并用数学来表示时,那么你对这个东西已有所认识。但是如果不能用数学来表示,那么你的认识是不够的,不能令人满意的,可能只是初步的认识,在你的思想上,还没有上升到科学的阶段,不论你讲的是什么。

这一段话表明了他对定量研究的重视。

自然界有一些物理量,目前还不能很好地理解:为什么光速恰好约为每秒 30 万公里?为什么普朗克常数 h 等于 6.626176×10^{-27} 尔格·秒?为什么不能更多或更少?

门捷列夫耗费了大量的精力和时间来计算实验数据,他所列举的每个数字,都经过多次检查,直到坚信它确实可靠才肯发表。他从数学老师奥斯特罗格拉斯基(Остроградский,1801—1861)那里学到的数学知识,对他的化学计算帮助很大。

许多第一流的科学工作者都有很高的数学素养。数学成了他们强大的武器,使他们终生受益。在近代的自然科学中,数学是必不可少的。当人们把实际问题化为数学问题后,数学就会引导他们走得很远,并且往往可以帮助他们找到解答。

数学是我国人民擅长的科学,在数学的发展中,我国的贡献很多,这里不能列举,只介绍一种有趣的图形——河图洛书纵横图。神话中传说,夏禹治水时,洛水里出现了一只大乌龟,它背上有一张图,用数字表示,就是右面的

4	9	2
3	5	7
8	1	6

图。把 1 至 9 的整数如图填在方格里,使每一行、每一列、每一对角线上三个数字的和都等于 15。人们也许以为,这只是一种巧妙的数学游戏,不料电子计算机出现后,它却获得了新的应用。目前,它在程序设计、组合分析、实验设计、人工智能、图论、博弈论等方面都受到重视。

华山游记与镭的发现
—— 坚持、再坚持

在科研的过程中,特别是在酝酿如何提出假设或想证明假设时,往往会遇到很大困难,不容易深入下去。这时,我们必须牢牢记住马克思的话,坚持!坚持!再坚持!

马克思在《资本论》中说:

> 在科学上没有平坦的大道,只有不畏劳苦沿着陡峭山路攀登的人,才有希望达到光辉的顶点。

宋朝王安石(1021—1086)写了一篇华山游记,讲到华山有一个洞,很深,又黑又冷,"入之愈深,其进愈难,而其见愈奇"。他们终于怕有进无出而不敢游到底。王安石很后悔地说:

> 世之奇伟瑰怪非常之观,常在于险远,而人之所罕至焉,故非有志者不能至也。

进而不难则常见,常见则无奇,因此,要奇,就必须克服巨大的困难。

据说有这样一个故事:弗兰克(P. Frank)曾对爱因斯坦说:有一位物理学家因坚持研究一些非常困难的问题而成绩不大,却发现了许多新问题。爱因斯坦感叹地说:

> 我尊敬这种人。我不能容忍这样的科学家,他拿出一块木板来,寻找最薄的地方,然后在容易钻透的地方钻

许多孔。

爱因斯坦不能容忍的这种科学家确实存在,他们或短于见识,或急于名利,或迫于应付,匆匆忙忙地"钻了许多孔",数量可观,但质量不高。既无实用价值,又未解决重大理论问题,忙忙碌碌,他们的论文,仍逃不出抛进废纸篓的命运。

科研人员必须有与人斗、与天斗的大无畏精神。既要像布鲁诺那样与黑暗势力斗,又要与种种困难斗。

"锲而舍之,朽木不折;锲而不舍,金石可镂。"不打持久的艰苦战,决不可能获得重大的成就。大发现大发明,都是长期艰苦劳动的产物,是汗水的结晶。《老子》说:"合抱之木,生于毫末。九层之台,起于累土。千里之行,始于足下。"这些譬喻,都生动地说明了持久战的重要意义。

镭的发现,也是一个富有教育意义的故事。1903年,鲁迅在《说钼》一文中曾谈到此事。钼就是镭。他说:

> 自X线之研究,而得钼线;由钼线之研究,而生电子说。由是而关于物质之观念,倏一震动,生大变象。最人涅伏,吐故纳新,败果既落,新葩欲吐,虽曰古篱夫人之伟

皮埃尔·居里
(Pierre Curie, 1859—1906)

玛丽·居里
(Marie Sklodowska Curie, 1867—1934)

功,而终当脱冠以谢十九世末之X线发见者林达根氏。(《鲁迅全集》第7卷,人民文学出版社1973年版,第392页)

古篱夫人即居里夫人,林达根今译为伦琴,德国人。

为了研究放射性元素,居里及其夫人数年如一日,百折不挠,坚持不懈地进行着繁重的工作,"衣带渐宽终不悔,为伊消得人憔悴"。他们1公斤1公斤地炼制铀沥青矿的残渣,从数吨铀矿残余物中提炼出只有几厘克的纯镭的氯化物。他们工作的条件非常艰苦,奥斯特瓦尔德(W. Ostwald,1853—1932)参观了他们的实验室后说:"看那景象,竟是一所既类似马厩,又宛若马铃薯窖的屋子,十分简陋。"他们在困难条件下艰苦奋斗,终于成绩卓著,不能不令人肃然起敬。

攀登有心唯久锲,攻关无前在熟谋。有志者事竟成,确是如此!

胸中灵气欲成云
—— 智力的超限

我们常常在文艺作品中看到这样的"体力超限"的描写：某人平日跳不过1.5米的高度,然而,有一天,由于某种高尚思想所激励,奇迹出现了,他竟然跳过了1.6米,实现了超限。事情过后,他自己也很吃惊,简直不能相信这是自己的成绩,他再也不能跳这么高了! 这里说的是"体力超限"。可惜的是,很少看到关于"智力超限"的描写。其实,在科学研究中,也常有这样的奇迹。并非夸张地说,不经过这样的超限,是很难取得重大突破的。数学家高斯说,有一条定理的证明折磨了他两年,忽然在一刹那像闪电般想出来了。

这是怎么回事呢? 某人长时期攻研某一问题,不舍昼夜,苦心地琢磨着,挥之不去,驱之不散,才下眉头,又上心头,他的思想白热化了,处于高度的受激状态。忽然在某一刹那,或由于某一思路的接通,或由于外界的启发,他的思维,就像电子由低能态跃迁到高能态一样,也由常态飞跃到高级的受激态。"欲穷大地三千界,须上高峰八百盘。"这时的他已非平日的他,他超越了自己,超越了他平均的智力水平,完成了智力的超限。他的新思想如泉涌,如水注,头脑非常敏锐,想象力十分活跃,"思风发于胸臆,言泉流于唇齿",从而问题迎刃而解了。等过一段时间再回头看时,他简直为当时自己所曾登上的高度而震惊,他说不出为什么那时能想出这么巧妙的东西来,他甚至不敢相信这是自己的创作了。要想再达到那时的高度,竟是非常困难的事,因为他已恢复常态,不是那时候的他了。在这个问题的智力上,现在的他,要比那时的他矮小得多,除非他再经过很长时间的努力,再来一个超限。可惜的是,这种境界,在人的短暂一生中,难得出现几次。能不能让它多出现一些呢?除了坚持不懈长时间地努力外,恐怕没有其他方法。

苯与金圣叹的观点
—— 谈启发与灵感

某个问题,研究它已经很久了,但还是一团迷雾,没有找到主要线索。我们成天冥思苦想,运思如转轴,格格闻其声,然而,"上穷碧落下黄泉,两处茫茫皆不见"。有一天,忽然由于旁人一句话,一篇文章,或者由于触景生情,终于受到启发,灵机一动,顿时大彻大悟,一通百通,问题便迎刃而解了。真正是:"忽如一夜春风来,千树万树梨花开。"这种情况的确不少,相传阿基米得在澡盆里悟出判定王冠中黄金成分的办法,虽然未必是信史,但的确是可以理解的。

100多年前,人们已认识到碳原子是四价的,但碳原子相互间如何结合,还不清楚。德国化学家凯库勒正在苦苦思考这个问题,"一夜腊寒随漏尽,十分春色破朝来",一天晚上他乘车回家,忽然思如潮涌,顿时猜出了碳链结合的秘密。

凯库勒
(Friedrich August Kekulé, 1829—1896)

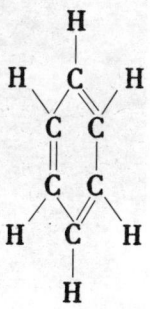

1865年,他又在马车上领悟到众人百思莫解的有机化合物苯分子C_6H_6的环状结构,如上页图所示。

怎样解释这种"灵机一动,计上心来"呢?长时间思考一个问题,大脑中便会建立起许多暂时的联系,架起许多临时"电线",把所有有关的信息保存着、联系着。同时,大脑还把过去有关的全部知识紧急动员起来,使思维处于一触即发的关头。一旦得到启发,就像打开电钮一样,全部线路突然贯通,立即大放光明,问题马上解决了。因此,所谓灵感,并不是什么神秘的东西,而是经过长时间的实践与思考之后,思想处于高度集中化与紧张化,对所考虑的问题已基本成熟而又未最后成熟,一旦受到某种启发而融会贯通时所产生的新思想。

许多事例证明:灵感大多是在思维长期紧张而暂时松弛时得到的,或在临睡前,或在起床后,或在散步、交谈、乘车时。门捷列夫说过,他接连几天考虑如何把元素排列好,最后是在梦中完成的。这些是因为:紧张的思考使思维高度集中在一点上,对单点深入很有效,但对全面贯通则少功;而暂时的松弛则有利于消化、利用和沟通已得到的全部资料,有利于冷静回味以往的得失和忽略掉的线索,有利于恢复大脑的疲劳,并使它再次高度兴奋起来重新投入战斗。

文武之道,一张一弛。以张为主,辅之以弛。只有在长期劳动和思维之后,才能接受启发,产生灵感。这里没有半点的侥幸,需要的是老实、勤劳的态度。袁枚有一首谈灵感的诗:

但肯寻诗便有诗,灵犀一点是吾师。

柴可夫斯基
(П. И. Чайковский,1840—1893)

夕阳芳草寻常物,解用都为绝妙词。

他是主张做诗需要灵感的。但那灵感不是天上飞来,而是长期寻诗的结果,因此,重点在"肯寻"二字。音乐家柴可夫斯基说:

> 灵感全然不是漂亮地挥着手,而是如犍牛般竭尽全力工作时的心理状态。

一旦有了新思想,就要立时紧紧抓住,否则便有丢失的危险。苏轼说:"作诗火急追亡逋,情景一失永难摹。"

郑板桥也说:"偶然得句,未及写出,旋又失去,虽百思之不能续也。"这些都是切身经验之谈。

灵感不是与实践无关的、飘忽无定的神奇怪物。清朝卓越的文学批评家金圣叹在评论《西厢记》时所发表的对灵感的解释,是一段绝妙的文字。他说:

> 文章最妙是此一刻被灵眼觑见,便于此一刻放灵手捉住,盖于略前一刻亦不见,略后一刻便亦不见,恰恰不知何故,却于此一刻忽然觑见,若不捉住,便更寻不出。今《西厢记》若干文字,皆是作者于不知何一刻中,灵眼忽然觑见,便疾捉住,因而直传到如今。细思万千年以来,知他有何限妙文,已被觑见,却不曾捉得住,遂总付之泥牛入海,永无消息。

这双"灵眼",不是神乎其神的希奇宝贝,而是长期实践,刻苦锻炼的产物。

灵感的反面是思想的惰性。过久地、毫无进展地思考同一问题,往往会不自觉地老走同一条路,原地徘徊,跳不出老圈子,辛辛苦苦地浪费精力和时间而不能自拔。长久下去,会引起思路闭塞和智力枯竭。扭转的办法是把问题暂时放一放,或者换一个题目,或者阅读一些新书报,或者深入实际去收集新资料,或者调换环境,休息一下脑子,或者和朋友交换意见。然后再把问题的全过程和有关线索细细回想几遍,并努力把它们联串起来。这样做有利于新思想的出现。

征服骡马绝症及其他
—— 循序渐进与出奇制胜

不少伟大的、划时代的科学发现,往往都不是按旧的思想体系,以一般的逻辑推理方法所获得的,需要的是出奇制胜的高招,特别是当我们工作已久,各种方法都一一试过而仍无希望时,更需打破常规,另创新格。"出奇制胜",不是思想连续性的产物,它需要间断,需要飞跃,需要思维的质变。

出奇制胜,在战争中尤其重要。《孙子兵法·势篇》中说:

> 凡战者,以正合(以正兵当敌),以奇胜(以奇兵取胜)。故善出奇者,无穷如天地,不竭如江河。

物理学家福克(В. А. Фок)说:"伟大的以及不仅是伟大的发现,都不是按逻辑的法则发现的,而都是由猜测得来;换句话说,大都是凭创造性的直觉得来的。""不是按逻辑",如果理解为"不是按旧的思想体系的逻辑",那么是有道理的;但"是由猜测",则说得不全面。有主观的随意的猜测,有建立在一定事实根据上的客观假设。因此,笼统地说猜测是不确切的。

有一些出奇制胜的新观念,甚至连作者本人当时都不能很好理解它的意义。例如麦克斯韦的电磁场论,它实际上并非以力学为基础,但他自己却坚持力学观念。后来,只有洛伦兹(H. A. Lorentz,1853—1928)才清楚地阐明了麦克斯韦方程的物理意义，即电磁场本身就是物质的，可以在空间存在，不需要特殊的负荷者。此外，又如普朗克起初也不能很好理解他自己所首创的量子论的重要意义。

这种情况无需深怪。譬如走路，如果走的是康庄大道，见到的自然是司空见惯的东西，毫不意外；但如攀登珠穆朗玛峰，那就是另一回事了，许多新奇的事物铺天盖地而来，愈见愈奇，这些从未见闻过的东西，怎能一下子就理解呢？

可是，为什么有些人又特别强调学习要"循序渐进"呢？"循序渐进"与"出奇制胜"有没有矛盾？

学习是需要循序渐进的，对新手更应如此。不然，就不能练就基本功，就不能受到严格的训练。可是，学习是一回事，上战场是另一回事。上战场时，就得临机应变，不能拘于一格。譬如演戏，有的演员有深切体会：演戏之前，自然要先认真排练，为自己表演设计好一个理想的范本，不能依靠天马行空的即兴；但是到了红氍毹上，又不能全然受范本的拘束，才能潇洒豁达，感情流露。没有平日的循序渐进（渐变），就不会有临阵的出奇制胜（突变）；不出奇制胜，就很可能没有重大的贡献。

以上是从学习的角度看问题；再来考察一下学科的发展情况。正如唯物辩证法所指出的，事物的发展由渐变与突变组成，学科发展当然也不例外。人们在原有的理论框架中，运用逻辑推理，循序渐进地获得一些新结果，这种进展大都是缓慢的，步子不会很大。但到一定时候，资料积累得充分丰富时，就可能发生出奇制胜的突变或飞跃。这种突变的完成，需要克服种种旧的成见，建立新的理论框架，需要提出全新的概念，需要极大的创造性。这就是出奇制胜。

量子力学创始人之一狄拉克（P. A. M. Dirac, 1902—1984）于1972年在《物理学家自然概念的发展》一文中说：

> 在回顾物理学的发展时，我们看到，物理学的发展可以描绘为一个由许多小的进展所组成的相当稳定的发展

过程,再叠加上几个巨大的飞跃。当然,正是这些大飞跃构成了物理学发展中最有意义的特征。作为背景的稳定发展大都是逻辑性的;这时人们得出的一些思想都是按照标准的方法从以往的结果推导出来的。但是一旦有一个大飞跃时,这就意味着必须引入某种全新的观念。

然后他指出:相对论、量子论等学说的出现,正是克服了一些旧的成见如"同时性""绝对时间""超距作用"等以后才完成的。

再讲一个为生产服务的出奇制胜的科研故事。结症是马骡的常见病,马骡得此病后,往往继发其他疾病,引起全身症状而死亡。解放军某部的兽医查阅了很多资料,访问了很多人,虽然提高了认识,但未很好解决问题,后来却从一件表面上看来毫不相干的事情上得到启发。我们紧握一个鸡蛋,使了很大劲,鸡蛋仍旧安然无恙;但如果突然击它一下,它就会马上破裂。治疗结症的关键,在于又快又干净地排除肠管中的结粪。兽医李留栓等人由鸡蛋而想到出奇制胜的"捶结术",一只手伸入肠管按住结粪,固定在马的腹腔壁内,另一只手在腹腔外用力捶击,将结粪击碎。为了使手通过马骡离肛门一尺二寸(1 寸等于 0.0333米)处的一段较细的、向下的直肠,而不伤害牲口,他们让病马始终站立,根据马的排粪反射和患马的病理变化情况,采取了手摆肠管,胳膊按压肛门边缘,刺激病马引起排粪反应,使肠管自动套到手上,让手主动通过那段细直肠。几年中他们用这个方法治疗了两千多匹病马,没有一匹死亡。

直接向自然界学习,有时对新思想的形成很有帮助。大自然是我们最好和最有才干的老师。车轮是一项伟大的发明,很可能是由于人们看到树

威耳孙
(Charles Thomson Rees Wilson, 1869—1959)

干、果实或圆形卵石的滚动而想到的。威耳孙看到太阳照耀在山顶云层上所产生的光环,受到启发后制成了云雾室——一种研究放射性物质的仪器。1932年,美国的安德森(C. D. Anderson, 1905—1991)利用这种仪器发现了正电子。近年来发展迅速的仿生学,是专门研究生物机能及其应用的学问的。

科学、文学、艺术的发明创造中,有许多共同的思想方法,向大自然学习就是其中之一。孟德斯鸠(Montesquieu, 1689—1755)在《波斯人信札》中说:

> 勇于求知的人决不至于空闲无事……我以观察为生,白天所见、所闻、所注意的一切,晚上一一记录下来,什么都引起我的兴趣,什么都使我惊讶。

宋朝张择端画的《清明上河图》,就是向大自然、向社会学习的杰作。北宋李公麟擅长画马,"每欲画,必观群马,以尽其志"。明朝画家石涛题《黄山图》一开头就说:"黄山是我师,我是黄山友";他的印章上刻着"搜尽奇峰打草稿"。近代著名画家徐悲鸿(1895—1953)很推崇"外师造化,中得心源"的创作方法。这就是说,要以大自然为师,从而得到感受和启发。"用笔不灵看燕舞,行文无序赏花开",从向大自然学习的观点看来,还是有几分道理的。但这必然建立在实践的基础上,对问题已有相当时间的钻研,才能由观察自然而有所悟。

能创造比人更聪明的机器吗
—— 逻辑思维与科学幻想

经过实践证实的假设就成为理论、公理或定律。人们从公理出发,利用逻辑推理,就可得出第一批新的结论,然后又根据这些结论及原来的公理或新的公理,又可推出第二批结论。如是层层推理,这就是人们的逻辑思维过程。逻辑思维与文学中的形象思维有所不同,后者主要依靠典型的艺术形象,而前者则主要依靠公理、概念、定理来思维的。一个极其光辉的逻辑思维的例子是欧几里得几何学。爱因斯坦说:

> 世界第一次目睹了一个逻辑体系的奇迹,这个逻辑体系如此精密地一步一步推进,以致它的每一个命题都是绝对不容置疑的——我这里说的是欧几里得几何。推理的这种可赞叹的胜利,使人类理智获得了为取得以后的成就所必需的信心。如果欧几里得未能激起你少年时代的热情,那么你就不是一个天生的科学思想家。

列夫·托尔斯泰在他的名著《战争与和平》中也讲到学几何的故事:老亲王包尔康斯基热心于教女儿玛利亚学几何学,每次都吓得她心惊胆战,他走到女儿身旁坐下说:"小姐,数学是一门庄严的功课,它会把你脑子里的无聊念头赶出去。"这位老亲王不懂得教学方法是无疑的了,但他能欣赏数学的"庄严"。这庄严,就是几何学中逻辑思维的严密性。

虽然如此,逻辑思维还只是全部思维的一方面,另一方面,有时甚至是更重要的一方面,是科学幻想。千里眼、顺风耳、腾云驾雾早已成为现实。罗巴切夫斯基几何起初被称为幻想几何,后来却被证实为很重要的一种非欧几何。科学幻想虽然大大超越了它的时代,超越了现实的条件,略去了许多中间的推理步骤,却提出了最终的奋斗目标,因而往往能推动科学的跃进。对科学如此,对文学也如此。高尔基(Максим Горъкий,1868—1936)说:"如果没有虚构,艺术性是不可能有的,不存在的。"车尔尼雪夫斯基(Н. Г. Чернъшевский,1828—1889)也说:"诗情中的主要东西,是所谓创作幻想。"

列夫·托尔斯泰

(ЛевНиколаевич Толстой,1828—1910)

科学幻想常被戴上唯心主义的帽子,或者被各种所谓的"极限论"所扼杀。但历史证明,错误的正是极限论者自己。孔德就是一个例子。又如 1964 年,巴黎大学教授俄歇(Pierre Auger)提出了四个极限:一为观察的极限,即观察的范围不能超过 100 亿或 150 亿光年;二为旅行的极限,人类不能访问其他的行星系;三为能量的极限,不能达到极强的宇宙线的天然能量(10^{18}电子伏);四为人类的思维能力是有限的。其中第一个极限已快超过了,第四个是不可知论的翻版,第二、三个混淆了人类"今日做不到"和"永远做不到"的界限,它们迟早会被事实所推翻。

"人能创造比人更聪明的机器吗?"这是一个引起了广泛争论的问题,看来还将争论下去。我们认为没有必要为人类的创造能力划一界限。理由是:第一,人不是超自然的,他也是生物进化长河中一定阶段的产物,而不是进化的终点。将来,即使在无人干预的情况下,也一定会出现更高级、更聪明的人。历史也证明了这一点,猿人比类人猿聪明,现代人又比猿人更聪明,为什么将来的人不会比今天的人更聪明呢?第二,当人类自觉地引用生物的方法参与到人的进化中来,就可能大大缩短进化的过程。因此,出现比今天的人更高级的"人",乃是必然的趋势。当然,所谓"机器"当作广义的理解,如果只限于用钢铁等无机物做成的机器,那当然是无望的。生命是高级的运动形式,不能用低级运动形式来代替。

放射性、青霉素及其他
—— 谈偶然发现

在长期的科学实践中,有时会得到一些偶然的发现。说是偶然,其实并不神秘,当人们对所研究的对象还认识不清而又不断和它打交道时,就可能发现一些出乎意料的新东西。

对待偶然发现,一是不要轻易放过,二是要弄清它的原因。

有些偶然发现,正因为它不在预料之中,正因为不属于旧的思想体系,正因为另树一帜,所以往往可以成为研究的新起点,为科学宝库增光添彩。

1820年哥本哈根的奥斯特偶然发现:通有电流的导线周围的磁针,会受到力的作用而偏转。这一发现说明电流会产生磁场;电学和磁学从此结合起来了。

为了研究胰的消化功能,明可夫斯基给狗做了胰切除术。这只狗的尿引来了许多苍蝇,对尿进行分析后,发现尿中有糖,于是领悟到胰和糖尿病有密切关系。

20世纪初,美国墨西哥湾的海面上忽然出现了一种稀奇的现象:海水上漂浮着一层油花,在太阳光下闪闪发光。原来在海底下储藏着丰富的石油。不久就在墨西哥湾建立起世界第一口海上油井,成了海底采油的先行者。

天然放射性的发现带有更大的传奇性。1895年,伦琴偶然在阴极射线放电管附近放了一包密封在黑纸里的、未曾显影的照相底片,当他把底片显影时,发觉它已走光了。对于一个漫不经心的人,那就会说:"这次走光了,下次放远一些就得啦!"伦琴却采取了认真的态度,没有放过这一线索。他认为,这一定有某种射线在起作用,并给它取了一个名字叫 X 射线。这个怪名称表示他对这种射线还很不了解。不过他指出:X 射线是从管中有黄绿色磷光的一端产生出来的。根据这点,彭加勒(H. Poincaré,1854—1912)猜想:所有发强烈磷光的物体都能发射 X 射线。1896 年,法国贝克勒尔想起了彭加勒的假设,便拿来一种能在太阳光下发磷光的物质硫酸钾铀,把它和底片一起放在暗箱里。几天以后,他发觉完全不见光的硫酸钾铀也会作用于底片。然而,这种物质在暗箱里是不会发磷光的,可见彭加勒的假设是错误的,X 射线与磷光毫无关系。后来又经过多次试验,才得到正确结论:X 射线原来是硫酸钾铀中的一种元素铀放射出来的。其后,居里夫妇又从含铀的沥青矿残余物中提炼出放射性很强的镭。这一段历史的确离奇:没有彭加勒的错误猜想,贝克勒尔就不会想到发磷光的物质;发磷光的物质很多,如果不是碰巧选中含磷铀的硫酸钾铀,那么原子能的发现也许还要推后好些年。

贝克勒尔
(Antoine Henri Becquerel,
1852—1908)

1942 年英德空战激烈,为了观察入侵的敌机,英国普遍建立了雷达观察站。但雷达信号常被一些莫名其妙的电噪声所干扰,特别是早晨更加厉害。此外,美国工程师卡尔·詹斯基在检查越过大西洋电话通讯的静电干扰时,也注意到有一种特殊的弱噪声。这些发现引导人们去研究它们的起源,结果得知干扰雷达信号的电噪声来自太阳,并且还发现,不仅太阳能够发射宽频带的电磁波,而且星云间也能发射。例如产生上述弱噪声的,就是距离地球26 000光年的银河系中心。这方面的进一步研究奠定了今天的射电天文学的基础。这个故事说明了追究偶然发现的起因可能导致重要发现。

大约1780年,意大利人伽伐尼偶然发现蛙腿在发电机放电的作用下会收缩。6年后他又发现:如果把青蛙腰部的神经挂在黄铜钩子上,钩的另一端挂在铁栏上,那么当铁筷每次跟蛙脚和铁栏接触时,蛙腿也会收缩。他把这种效应归结为动物电,正确解释了他的发现是发电的结果;他却错误地以为蛙腿会由于某种生理过程而产生电荷。伽伐尼事实上已发现了电流,但不认识它。需要同国人伏打的思想,才能说明他究竟做了些什么。

伏打
(Alessandro Volta,1745—1827)

1795年,伏打指出:不用动物也能发电,只要把两块不同的金属放在一起,中间隔一种液体或湿布就行。据此伏打发明了电池,开创了化学电源的方向。

青霉素的发现也是一个有益的故事。英国圣玛利学院的细菌学讲师弗来明(S. L. Fleming,1881—1955)早就希望发明一种有效的杀菌药物。1928年,当他正研究毒性很大的葡萄球菌时,忽然发现原来生长得很好的葡萄球菌全都消失了。是什么原因呢?经过仔细观察后发现,原来有些青霉菌掉到那里去了。显然,消灭这些葡萄球菌的,不是别的,正是青霉菌。"众里寻他千百度,蓦然回首,那人却在灯火阑珊处。"这一偶然事件,导致药物青霉素以及一系列其他抗菌素的发明,后者是现代医药学中最大成就之一。

"踏破铁鞋无觅处,得来全不费功夫。"其实,功夫是花了的,而且花得很大,全花在"觅"字上,那证据就是"踏破铁鞋"。如果弗来明不是存心在"觅",那么再伟大的奇迹也会视而不见的。科学工作者不仅要善于发现,而且要善于自知已经作出了发现。只有那些辛勤劳动,对问题有过长期的苦心钻研,下过大功夫的人,才会有高度的科学敏感性。

香榧增产记
—— 对归纳法的两点新的认识

通过对观察资料的分析和整理,提出有一定事实根据的假设,如果实践证明假设是正确的,就会导致新的发现。这种"观察——假设——实践检验"的科学研究方法,通常称为归纳法。它并不是什么新发明,如果说我对此有什么新的认识,那就是下列两点:

1. 正确的认识是观察资料与研究人员的德、识、才、学有机地相结合的产物。观察资料非常重要,但光靠它是不够的,正如光有子弹是不够的,还需要枪身。子弹入膛,才能致远。

2. 正确的假设,只有采取逐步逼近的方法才能找到。因此,常常需要付出巨大的劳动,不断地实验下去,并且不断地吸取以前各次实验的经验教训。至于如何尽量减少逼近的次数,迅速找出正确的假设,则仰仗于研究人员的科学洞察力与想象力,亦即依赖于他们在长期实践中所积累的德、识、才、学。

在归纳法的发展史中,培根(F. Bacon, 1561—1626)起过很大的作用。他既重视资料的收集,也注意资料的整理。他说,我们不应该像蚂蚁,只是收集;也不可像蜘蛛,只从自己肚中抽丝;而应该像蜜蜂,既采集,又整理,这样才能酿出香甜的蜂蜜来。培根也有缺点,一是对假设不够重视。其实,如何找到正确的假设,正是科学研究中最难的一步,它涉及如何由感性认识向理性认识飞跃的重大问题。除了上述逐步逼近法而外,并无一定的工作程序,可以保证我们只要沿着它前进就可找出正确的假设。培根的另一缺点是瞧不起演绎法。科学发展史表明:归纳法必须与演绎法相结合。人们依仗归纳,从观察中找到公理,再对公理进行演绎推理,才能导致深刻的结果。牛顿力学、几何学以及相对论等都雄辩地证实了这一真理。

科学研究最终目的是改造自然,使之为人民服务。我们认识了自然的规律后,就应把它们运用到实践中去。下面讲的是一个科研为生产服务的故事,它体现了科研的全过程;它还生动地说明了科研并不神秘,劳动人民是科学实验的主力军。

我国浙江会稽山区出产名贵干果——香榧,但产量不高,1963年不到5000斤,由于搞科学实验,1964年跃进到78 000多斤,这是怎么回事呢?

起初,有些香榧树几年或几十年不结实;有些虽结实,但年产量波动很大;还有些结实一两年后,接连好几年又不结实。原因何在呢? 以上是初步观察。

有的说是受到村里炊烟熏的缘故;有的说是由于上年春天多雨或刮黄沙;有的又说是长在阳坡的结实多,长在阴坡的不易结实,等等。这是一些不正确的假设。

经过老农蔡志静及青年教师汤仲埙等观察研究,终于找出主要原因:香榧树分开花和结实的两种,前者开黄豆状的花,不结实;后者似乎不开花,一开始就结出小榧子。他们想:开花榧也许是雄榧,结实榧可能是雌榧吧?这是想象。可是谁也没有见过雌榧的花。1959年,谷雨节前后,他们选了三株榧树,开始观察。一株开花榧,一株是开花榧旁的结实榧,一株是远离开花榧、长期不结实的香榧树。前一株的雄花花粉随风飘散,后两株在嫩叶腋间长出了比小米还小的粒状胚珠,胚珠成对排列,这就是雌花,因为它不像花样子,所以一向误以为是小榧子。胚珠顶端有一粒晶亮的黏液。近旁有雄榧的雌花,四五天后胚株黏液逐渐消失,胚珠由黄变青,开始长大,说明已经授粉。那株长期不结实的香榧树上的雌花,胚珠黏液要10天左右才消失,胚珠越来越黄,15天后脱落,这说明没有授粉。以上是进一步观察。

于是他们想到:授粉是主要因素,如果没有雄榧,或虽有而没有授粉,雌榧都不能结实。其他如地形、土壤等因素虽也影响产量,但都是次要的。这是逼近正确的假设。

为了证实这一假设,他们做了大量调查:测定同雄榧不同距离的香榧树的结实率,统计雌雄榧不同比例情况下的年产量,等等。

最后,他们做了一个决定性的实验:在长期不结实的榧树林里,选了500个雌花枝条,逐个用蘸了花粉的毛笔,进行人工授粉;另外选500个自然授粉;最后,在向来结实很好的榧树上选10个雌花枝条,用玻璃纸套起来,不予授粉。后来发现:人工授粉的有1063个胚珠发育,自然授粉的只有52个,而隔离不授粉的颗粒全无。假设得到了证实。

在找出了不结实的主要原因后,他们采用各种方法加强授粉,从而大大提高了香榧的产量,达到了把科学发现用于生产实践的目的。

这个例子比较全面地说明了科学发现的过程。

朝霞国里万舸争流
—— 没有结束的结束语

横看须临德识镜,纵游还仗实践舟。本书的基本思想,简单说来,就是如此。我们的探讨暂告结束。然而,人类对自然的理解永无止境。人类新的发现、发明,正以惊人的速度上升。进化论创始人之一华莱士(A.R.Wallace,1823—1913)曾统计,19世纪的重要发明创造,比以往各世纪的总和还要多,而20世纪又远远超过19世纪,特别是近30年来的尖端技术,例如电子计算机、原子弹、氢弹、宇宙飞船、人造卫星、遗传工程、通信技术、人工智能,等等,都远非前人所能想象。在基础科学方面,物理学已深入到基本粒子的更深层次,生物学进入了分子、亚分子的研究,天文学则把人类的视野扩展到80亿光年以外的遥远星系。人类的认识与创造能力,的确无穷无尽。100年以后又如何呢?

大自然把人的身长一般限制在两米以内,使我们仰观天宇则太小,俯视原子又太大,我们位于宇宙中的某一层次,对其他层次不能直接接触。虽然如此,我们还是很有办法,通过光、电、磁、热等效应,仍然获得了宇观、宏观和微观世界的许多知识,这不能不说是理智的伟大胜利。然而,知识越多,能提出的问题也越多,因而暂时未知的世界也显得越宽广。今天,我们正面临着许多重大问题的挑战。

起源与演化问题,包括天体、太阳系、细胞、生命、人类等的起源问题,以及它们在漫长的岁月中是如何演化(或进化)的?前途又如何?对这些,人们已进行了长期的研究,但都未能彻底解决。例如关于太阳系起源的一些难题:为什么太阳的质量占了全系的99.85%,但角动量却只占1%?为什么金星的自转方向是自东向西,而其余的行星(除天王星外)都是自西向东?至今还很难圆满解释。

构造与转化问题,我们还不能区别这颗电子与那颗电子,它们看来似乎全都一样,这是因为还不了解电子的内部结构。对其他的基本粒子也如此,它们的相互关系和转化规律也还未搞得很清楚。甚至关于抚育我们的地球,有许多事情仍然不知道,特别是它的内部结构,基本上还是一个谜。此外,生物大分子等的构造、功能与相互作用等问题,也亟待研究。

生命的秘密,目前尚不能控制遗传,关于大脑与神经系统也知道得不够多。尽管生命在众多星球上存在的观点已为多数科学工作者所接受,但至今还没有在其他天体上找到生命,更谈不上地球以外的文明。

此外,如何寻找新的能源(包括利用太阳能)、开发资源(特别是海洋资源)、预报地震、暴雨等自然灾害,以及保护环境、土地改良、攻克疑难病症(癌、心脏病)等重大问题,都有待我们去探索、去解决。我们对每个问题都有极大的兴趣。这些问题的重要性和奥妙,像磁铁一样把人们吸引在自己的周围。"芳草有情皆碍马,好云无处不遮楼",为了探索这些问题的奥秘,我们不能不下马细细观摩,徘徊流连而不忍远去。

这样,就自然而然地使人又想起屈原的《天问》来,我们简直可以写一篇《新天问》了,可惜缺乏那种横空出世的豪气和横溢的才华。屈原的作品,后人模仿的,何止千万,唯独《天问》,却很少有人问津,大概是太难懂了吧!只有唐朝的柳宗元(773—819),写了一篇《天对》,试图回答那里的问题。又过了300多年,宋朝的辛弃疾(1140—1207),仿照《天问》的体裁,填了一首词,主题是《送月》。此词文笔超脱,构思奇特,融文学想象与科学思维于一炉,有《天问》之遗风,堪称佳作矣。因它不常见,故引于此,以供同好:

  《木兰花慢》中秋饮酒将旦,客谓前人诗词有赋待月,无送月者,因用《天问》体赋:

   可怜今夕月,向何处、去悠悠?是别有人间,那边才见,光影东头?是天外,空汗漫,但长风浩浩送中秋?飞镜无根谁系,姮娥不嫁谁留?谓经海底问无由,恍惚使人愁。怕万里长鲸,纵横触破,玉殿琼楼。虾蟆故堪浴水,问云何玉兔解沉浮?若道都齐无恙,云何渐渐如钩?

  王国维在《人间词话》中评论说:"词人想象,直悟月轮绕地之理,与科学家密合,可谓神悟。"

  伟大的中国人民,非常聪明、非常勤劳、非常勇敢。我们的前辈,在简陋的条件下,尚且能在自然科学上做出如此巨大的成绩;今天,我们处在这么优越的环境里,理应更上一层楼。朝霞国里,万舸争流。我们应该团结一致,奋发图强,自觉地运用唯物论和辩证法于自然科学,为早日实现我国的农业、工业、国防和科学技术现代化而斗争。我们一定能发扬祖国科技的优秀传统,赶超世界先进水平,为人类作出更大的贡献。科学发现无它,需要的是对人民的忠诚,坚定的信心,火一般的热情,加上长时间的、不知疲倦的苦干和巧干。不谋私事谋国事,甘当孺子老黄牛。这样,就能无坚不摧、无敌不克,正是:

   十年磨一剑, 不敢试锋芒;
   再磨十年后, 泰山不敢当。

卷下
履尘留迹

庄子:判天地之美,析万物之理。(叶 雄绘)

评文论史便神飞
—— 学理者如是说

理科研究自然现象,文科研究人类社会,对象不同,内容各异;加以"吾生也有涯",因而彼此来往甚少,是容易理解的。有些学理的不很重文,认为那里科学性不够;学文的往往也觉得学理的太钻牛角尖,皓首穷于一经,见树不见林。斯威夫特(Jonathan Swift,1667—1745)的大作《格列佛游记》中,有两章专写"科学院概况",不少科学家读过后大概不会感到很舒服。

专家所以专,是因为他有自己的一片不大不小的耕地,熟于斯,精于斯,创造于斯。他不必、也不太可能同样地熟悉许多其他专业。不过,如果他能多少涉足于本专业之外,看看别人做了些什么,怎样做,还想做什么,对开拓他的视野,提高整体学术水平,无疑会起到重要的作用。梁启超曾说他的老师:

> 康(有为)先生之教,特标专精、涉猎二条。无专精则不能成,无涉猎则不能通也。

短短两句话,胜过一篇大论文,把"精"与"博"的关系说得再透彻不过了。

学文的要知道一点理,以便适应科学技术的高速发展,取得"现代人"的资格。但我感到,学理的更应学点文,其迫切程度胜过学文的学点理。何以见得?人的社会实践,不外乎"做人做事做学问"。一般地说,科学家做学问都很高明,但做人做事就未必人人都行。老实人常常碰壁,甚至吃了苦头,挨了闷棍,还不知是怎么回事。做人做事,都要涉及社会,涉及他人。而无论哪本数理化名著,绝不会用一章去教学生如何处理人际关系。所以学理者,应该自觉地去补上这一课,以免受骗上当。这是消极一面。积极方面,我发现许多大学者不仅业务超群,而且交际很广,诚所谓"世事洞明皆学问,人情练达即文章"。贾宝玉不喜欢这两句,所以落得去当和尚,其实这是大实话。后来我慢慢明白了:名人所以有名,七分业务三分机遇也。三分虽少,却是万万缺不得的,而且其中学问很大,"人事"是其重要成分。我辈书呆子不可不知!

　　学一点文史哲,可以帮助我们审时度势,认清形势;陶冶性情,触发灵感;纵观全局,端正方向。

　　1967年,在那惶惶不可终日的日子里,许多人对形势感到迷惘、震惊、手足无措。我也如此。我虽是数学教师,但那时无法教书,又不甘心时光虚度,便找了一些文科的书来看。我看的是瞿蜕园先生编的《通鉴选》,恰好翻到"党锢"篇。没有想到,这篇文章对我起了极大的作用,使我豁然开朗。东汉末年(公元165年后),宦官集团迫害在野名士的种种故事感人至深。其中一位名士叫范滂,性格刚劲,疾恶如仇,于是受到陷害而遭通缉。逮捕令传到吴导手中。吴伏床而泣,眼看就要因抗命而大祸临头。范知道后说:"必为我也",立即投案自首,县官郭揖大惊,交出官印,要与范一起逃亡。范不肯,说:"我死则祸止,何敢累君,又令老母流离乎?"当日便与母亲诀别,不料母亲也是浩然正气,说"死亦何恨"? 滂跪受教,再拜而辞。滂对身边的儿子说:"吾欲使汝为恶,恶不可为;使汝为善,则我不为恶。"行路闻之,无不流涕。可见天下还是好人居多。老妈妈与范滂的话,至今还时时在我耳边回荡。那时我读过这篇文章后,立即联想到当前不也是坏人坑害好人吗?历史竟如此重复。我用这个观点观察以后的发展,果然无往而不通。于是我心中有了底,自然明白该怎么行动了。"世上没有新事物,都是前人做过的。"就连今天使西方首领们大为头疼的人质问题,够时髦的了,不也在秦始皇父亲身上早就发生过吗?不过,这句话也有例外,那就是新科技及其社会效应,如制造空难等,是前所未有过的。

中华民族,名著如林。其中影响最大,流传最远最久,雅俗共赏,童妪皆知,而且只要宇宙间有人类,就会有此四书者,当数《三国演义》《红楼梦》《水浒传》《西游记》。这是中华民族最伟大、最普及的教科书。无需开办学堂,无需老师讲授,几乎是无人不知、无人不晓。它们对人的脑力要求很少,而给人的东西却极多。《三国演义》添人聪明才智,《红楼梦》教人冰清玉洁,《水浒传》使人见义勇为,《西游记》助人想象神奇。真是天赐神品,人间奇珍。此四书者,互不替代,各占一方,仿佛四座高山,东西南北,巍然独立。您能在其他国家找到类似格局的伟著群吗?少年时读,中青年读,到老年再读,随着读者年龄增长,入也愈深,见也愈奇。其怪、其妙、其趣、其巧,真令人不可思议。我们能不佩服、不赞叹、不衷心感谢前人的恩赐吗?我们能不以此为民族的骄傲、深深引以自豪吗?

任何一门严谨的科学都需要高强度的脑力劳动,特别是搞起研究来,更是白天黑夜,没完没了。为了持久,我的办法是每晚11点必须睡觉,早睡早起,雷打不动。10点上床,看一小时的闲书,放松脑子,作为过渡。闲者,专业以外也。这时读书全凭兴趣,毫无压力。文、史、哲、科,看到哪里算哪里,懂多少算多少。海阔天空,不知所之,也不知所止,这是最大的精神享受。遇到诗文佳句或奇思妙想,随手记下。久而久之,居然累积了七本笔记。这对我后来写《科学发现纵横谈》很有帮助。名句如"身高殊不觉,四顾乃无峰"(谭嗣同),"石头城上,望天低吴楚,眼空无物"(萨都刺),"虽复沈埋无所用,犹能夜夜气冲天"(郭振《古剑篇》),"休言女子非英物,夜夜龙泉壁上鸣"(秋瑾),都很有气魄,可以振作精神。有时也改动两句:"生当为俊杰,死亦为鬼雄。至今思鲁达,不可学林冲",以为自娱。思想枯竭,读之可使奇想自天外飞来者,当数《庄子》。这部书在哲学上和文学上都达到了最高境界。如果有人问我,有三个超级诺贝尔奖,古今中外,该授给谁?我会毫不犹豫推荐庄周。日本物理学家、诺贝尔奖获得者汤川秀树很喜欢读《庄子》。他说:

> 书籍可以有许多不同的方式吸引人们,但是我尤其喜欢那种著作,它自己创造出一个世界。在这个世界里,只要很短的时间,就可以使读者聚精会神,手不释卷。对我来说,《庄子》就是这类书籍中的一个典型范例。

他还把庄子的两句话"判天地之美,析万物之理"写在书的扉页上,作为现代物理学的指导思想及最高美学原则(参见卷下"履尘留迹"题图)。

谈到美,使我想起《阅微草堂笔记》卷十八中的一段游记,描写了一个不食人间烟火的幽静环境:

> 四月十七日,晚,出小石门,至北涧,耽玩忘返。坐树下,待月上,倦欲微眠,山风吹衣,栗然忽醒。微闻人语曰:"夜气澄清,尤为幽绝,胜于画图中看金碧山水。"以为同游者夜至也。俄又曰:"古琴铭云:山虚水深,万籁萧萧,古无人踪,惟石嶕峣。真妙写难状之景,尝乞洪谷子画此,竟不能下笔。"窃讶斯是何人,乃见荆浩。起坐听之。又曰:"顷东坡为画竹半壁,分柯布叶,如春云出岫,疏疏密密,意态自然,无权桠怒张之状。"又一人曰:"近见其西天目诗,如空江秋净,烟水渺然,老鹤长唳,清飙远引,亦消尽纵横之气。缘才子之笔,务殚心巧;飞仙之笔,妙出天然,境界故不同耳。"

简直是一个超越、空灵、水晶宫般的世界!在夜气澄清、山风吹衣的树下,听人评才子和飞仙之笔,无疑有助于想象的飞动、灵感的触发。人们脑海中积下的长期思考而又不得其解的难题,常常是在高度紧张后的松弛状态下解决的。

现在我们回到现实世界。我翻到杜甫的一首诗《又呈吴郎》：

堂前扑枣任西邻，　无食无儿一妇人。
不为困穷宁有此？　只缘恐惧转须亲。
即防远客虽多事，　便插疏篱却甚真。
已诉征求贫到骨，　正思戎马泪盈巾。

杜甫奉劝吴某，请他同情那位无食无儿的老妇。如果不是贫困到骨，她怎么会到你门前来打几个枣儿呢？你何必筑了篱笆来阻拦她呢？须知她是战火纷飞和官吏剥削的受害者啊！

我的心弦受到强力的弹拨，发出了沉重的叹息。诗人的人道主义精神深深地感染了我。我似乎也在心灵崇高的路上迈进了一步。

碰到哲学中一些大而无当的无休止的议论，或者一些类似绕口令一般的让人难懂的长句，我自愧天分太低，只好退避三舍。但对一些言之有物、与科学有关的哲学思想和研究方法，则很有兴趣。关于科学哲学，有许多名著值得阅读，如恩格斯《自然辩证法》、康德《宇宙发展史概论》、薛定谔《生命是什么》《爱因斯坦文集》(卷一与卷三)、梅特里《人是机器》、莫诺《偶然性与必然性》、普利高津等《从混沌到有序》以及罗素《西方哲学史》，等等。这些书大都不解决具体问题，甚至只是提出问题进行一些讨论而已，却很有助于打开心灵的智慧之窗，引导人们去思考关于茫茫宇宙的种种大而有趣的问题。

看看文科的一些大家如何治学，也是有趣的事。

鲁迅主张治学要先治史。他说：

无论是学文学的，学科学的，他应该先看一部关于历史的简明而可靠的书。

这对了解本学科的发展史及其趋势是一条捷径。最近我在《新华文摘》1992年第一期上，读到一篇好文章《诺贝尔医学奖90年》。我只用了一刻钟，对现代生物学的一些重要进展，便有一粗线条的了解。花时间极少而收获很大，可谓经济之极。虽然一知半解,甚至半解之半,但对非专业人员已足够了。

王国维说:
> 诗人对于宇宙人生须入乎其内,又须出乎其外。入乎其内,故能写之,出乎其外,故能观之。

科学家也应如此。为了研究某一事物,必须明确问题,提出假设,从事实验,给出证明。如此反复,这是入乎其内。遇到挫折时,需要跳出原定路线,登高望远,冷静思考,寻找新路;即使工作顺利,也要从各个方面,考虑所得结果的意义,它与前人工作的关系,以及还可能有什么新发展。这些都是出乎其外。

德谟克里特曾说,诗人只有处于感情极度狂热或激动时才会有成功的作品。柏拉图接受了诗人必须迷狂的论点。他说:"在现实中最大的天赋是靠迷狂状态得来的。"如果剥去迷狂源于神授的神秘外衣,把它看成为对研究对象长期的迷恋和追求,那么,不仅诗人,科学家也必须迷狂。有人说,天才就是入迷。长时期的始终高涨的研究热情是成功的重要条件。科学史上有许许多多研究入迷的有趣故事,例如:关于牛顿大猫钻大洞、小猫钻小洞的故事。

拿破仑说:
> 战争的艺术就是在某一点上集中最大的优势兵力。

科学研究的艺术又何尝不是如此!

文理的相互渗透使我们想起福楼拜的一段话:
> 越往前走艺术越是要科学化,同时科学也要艺术化。
> 两个从山麓分手,又在山顶会合。

治学门径本相通,评文论史便神飞。这也正是我这篇短文想要告诉学理朋友们的一点感受。

风雨纵横好题诗
—— 寄语学理工的青年

我见过一些著名的老科学家,他们精通本行,自然不在话下;令人惊奇的是,他们对本行以外的文、史、哲,也有相当造诣。谈起历史来,深入细致,娓娓动听,不时还发表一些独到的见解,使四座为之倾倒。如果需要写作,他们也笔墨酣畅,短诗长词,一挥而就。如此多才,令人赞叹。但仔细一想,又担心这样是否过于分心旁骛,浪费了精力。后来见得多了,久而久之,我悟出一个道理来:正是丰富的文、史、哲知识帮助他们成了科学家。要不,也许旧社会的险风恶浪,早就把他们吞噬了。这奥妙,就在一个"识"字。也就是说,他们除了有过人的勤劳和出众的才华,还有卓越的见识。有识,才能看准方向,选好道路,不走大的弯路,不犯错误;有识,才会正确处理各种关系,在各种环境中,乘风破浪而不为险浪所淹没;有识,才能登高临远,思想开朗。无怪乎王安石说:"读经而已,则不足以知经。"(只读经书,不会真正懂经)这与外国人的谚语:"一个医生,如果仅仅是个医生,就不可能是个好医生",有同样的意思。

另一方面,我也见过一些人,他们的理解力和记忆力都很强,算得上相当有才能。不幸的是前些年受了骗、上了当,结果枉度年华,滥用才智。原因之一,就出在"有才而少识"上。

由此可见，光有才还不够，还得有正确的识。而识，既要靠在实践中总结经验，也要靠学习文、史、哲。一个人的实践非常有限，而文、史、哲则集中了古往今来亿万人的社会经验和认识，真是一个取之不尽、用之不竭的宝库。

我国历史文献之丰富、水平之高，在世界上大概是首屈一指的了。即以历史小说而论，诸如《东周列国志》《三国演义》，简直可以算是智谋大全。试看今日的天下，各种政治、军事、外交斗争，表面上尽管五花八门、刁钻古怪，但变来变去，其精神实质，有多少能超出这两本书的范围？就连轰动一时的伊朗"人质问题"，《东周列国志》中不也早就有了吗？

史书太多，二十六史确实读不完。对学理工的青年或其他常人来说，《纲鉴易知录》《史记选》《通鉴选》《中国通史》《世界通史》等书，也许是可以接受的。譬如说，《后汉书》中的《党锢列传》便很值得一读，因为它给知识分子提供了前车之鉴。

至于哲学，那是很富于启发性的。从古到今，一些大科学家，诸如古代的毕达哥拉斯、亚里士多德，17世纪的莱布尼兹、笛卡尔，近代的爱因斯坦、玻尔，等等，无不同时以哲学名世。自然科学中不少课题来自哲学。古希腊唯物论者德谟克里特提出的原子论，至今仍蓬勃发展；亚里士多德的地球中心说，虽然是错的，却提出了一个重大的研究课题，推动了科学的发展。此外，如天体起源论、电子无限可分说，也都与哲学密切相关。

今天的科学分工太细，诸子百家，各守一隅，不知隅外桃源，思想极受限制。自然哲学可以帮助我们建立整体的科学观和正确的方法论。辩证唯物论，尤其应该精读。

通过哲学史，可以学到一些历史上的哲学，了解它的发展概况。除此而外，还要读一些结合自然科学的哲学，这方面的名著是恩格斯的《自然辩证法》。另外，康德的《宇宙发展史概论》、拉普拉斯的《宇宙体系论》《爱因斯坦文集》（第一集）、梅特里的《人是机器》、霍利切尔的《科学世界图景中的自然界》、薛定谔的《生命是什么》、海森堡的《物理学与哲学》、莫诺的《偶然性与必然性》、玻尔的《原子论和自然的描述》、怀特海的《科学与近代世界》、维纳的《人有人的用处》、赖欣巴哈的《科学哲学的兴起》,等等,都值得一读。有些书,虽然存在不少错误和唯心主义观点,但总起来看,还是开人心窍、增人智慧、益多于弊的。

作为一名科学工作者,有了正确的观点和方法,是否就够了呢?不,他还需要正义感;需要有为人民利益、为科学真理而献身的精神;需要有百折不挠、艰苦奋斗的毅力,而这些,文学是可以大帮其忙的。每当我们读文天祥的《正气歌》"天地有正气,杂然赋流形,下则为河岳,上则为日星,……"联想起他为国奋斗的种种艰难困苦,便觉有一股热气,自心田奔腾而上,浩浩荡荡,势不可当。读秋瑾的《秋风曲》和她的词句"休言女子非英物,夜夜龙泉(宝剑名)壁上鸣",则感到胆勇并生,视豪强若鼠辈。这些作品虽成过去,却仍虎虎有神,正如唐人郭震所形容的:"虽复尘埋无所用,犹能夜夜气冲天。"(《古剑篇》)

在工作与学习繁忙之余,抽空读几页曹雪芹的《红楼梦》、塞万提斯的《堂吉诃德》、屠格涅夫的《猎人笔记》,或果戈里的《钦差大臣》,便觉心神飞越,仿佛进入另一境界,顿时忘却眼前的疲劳和困难。此外,《史记》的豪放,《庄子》的旷达,杜甫诗的严整,李清照词的婉约,都各具一格,斗奇争艳。特别是当我们受某一科研问题的长期困扰而不得其解时,读一下这些作品,往往能使头脑清醒,思路开阔,有助于产生新思想,发现新线索。

不用说,学点文学,还可以提高写作能力。这也绝不是小事一桩。有些人,文章写得又快又好,意思表达得很清楚、很准确。有了这种本事,真是终生受益。清末梁启超,学术上的创新不能算多,但他那一手文章,确实够出色的。思想、内容、文采、风格,这四项是每一部好作品所必须具备的。他的文章气势豪放、富于感情,所以能风靡一时,起了相当大的宣传作用。风雨纵横好题诗,笔杆也是重要的战斗的武器,不可放弃。

以上讲了读文、史、哲的许多好处。当然对学理工的人来说，最重要的还是理工，应当把绝大部分精力长时间地放在专业的钻研上，"用志不分，乃凝于神"，否则便可能一事无成。我们只是说，在专业学习的余暇，不妨读点文、史、哲，留心报章杂志，多了解些历史事件和人物故事。

鲁迅说得好：

> 应做的功课已完而有余暇，大可以看看各样的书，即使和本业毫不相干的，也要泛览。譬如学理科的，偏看看文学书，学文学的，偏看看科学书，看看别个在那里研究的，究竟是怎么一回事。这样子，对于别人、别事，可以有更深的了解。（《读书杂谈》）

那余暇，自然是很少的了，好在积少可以成多。钻进去就会有兴趣，有兴趣就会挤时间，有时间就更易钻进去。如此良性循环不已，知识便越积越多。由此可见，关键在于培养兴趣，而兴趣又开始于尝试和探索。因此，事不宜迟，还是早动手为好。

齐物以逍遥
—— 论简单明确

思维特色形成背景

我国古代有两部奇书,对后人影响极其巨大而深远。一是以屈原的《离骚》为代表的《楚辞》,一是庄周(约前369—前286)的《庄子》。它们不仅思想卓越,而且文彩也是超一流的。然而,从人生观来看,这两者却是处于相反的两极:《楚辞》是入世的,《庄子》是出世的。屈原忠君爱国,勇于求索,虽九死而未悔;庄周则齐视万物,以求逍遥,身居尘世而心向天外,精神萧散而超越。不入世则无益于社会,社会也得不到进步;不出世则矛盾缠结,有无穷苦恼。几十年来,朝观舞剑,夕临秋水,我的思想长期处于这两者的交织中。白天努力工作,积极进取;夜间则纵情文山书海,闲评古今奇文妙想。或偶有所得,则奋笔疾书,虽片言只语,亦有助于科研构思。

我出身于贫苦的农民家庭,从小就得参加田间劳动。每年血汗所得,必须肩扛手提,送到地主家中。我的幼小心灵,实在难以理解天下为何有这等不平事。我痛恨贪官污吏,厌恶投机盘剥,因而绝意宦途,远离商旅;唯一向往的是人民教师,那是我在农村里所能见到的高尚的人。我的志向真是纯而又纯,而且终生不渝。

大约是八九岁时的一个黄昏,我从田间劳动回来,在放农具的阴湿角落里偶然找到一本袖珍式的小书,蜡光纸的,自然是破旧不堪了。顾不上洗脚穿鞋,赶紧拿到门外,趁着残照翻看,原来是《薛仁贵征东》,我一下便被吸引住了。那首开卷诗:

　　日出遥遥一点红,
　　飘飘四海影无踪。
　　三岁孩童千两价,
　　保主跨海去征东。

至今仍记得清清楚楚,确是怪事,因为我并未存心去记。这次大发现对我一生有决定性意义,从此我到处找书看,从《薛丁山征西》、《罗通扫北》到《聊斋志异》、几大奇书,着迷到放牛时、车水时,甚至在田间小道上走路时,也手不释卷,心无旁骛。这样,既识了字,添了智慧,而更重要的是养成了喜欢读书的习惯。所以我常想,那四大奇书,实是我中华民族永传不朽的、最普及、最伟大的全民教科书。说来遗憾,为什么后人再也写不出一本新的来呢?

在旧社会,要从穷乡僻壤读书到出国留学,其艰苦足可写一部小说,不过这离题太远。简单地说,1948年,我考上了武汉大学数学系。人的天赋,千差万别,但除极少数横绝一世如牛顿者外,大都在中等上下,各有所长,相差不会太大;而最终有成有败者,无它,关键在于是否长时间集中精力于一点,正如打仗时集中优势兵力一样。于是,我把原先的一些爱好如英语、文学、弹琴、下棋等,统统淡化,脑海中只剩下数学这一片绿洲。但晚上10时以后,我还得回到文、史、哲的海洋中,休整游览。

大、中、小学的许多老师的言传身教,使我在做人、做事、做学问三方面都受到终生不忘的教诲,而在科学研究上,则以留学时受益最多。

1955年至1958年,我在苏联莫斯科大学做研究生,专攻概率论,名义上的导师是科尔莫戈罗夫(А.Н.Колмогоров),他是20世纪最伟大的数学家之一。他的特点是创新,新思想特别多。每逢他讲课,许多教授都去听,自然不是听已有的现成结论,而是听他的尚未成形的新思想。由于构思尚不成熟,所以忽然就讲不下去了。这时他会转过身来,恳求听众:"救救我,救救我,谁一直在听?"但往往是谁也救不了他。当年莫斯科大学另一位传奇式人物是波特里亚金(Л.С.Понтрягин)院士,他是国际著名的拓扑学大家。不幸的是他自小双目失明,人们既尊敬又惊异,我也好奇地去听过他一次课。上课铃响,助手领着他走进阶梯教室。他思维清晰,语无重复,自然是没有讲稿的。他讲一句,助手便在黑板上写一句。讲着讲着,忽然他停了下来,对助手耳语了几句。助手连忙转过身,盯着黑板,找出写错的地方,纠正过来。我十分惊奇,他怎么能发现黑板上的错误呢?具体指导我的导师是杜布鲁申(Р.Л.Добрушин)先生,他非常聪明,是后起之秀。我们每周见面一次。有一回,我证明了一个结果,和他讨论,他说了一段很有意思的话:

> 有时我们猜想结论甲在条件A之下可能成立,在证明之前,先尽量举些例子,支持的例子越多,猜想正确的可能性便越大。但如找到反例,那也不要轻易放弃,也许是条件A需要改变为条件B,也许是结论甲需要改变为结论乙。于是,我们期待在B之下证明乙。如果又找到一个反例,我们又作同样的修改,如此一步步逼近正确的结果。

他的这番话有着广泛的意义,其实何止数学,许多问题的解决都是逐步逼近的。

思 维 亮 点

一、真理是简单明确的

我相信这句话是真理,同时也相信简明性是智慧的特征。冗长、兜圈子或故弄玄虚的论证我不欣赏,我喜欢直达问题的核心,不走弯路。读华罗庚先生著的《高等数学引论》,印象最深的是他的证明总是单刀直入。牛顿的万有引力定律、爱因斯坦的质能公式,都出奇地简单。世界上最难创造的,莫过于创造一个人了,但大自然把制造过程变得极为简单。有些"理论"十分复杂,这往往是创造者并未真正研究清楚而半途制造出来的夹生饭、半成品,或者是阶段性成果,或者是作者思想混乱的反映。某些社会现象更是如此,那些勾心斗角、打不完的仗,看来复杂万分,其实无非是几个侵略魔头在种种大原则的掩盖下的倚强凌弱,反正受害的是人民群众,并不要他自己去流血拼命。好在大自然不允许长期的瞎胡闹,一百年后统统扫出地球。大自然处理问题的方式真是简单到了极点,它的武器只有一样,那就是不声不响的"时间"。当然,在处理实际问题时,必须充分估计其复杂性;但最终的结论应该是简单明确的。人们的认识过程,一般是由简单到复杂,再由复杂到简单。切勿只停止在前一半上。本着这种思想,我在科研和教学中总是力求简单明确。一条定理,如果要写上一页,那它很可能是不彻底的,不完善的,一定要把它简化再简化,决不半途而止。上面提到的《庄子》,古往今来,研究它的著作成千成万,收集起来足可装满几卡车。但我看来,《庄子》的核心无非十个字:"齐物以逍遥,顺天以崇道";通过齐视万物以达到精神逍遥的目的,其他大多是蔓延。第一句中,我只发明了一个"以"字,其他四个字是庄子的原话。这也许太简单了吧!

二、事物的发展,是多层次的偶然事件与必然事件互相交替和互相作用的过程

世界是偶然的还是必然的?由于专业的关系,我不得不考虑

这个问题并逐渐形成了上述的观点。某些人强调必然,另一些人强调偶然。其实任一发展过程,它总是先有一个偶然的开端;然后必然地发展一段时间(其长度是偶然的)后,它站在一分叉点上,面临多种状态的选择,随之飞跃到某一偶然状态;然后又必然地发展,再飞跃到第三个偶然状态……这样,偶然—必然—偶然……地进行下去,直到最后,在某一偶然的时刻、偶然的地点以偶然的方式结束全过程。大至天体演化、社会发展,小到人的一生,莫不如此。以人生为例,他的出生是偶然的;平静地度过童年后,他面临就业与升学的随机选择;安心一段时间后又进行选择……直到偶然地结束他那偶然的生命。当然,在必然性占主导的进程中,也可能发生一些次要的偶然事件。有了这样的认识,就能较自觉地抓住机遇,以寻求最佳的发展过程。

三、工作在学科发展主流的最前沿

科研中最重要的战略性决策是选题。应用性研究的题目非常明确,几乎没有选择的余地。数学理论的研究则不然,许多方向都重要,每一方向中的许多问题都很有意义,这就需要高瞻远瞩,慎重选择。通常有两种选题方式,一是坚持工作在学科发展的最前沿,随着主流发展而前进,选择前人未研究过或很少研究过的新题,力求创新。二是执著地专攻某一著名问题,如哥德巴赫问题。两种方式各有得失。1993年,维尔斯由于证明了费马大定理而震惊数坛,这是数学界划时代的大成果。但从整体看,第一种方式仍是主要的,因为社会在进步,科技在进步,作为科技的一部分,数学也必须随着社会进步而进步。

我主要研究随机过程。现实中几乎一切发展过程都有随机性(或称偶然性),只是程度不同而已。随机过程就是现实中这种偶然过程的数学抽象。60年代,我主要研究生灭过程的构造,这在当时是最前沿也是非常困难的理论课题。那时著名概率论专家W.Feller也从事这项研究。他用的是分析方法;我则采用首创的概率方法,找出了具有相同转移密度矩阵的全部生灭过程。分析方法比较简洁,但概率意义不明;概率方法失之繁长,但直观的概率意义非常清楚,因而各有特色。在构造论的基础上,我进而研究生灭过程泛函的分布。此外,对一般的马尔科夫过程,我研究了常返性与 0-1 律;证明了过程常返性等价于过程的一切过份函数(excessive functions)为常数,而无穷远 0-1 律成立等价于一切有界调和函数为常数。大约 10 年后西方才出现类似结果。后来由于形势所迫,研究工作停止。直到 70 年代末春风吹暖大地,我们立即开始马尔可夫过程与位势论的研究,这也是当时国际研究的前沿。我求出了布朗运动末离球面的时间的分布,它出乎意料地简洁。当时美国概率论专家 R.C.Cetoor 也得到了同样的结果,但方法不同。80 年代,我研究多参数马尔可夫过程,1983 年给出了多参数 Ornstein-Uhlenbeck 过程的定义并研究其性质。一年以后,J.B.Walsh 通过相关函数也给出了基本上一致的定义。90 年代,除继续这项工作外,并积极从事超过程的研究,这也是国际上的新课题。我指导的几位博士已在这方面取得突出的成绩。

四、直觉引导与严格证明

　　物理学家依靠实验发现一般原理。数学基本上没有实验,靠什么呢?靠直觉。直觉并非胡思乱想,而是有一定的依据;或者先分析一些例子和简单的特殊情况,或者进行模拟和计算,或者参照已有类似结果作出对比。总之,从特殊到一般,从具体到抽象,从小到大,从易到难。这样往往可以提出普遍的猜想,然后进行严格的证明,这时很可能需要采用上面所说的逐步逼近法。直觉引导与模拟、逻辑推理和周密计算三结合,是数学发现的一般方法。在研究生灭过程构造时,我先倒过来想:假设已给出任一过程,它的轨道复杂之处就是在到达无穷远附近;如果把这些段落砍掉,再把剩下的连接起来,所得到的便成为简单的生灭过程;进一步,砍掉的部分越短,就越近似于原来的过程。由此得到启发:先构造一列简单的过程,取极限后便过渡到一般的生灭过程。

　　有些直觉上看来正确的结论,要证明却异常困难。生灭过程有

一特征数 S,直观上可理解它为沿过程轨道运动的粒子从无穷远回到状态 O 的平均时间。我想,如果 $S=\infty$,则自无穷远连续地流入有限状态几乎是不可能的。但我不知如何证明。思考它长达数月,最后却在梦中完成。佛家说是顿悟,其实顿悟乃长期思考后的突然爆发,不过这爆发的机制却是谁也说不清楚,至少目前如此。

直观思考有时还可反过来帮助我们理解冗长推算所得的结果。人们早已证明:自原点出发的布朗运动首中球面的点,在球面上有均匀分布。当空间维数大于2时,它必定永离球面,趋向无穷远点,再不回来。这末离球面的点又如何分布呢?经过推理我发现它在球面上仍然有均匀分布。换句话说,首中点与末离点都有相同的分布。这个结论初看起来使人难以相信,因为末离比首中要复杂得多。我想来想去,终于找到一个直观解释而使疑团顿消:自原点出发末离球面的点,可设想为自无穷远点出发,首中球面的点,而后者可设想有均匀分布,因而前者也应如此。

五、长期积累与集中突击

我喜欢读书,也喜欢做笔记,随手记下自认为有意义的东西,包括自己的心得体会。这样日积月累,居然记了几十本。大致可分成三类。一是数学,或者是新发表的论文提要,或者是新书中的精华部分。二是文史哲及报刊文萃,包括诗词佳句、名人轶事、哲学观点、学者论学,等等。三是科学方法及科普新知识。闲时翻翻笔记,确有怡然自得、不亦乐乎的兴趣。"文革"中,我利用这些笔记,加上自己的观点,厚积而薄发,集中突击数月,写成一本小册子《科学发现纵横谈》,居然影响甚大,读者远比读我的数学著作者多。这种积累与突击相结合的治学方法,许多人都用过。爱因斯坦创建相对论、巴尔扎克写小说、梁启超发表学术著作,都得力于这种方法。

学 科 前 瞻

一、现代数学的新特点

数学内部各分支间的相互渗透、数学与其他数学(如控制论的相互渗透、电子计算机的出现,正是当代数学三个新的特点。由于相互渗透而导致许多新问题和古老难题的解决,其成绩往往出乎意外而使人惊异。例如,对素数的研究以往认为很少有实用价值,却不料它在密码学中受到重用。密码学认为,千位以上的整数的素因子分解,几十年内在计算上不可能实现。但荷兰数学家得到了一个当前最好的因子分解法,这严重地冲击了上述想法和密码的安全性。又如泛函分析中的无穷维 Von Neumann 代数解决了拓扑学三维空间中打结理论中一些难题。描写孤立波的 KdV 方程用于代数中,解决了 Riemann 提出的一个重要问题。描写随机现象的 Malliavin 演算给出了著名的 Atiyah-Singer 指数定理的新证明,并推广了这一定理。更使我感叹的是物理中的杨振宁—米尔斯规范场与陈省身研究的纤维丛间的紧密联系,两者间的主要术语竟可一一对应。例如,规范形式对应于主纤维丛,规范势对应于主纤维丛上的联络,相因子对应于平行移动,电磁作用对应于 $U(1)$ 丛上的联络,等等。无怪乎杨振宁说:"我非常惊奇地发现,规范场说是纤维丛的联络,而数学家们在提出纤维丛上的联络时,并未涉及物理世界。"

  任何事物都有质和量。数学研究量,所以应用极广;但它不研究质,所以不可能深入;除非与某学科紧密结合,如天体力学、统计物理等。21 世纪科学发展主流之一无疑是生命科学,特别是遗传第一密码、第二密码的破译,成为亟待解决的重大问题。读懂大自然的遗传天书,数学应能起到很大的作用。遗传基本上是稳定的,但也有随机的突变。正是突变促进了生物的进化。概率论如能与生物学紧密结合,定能对突变取得定量性的新认识。

  近 30 年来,概率论与其他学科相结合而诞生了许多新的学科,如随机力学、随机微分几何、量子概率、随机微分方程等方法。概念和成果间的相互渗透推进了彼此的发展,但这种发展多是横向性的,纵深的重大进展还不很突出。随机微分方程算是例外,也许是它的应用背景较为广阔吧!尽管如此,交叉性的研究仍是值得大力提倡的,特别是与计算机及新的计算方法相结合。

二、数学发展的趋势

21世纪数学的发展必然比20世纪后半叶更迅速,成绩更巨大。科学技术越积累,人类认识、利用和改造自然的能力越增长,科学技术发展便越快,形成一良性循环。作为其中的一部分,数学也必然如此。总体上,高速发展是完全可以预言的;但至于哪些分支发展得更快些、更好些,则既依赖于该学科本身的活力,又依赖于科技大背景的推动和社会的需要,难以肯定回答。不过从目前的情况看,非线性数学是一个重要的发展方向。线性方程的特征是叠加原理成立:如 ϕ_1、ϕ_2 是方程的两个解,则 $a_1\phi_1+a_2\phi_2$ 也是解,其中 a_1、a_2 是常数。例如薛定谔方程或拉普拉斯方程

$$\sum_{i=1}^{d} \frac{\partial^2 \phi}{\partial^2 x_i^2} = 0$$

都是线性的。线性数学比较成熟。但还有更多问题是非线性的,如牛顿引力论中的基本定律是平方反比关系,粮食产量对肥料未必成正比等。引人注目的冲击波、孤立子、混沌现象、n 体问题等都是非线性的。非线性问题,不仅涉及面广,而且难度也大,这反而更能引发人们研究的兴趣。

除去非线性数学外,离散数学(涉及数论、抽象代数、数理逻辑、组合论、图论、博弈论、规划论等),概率论与数理统计,计算数学以及数学对生物学、经济学、语言学、管理学、控制论、复杂性等的渗透和应用,都会有更大的发展。其他数学也同样会有迅速的进展,甚至会爆出新的、出人意料的大冷门。"晴天一鹤排云上,更引诗情到碧霄",这也是非常可能的。

名扬千载与泯然众人
—— 神童的故事

1909—1910年间,美国哈佛大学招收了5名神童,年龄都在11—15岁。15岁的诺伯特·维纳,当时已不只是大学生,而是一年级的研究生了。后来,他成为控制论的奠基人,进入了本世纪最卓越的数学家的行列,赢得了世界声誉。

其余四人又如何呢?

11岁的西迪斯,身上又脏又乱,一副淘气相,挥舞着猪皮书包沿街奔跑,却能在哈佛数学俱乐部里,当着名教授的面,作关于四维空间几何正方形的学术报告。看来,他的发展前途难以估量。然而,十分遗憾,结果极其不妙。离开大学后他来到一所学院,在工作中他缺乏应有的熟练和技巧,不久又受到意外的挫折,从此一蹶不振。原先的优越感转变为对一切的愤恨,加上家庭教育又很不好,于是他对家庭不满,对科学厌烦,对重要工作不愿负责,逐渐地变成为一个只图糊口过日子的人。最后终于在孤独和潦倒中郁郁而死。他的名字,不时在报刊上出现,作为失败的例子而备受嘲笑和奚落。

还有三位,其一不幸早死,一人成了音乐家,另一步入政界,都没有重大建树。

神童确实是有的,有些人否定天赋,这不符合事实。世界上没有完全相同的事物,同一批产品的质量也有高下之分,为什么最高级的物质——人的大脑,却偏偏会是一样的呢?因此,有些人早熟,有些人晚成,从大范围看,乃是必然的现象,对此不必大惊小怪。

智力的过早发展,正如躯体的过早发育一样,在一定意义上说,是一种"畸形"的表现。它很可能是好事,也可能变成坏事。身长不能无限增高,一个人的智力也与此相仿。智力早熟,相当于把成长期向前平移,但他所能达到的高度,比一般人未必能高出多少。对待神童,关键在于家庭与社会如何正确培养。维纳后来深有感触地说:"塑造一个刚露锋芒的有才智的人的形象,是既能使之生,又能使之死的。"人们不会忘记王安石笔下的神童方仲永,由于父亲的贪财而终于"泯然众人矣",千载而下,至今还为他惋惜不已。今天大概不会再有这样的家长了,但采用不正确的培养方法是完全可能的。过分加重孩子学习上的负担,想方设法让他多次跳班,匆匆忙忙结束他的学生时代,这样的做法对吗?每个人都需要幸福的童年,对于儿童来说,整个世界都是新奇的、金光闪闪的发现泉源。在这段时间里,人们所获得的关于自然和社会的感性知识是终生难忘的。再好的种子也需要足够的时间来吸取阳光、水分和营养。把孩子过早地送入成年人社会,等于剥夺他大部分的童年,使他不得不过早地承受成年人才能承受的智力和体力负荷。准备得不足,增加了他将来的困难。

失败的神童固然不少,但成功的例子更多些。莫扎特 10 岁写歌剧《简单的伪装》,贝多芬 13 岁作曲,雨果 15 岁写悲剧《厄拉曼》,数学巨人伽罗瓦只活了 21 岁,我国的王勃、李贺、夏完淳,更是千载名扬的神童。

耐心说服孩子学好功课,打下扎实的基础;逐步培养他们的兴趣,启发他们对大自然的好奇心;把他们的天赋引导到某一方面;为他们提供足够的书刊和实验器材;在适当指导下让他们的智慧自由驰骋;不要填鸭,不要拔苗助长,不要过多的"三级跳远"。这样,也许有助于神童的成长。

神童很可能成为优秀人才,但优秀人才未必都来自神童。相反,下面几位盖世奇才的大科学家,幼年学习成绩都不理想:微积分发明人之一的莱布尼兹,是神童;但另一位发明人,大名鼎鼎的牛顿,出生时却是一个先天不足、面色苍白的小不点儿,接生妇说"我简直可以把他塞到杯子里去";爱因斯坦3岁还不会说话;达尔文在父亲眼中,是一个十足的顽童,校长也认为他无可救药。此外,拿破仑小时愚蠢,在巴黎军事学校毕业时名次落到42;战败他的威灵顿也是个笨孩子;法国文豪司可特小学成绩是倒数第一。但这一切都没有妨碍他们成为巨人,原因何在呢?

每个人的天赋都不是全面的,舞蹈演员未必擅长物理;语言大师可以不懂数学;在甲方面表现笨拙,在乙方面却可以是天才。智力好像埋在地里的种子,需要一段潜伏期。时间的长短因人而异。对神童短些,对另一些人可能特别长些。在潜伏期间,智力迟钝,但这不意味他终生愚笨。一旦酝酿成熟,"种子"破土而出,在辛勤劳动灌溉下,就可能迅速地健康成长。因此,成熟较晚的人也可以达到比神童更高的高度。这就是中国古语说的"大器不患晚成"。牛顿从笨拙中"惊醒"以后,既爱动脑,又爱动手。他喜欢独自思考一些数学和其他方面的问题,也喜欢搜集一些斧子、锯子、锤子之类的工具,做成各种各样的小玩意,有些还很有创造性。爱因斯坦很不满意当时学校那一套教学方法,他说:

> 不管你喜欢不喜欢,为了考试,你就得把材料往脑子里塞。这种强迫性的考试对我的影响极坏,使得我在考试后整整一年里,对任何科学问题都感到讨厌。

达尔文在回忆录中说:

> 我既没有极其敏捷的理解力,也没有机智……要我遵循一条冗长的抽象思想路线——这种本领,对我是有限度的;因此,我在形而上学和数学方面从来没有获得什么成就。我的记忆力范围广博,但是模糊不清……另一

方面,我以为对我有利的一种情况,就在于我具有比一般水平的人更高的本领,能够看出那些容易被人忽略的事物,并且对它们作细致的观察。我在观察和收集事实方面,勤奋努力,真是无以复加的了,尤其重要的是,我热爱自然科学,始终坚定不移,旺盛不衰。

扬我所长,避我所短;由好奇而发现问题,由发现而迷恋,由迷恋而攻坚,锲而不舍,不克不散,从他们的论述中至少可以得到这些启示。所以我觉得,不仅青年人要读几本科学家的传记,家长和老师也应该读一点,这对培养下一代确有好处,何况那里有许多关于神童和顽童的故事是颇为精彩的呢!

嗜酒之深　醉酒之频
—— 陶渊明的悲剧

陶渊明(365—427)的诗文,超尘绝俗,清淡而有神韵,读之悠然意远。其实陶渊明并非不食人间烟火,在他文集中,可以看到一些务实的诗,如"责子"诗便是:

白发被两鬓,肌肤不复实。虽有五男儿,总不好纸笔。
阿舒已二八,懒惰故无匹。阿宣行志学,而不爱文术。
雍端年十三,不识六与七。通子垂九龄,但觅梨与栗。
天运苟如此,且进杯中物。

　　诗中表达了他对五个儿子舒俨、宣俟、雍份、端佚和通佟成才无望的忧虑。他把这种不幸归之于天命,流露出无可奈何的情绪。时至今天,我们读后,也不能不深深地同情他。同时,也不禁会问:像陶渊明这样优秀的诗人,天赋应该是很高的,为什么五个儿子都相当平庸呢?15岁的阿宣不爱文术,还没有什么("刘、项原来不读书"),但雍份和端佚,13岁了,连六、七都不识,未免太低能了。

　　有人议论此事时说,问题不在于什么天运,而出自陶渊明自身,"且进杯中物",便是要害所在。陶渊明一生嗜酒,做彭泽令时曾说:"令吾常醉于酒足矣。"当官时尚且如此,平日可想而知。有人统计,现存他的诗文142篇中,谈到饮酒的计56篇,占全部作品40%。可见他嗜酒之深、醉酒之频。酒精对人的生殖细胞、胚胎细胞及中枢神经细胞都有害,酒后同房,乃是生育之大忌。因此,五子平庸实非偶然。看来,陶渊明应写"责己"诗或"谢子"诗才是。

陶渊明生活在1600年前,不懂优生的道理,可以理解;但在科学昌明的今天,如果毫无优生知识,仍然胡来,那就说不过去了。

在农村,在街道,我们不时会遇到智力低下的人,其中一些是白痴。人们深深地叹息着,这不仅是个人和家庭的大不幸,也是国家和民族的大问题。据报道,我国婴儿生下来就是白痴者共达360万名,非白痴但患有各种先天缺陷症者更不知凡几。嗟乎!生者已矣,来者其有术乎?

术,是有一些,尽管不绝对成功,那就是要认真学习、宣传和实行优生。国家的富强,归根结蒂,在于人民的高素质,后者又紧密联系于优生、优育和优教,而优生则首当其冲。优生是人口自然输入的海关,必须严守,尽量少让不合格的婴儿入境。

优生的思想,由来已久。我国春秋战国时代有"男女同姓,其生不蕃"的说法;一些中医书中,也有不少关于择偶和孕后护理的叙说。在国外,古希腊的柏拉图(Platon,公元前427—前347年)曾提倡调节婚姻以优生;斯巴达人更是严厉对待新生儿,他们的方法过于野蛮,不能提倡,但要求婴儿身心健康的想法则是可取的。正式提出优生学这一名词并认真开展研究的是英国的高尔顿(F. Galton,1822—1911年),他是大生物学家达尔文的兄弟。高尔顿认为许多疾病可遗传给后代,而合理择偶有助于减少遗传病和培育英才。不幸的是,20世纪初种族偏见流行,特别是纳粹德国奉行种族优生学,宣扬北欧人是优秀人种,大量杀害犹太人和其他非日耳曼人,这就给优生学蒙上一层阴影。然而,正如婴儿不能和脏水一同倒掉一样,优生学的科学内容必须继续发展。

尽量减少疾病遗传是优生学的一半,另一半也许更广泛些,那就是如何普遍地提高每个婴儿的体力和智力。因此,优生学不仅是消极防卫性的,而且是积极进取的。

怎样才能生产身智健全的小宝宝,办法很多,大致可归纳为四方面:择偶、孕前准备、受孕时机的选择、孕后护理。为了清晰,我们把一些容易做到的事项列表于文末。

此外,对胎儿进行教育(即胎教)、利用人体生物钟以选择受孕时机等,对婴儿都可能有好作用。但这些非三言两语所能说清,有兴趣者可查阅文献或请教医生。

话题回到陶渊明。据逯钦立先生的研究,"责子"诗作于公元415年,那年他51岁,长子16岁;生长子时他已35岁,晚了些。孔子说"吾年十有五而志于学",陶渊明用这个典故告诉我们,次子阿宣15岁。接着又说雍、端(可能是双胞胎)13岁。短短四年内,居然连产四子,太频太多了。何况他家又穷,有时竟穷到"饥来驱我去""乞食"的地步。连饭都吃不上,怎能使五个孩子受到好的教育呢?写诗作文是大家,优生优育乃科盲,这就是陶渊明的悲剧所在,可叹也乎!

双亲行为	对婴儿影响
1. 决不近亲联姻	可减少基因突变或染色体畸变,预防先天性缺陷
2. 避免与遗传病和精神病患者结婚	可减少先天性疾病(报载有先天性心脏病家族史者,其婴儿易患先天性心脏病)
3. 配偶应有较高的文化教养(新加坡提倡有知识有文化的妇女多生,未受过教育的妇女生第二胎时须交罚款)	文化高有利于优生、优育、优教
4. 怀孕前后相当长时间内夫妻应戒烟酒,并少服药物、不接受X光等照射	减少精子、卵子或胎儿受伤害的机会
5. 拟受孕的前一段时间停止房事	以便有更多的精子参加竞争
6. 女方怀孕年龄以23至28岁为佳;受孕时间最好在暖春至晚秋、夫妻双方身体健康、情绪炽热时	此年龄段最富青春活力;此季节蔬菜水果等供应丰富
7. 孕妇应预防病毒感染及其他疾病	上海一项调查报告说,母体怀孕三个月内患流感,易导致婴儿患先天性心脏病

续表

双 亲 行 为	对 婴 儿 影 响
8. 孕妇应多吃蔬菜、水果、蛋、牛奶、豆浆,适当食鱼、虾、动物肝脏等	蛋白质有益胎儿脑细胞发育;含钙、铁食品有利于胎儿骨骼及造血系统的完善
9. 孕妇应精神愉快,生活有规律,适当进行体育活动,避免空气、食物、饮水中有害物质及噪音等的污染	母体的健康给婴儿以好的内环境。古书《内经》谈道:儿童患先天性癫痫与"在母腹时其母有所大惊"有关。母体精神受严重刺激可导致循环紊乱、胎儿缺氧
10. 双方应在婚前学习有关优生、优育、优教的知识(建议政府放映专场有关影片),必须持有学习证才能登记结婚	

读书面面观
—— 读书的乐趣

你 最喜爱什么？——书籍。
你经常去哪里？——书店。
你最大的兴趣是什么？——读书。

这是友人提出的问题和我的回答。真的，我这一辈子算是和书籍，特别是好书结下了不解之缘。有人说，读书要费那么大的劲，又发不了财，读它做什么？我却至今不悔，不仅不悔，反而情趣越来越浓。想当年，我也曾爱打球，也曾爱下棋，对操琴也有兴趣，还登台伴奏过。但后来都一一断交，"终生不复鼓琴"。那原因，便是怕花费时间，"玩物丧志"，误了我的大事——求学。这当然过激了一些，有点"左"。剩下来唯有读书一事，自幼至今，无日少废，谓之书痴也可，谓之书橱也可，管它呢，人各有志，不可相强。我的一生大志，便是教书；而当教师，不多读书是不行的。

学生读书，应付考试是一大目的。为考试而读，自然是一苦事。不考又怎么行呢？不过，考试如果成绩好，可以帮助我们升学，越升越高，越学越深。考试还可以强迫我们学一些难学但又不能不学的知识；而培根认为"知识就是力量"，所以，考试也有积极的一面，不能太多地说它的坏话。

如果把读书只看成是"学而优则仕"的手段,那未免太偏颇了。其实读书的意义远远在此之上。读好书是一种乐趣,一种情操,一种向全世界古往今来的伟人和名人求教的方法,一种和他们展开讨论的方式,一封出席各种社会、体验各种生活、结识各种人物的邀请信,一张迈进科学宫殿和未知世界的入场券,一股改造自己、丰富自己的强大力量。书籍是全人类有史以来共同创造的财富,是永不枯竭的智慧的源泉。失意时读书,可以使人重振旗鼓;得意时读书,可以使人头脑清醒;疑难时读书,可以得到解答或启示;年轻人读书,可明奋进之道;年老人读书,能知健神之理。浩浩乎!洋洋乎!如临大海,或波涛汹涌,或清风微拂,取之不尽,用之不竭。吾于读书,无疑义矣,三日不读,则头脑麻木,心摇摇无主。

潜能需要激发

我和书籍结缘,开始于一次非常偶然的机会。大概是八九岁吧,家里穷得揭不开锅,我每天从早到晚,都要去田园里帮工。一天,偶然从旧木柜阴湿的角落里,找到一本腊光纸的小书,像袖珍字典那么大,自然很破了。屋内光线暗淡,又是黄昏时分,只好拿到大门外去看。封面已经脱落,扉页上写的是《薛仁贵征东》。管它呢,且往下看。第一回的标题已忘记,只是那首开卷诗不知为什么至今仍记忆犹新:

　　日出遥遥一点红,　　飘飘四海影无踪。
　　三岁孩童千两价,　　保主跨海去征东。

第一句指山东,二、三两句分别点出薛仁贵(雪,人贵)。那时识字很少,半看半猜,居然引起了我极大的兴趣,同时也教我认识了许多生字。这是我有生以来独立看的第一本书。尝到甜头以后,我便千方百计去找书,向小朋友借,到亲友家找,居然断断续续看了《薛丁山征西》《彭公案》《二度梅》,等等。樊梨花便成了我心中的女英雄。后来认字越来越多,胃口越来越大,居然又读了《三国演义》《东周列国志》《西游记》《民国通俗演义》,甚至《聊斋志异》。只是《红楼梦》没有读完,因为里面没有打仗。我开始向村里人讲故事了,大讲"孔明借箭""荆轲刺秦王",大人们惊奇的眼光极大地鼓励了我,原来世界上有这么多有趣的书,我真入迷了。从此,放牛也罢,车水也罢,我总要带一本书,而且还练出了边走田间小路边读书的本领,读得津津有味,不知人间别有他事。

当我们安静下来回想往事时,往往会发现一些偶然的小事却影响了自己的一生。如果不是找到那本《薛仁贵征东》,我的好学心也许激发不起来,我这一生,也许会走另一条路。人的潜能,好比一座汽油库,星星之火,可以使它雷声隆隆、光照天地;但若少了这粒火星,它便会成为一潭死水,永归沉寂。所以我想,给孩子们看一点有趣而又有益的小说、童话,可以培养他们读书的兴趣。可惜现在为了追求升学率,功课排得那么紧,加上社会上又有那么多不健康因素的引诱,他们哪有时间去自由阅读呢?

抄,总抄得起

好容易上了中学。做完功课还有点时间,便常光顾图书馆,假日也全用来读书。好书借了实在舍不得还,但买不到也买不起,便下决心动手抄。抄,总抄得起。我抄过林语堂写的《高级英文法》,抄过英文本的《英文典大全》,还抄过《孙子兵法》,这本书实在爱得狠了,竟一口气抄了两份,另一份送给好友,劝他也读一点兵书。人们但知抄书之苦,未知抄书之益,抄完毫末俱见,一览无余,胜读十遍。

读高中时,居然找到了列宁写的几本小册子。那时还没解放,列宁的大名偶尔听到,但神秘得很,越神秘就越想偷尝禁果。虽然不懂他讲的大道理,却多少感到列宁在替穷人说话,便自然赞成他。这是我读革命书籍的开始。

我考试的成绩不算坏,这与喜欢读课外参考书有关。每门课,除了在教本上下大功夫以外,总要找到一两本同类的参考书对着看。对照之下,常能加深理解,并扩大知识面。做习题,却决不轻易看别人的解答。有时一道题折磨我两三天,气得火星直冒,也不妥协。苦头确实吃了不少,但本领也多少练了些出来,这对后来的科研工作有所裨益。做习题也可以看成小小的科研,只不过做的是别人已做过的现成题,而科研则是自己出题(或任务出题)自己做,前人从未做过而已。

回想起来,自学和做题(或做实验)这两件事,对我后来的工作起着极重要的作用。通过自学猎取知识,通过做题锻炼才能。知识与才能是两回事,有知识未必有才能;另一方面,没有知识也就谈不上才能,特别是科学发达的今天。美国前总统杜鲁门(H.S. Truman, 1884—1972)说:"历史使我知道,任何一个国家的领导人为了负起领导的重担,必须懂得历史,不仅要懂得本国史还要懂得所有大国的历史。"可见知识对于才能的重要。

如何自学一门新课程

培养自学能力,谈何容易。自学一部小说,一本通俗杂志,固然不成问题;但若要自学一门从未学过的硬科学,譬如说微积分,那便非常困难,没有足够的基础、毅力和勤奋,是不可能学好的。

首先,要选一本好的微积分教材。这本书,第一,既概括了这门课程的主要内容,又非枝蔓丛生、繁杂冗长、浪费读者的精力;第二,定义、定理和证明准确无误,而且能从多种证明中挑出有启发性的好证明,叙述也清晰易懂;第三,内容不是材料的堆砌,也不只是逻辑的演绎,而应富于思想性,给读者以智慧;第四,有适量的习题,由易而难,逐步训练读者的能力。

其次,要耐心地精读细读。读过序言和目录后,就要安下心来,从第一页起一行一行地读,切忌冒进。很可能在某一处用到另一件事或另一定理,必须追根溯源,弄清楚再往下看。每条定理的条件、证明和结论,都必须看懂。这样,读起来就非常之慢,每天能读懂一两页,就算很有收获了。如果卡在某一处,费了很大的力气,还是不懂,那就只好暂时跳过去,反正我对它已有很深的印象,迟早总要弄懂的。但这种跳跃,切勿太多。俄国著名生理学家巴甫洛夫告诫青年,读书要循序渐进,循序渐进,最后还是循序渐进。华罗庚也多次强调循序渐进的重要性。我们的思想往往急于求成。控制自己稳步前进的好方法是边读边做笔记,一动手就会发现许多问题,动脑加动手,实是精读的好方法。例题要细看,因为定理是抽象的,例题是具体的,而抽象寓于具体之中。多记住例题,不仅可加深理解,而且有助于日后的科研。读完一节或一章,必须做完书上的习题。这样一章一章地读下去,待读完全书,我们对此书的内容已了解大半。不过还只停留在"局部"读的阶段,对各定理间、各章节间的关系还不太清楚,何况还留下一些未解决的问题。这意味着,要及时再细读第二遍。这一遍除起复习作用外,重点应放在还未看懂的地方,并尽量找出相互之间的关系。这就是说,我们已开始"整体"地读。第一遍留下来的问题,这次可以解决一大部分,为什么?因为这时的我,已非前时的我,我现在的水平,已由于通读了第一遍提高了不少。如此通读几遍,最后一两遍应倒过来读,即从最后一章倒读回去,这更有助于弄清全书的脉络。至此,对全书已很了解,发现很长的推理证明其实只有几个要点,全书也只有几个高潮,其他无非是外围。把书合上,我也能说出它的骨架,已达到庄子所说"目无全牛"的境界。不仅读书如此,做其他事情也是如此:任何很复杂的事物,只有在头脑中变得很简单时,才能抓住关键,才能记住它,把握它,改造它和利用它。

最后,自学并非绝对排斥外援,在充分准备的基础上,请老师指出重点,或进行重点讨论,都是有益的。

两种循环与两极分化

甲乙两人同时考入大学,水平相差无几,到毕业时,却相距很大,甲几乎可以当乙的老师。原因何在呢?

原因可能很多,我们只从学习方法的角度来讨论。众所周知,一门课教学的基本程序是:上课、复习、做习题(或做实验),三个环节不断循环。我多年观察,循环有良性和恶性两种。

上课前,甲进行了预习,他已大致了解老师下节课要讲的内容,也知道哪些是难点,哪里是自己没有看懂的地方。于是上课听讲时,他心中有数,对已看懂的,再听一遍,可起复习巩固作用;对未看懂的,便集中精力、全神贯注地去听。由于有的放矢,他可以把难点基本上消灭在课堂上,同时也搞清了自己课前为什么没有看懂的原因,从而不知不觉地提高了自学能力,这一收获甚至比克服当前的难点更重大。由于听课效率高,课后复习的时间便少,做习题也快,这样又争取到了预习下次课的时间,下一堂课又听得好……如此继续,是谓良性循环。

乙则不然,他没有预习,上课时完全被动,许多地方没有听懂,复习时间多,习题做不完,功课越堆越多,学习越来越困难,他卷入了恶性循环。

正是这两种循环,如同两辆分岔而行的汽车,把他们的水平差距越拉越大。怎样才能进入良性循环?关键在于课前预习。请抓住空暇时间和假日,预习一门或两门课吧!并不一定全看完,也不一定全看懂,这对于你的学习大有好处。时间是挤出来的,如果下定决心,持之以恒,就必定能做到。

始于精于一,返于精于博

关于康有为的教学法,他的弟子梁启超说:"康先生之教,特标专精、涉猎二条,无专精则不能成,无涉猎则不能通也。"可见康有为强烈要求学生把专精和广博(即"涉猎")相结合。鲁迅也劝青年说:

> 应做的功课已完而有余暇,大可以看看各样的书,即使和本业毫不相干的,也要泛览。譬如学理科的,偏看看文学书,学文学的,偏看看科学书,看看别个在那里研究的,究竟是怎么一回事。这样子,对于别人、别事,可以有更深的了解。(《读书杂谈》)

在先后次序上，我认为要从"精于一"开始。首先应集中精力学好专业，并在专业的科研中做出成绩，然后逐步扩大领域，力求多方面的精。简言之，即"始于精于一，返于精于博"。正如中国革命一样，必须先有一块根据地，站稳后再开创几块，最后连成一片。

这里有两种偏向。一是对专业漫不经心，这山看着那山高，什么控制论、外星人、宇宙论、新思维，都知道一点，夸夸其谈，眼高手低，回过头来却看不起自己的专业，认为那不过是雕虫小技，没多大意思，就好像逛过花花世界的人，瞧不起自己的家乡一样。这样下去，必将一无所成。另一种是终生只守住专业中一小角落，其他的科学进展，世界形势，甚至自己专业的近邻，一律不闻不问。长此以往，很可能思想枯竭，性情乖僻。

许多大家都是走"先精后博、由博返精"的道路的。一条路走通了，就可触类旁通地走其他的路；而走了其他的路，又可回过头来看原来的路，相互比较，容易受到新的启发，导致新的发现。

丰富我文采，澡雪我精神

辛苦了一周，人相当疲劳了，每到星期六晚，我便到旧书店走走，这已成为生活中的一部分，多年如此。一次，偶然看到一套《纲鉴易知录》，编者之一便是选编《古文观止》的吴楚材。这部书提纲挈领地讲中国历史，上自盘古氏，直到明末，记事简明，文字古雅，又富于故事性。那时正值"文革"，我自愧无打、砸、抢之才，不必夜间出去打家劫舍，便把这部书从头到尾读了一遍，不想它大大开阔了我的眼界，启发了我读史书的兴趣。随后又读了《后汉书》中的"党锢列传"。这篇文章讲的是东汉名士与宦官的斗争，一些正人君子被宦官害得家破人亡。联想到当时实际，许多老革命和专家学者惨遭迫害，这不基本上是历史的重演吗？读史提高了我的认识，使我对"文革"的实质一开始就比较清楚，免去了日后的许多麻烦。

我爱读中国的古典小说，例如《三国演义》和《东周列国志》。

我常对人说，这两部书简直是世界上政治阴谋诡计大全。即以近年来极时髦的人质问题（伊朗人质、劫机人质等），这些书中早就有了，秦始皇的父亲便是受害者，堪称为"人质之父"。

《庄子》超尘绝俗，不屑于名利，而名利正是使聪明人上钩之饵；其中"逍遥游""秋水""解牛"诸篇，诚绝唱也。《论语》束身严谨，勇于面世，"己所不欲，勿施于人""躬自厚而薄责于人"，有长者之风。司马迁的《报任少卿书》，读之我心两伤，既伤少卿，又伤司马；我不知道少卿是否收到这封信，有何感想，希望有人做点研究。我也爱读鲁迅的杂文，果戈里、梅里美的小说。我非常敬重文天祥、秋瑾的人品，常记他们的诗句"人生自古谁无死，留取丹心照汗青""谁言女子非英物，夜夜龙泉壁上鸣"。唐诗宋词、《西厢记》《牡丹亭》，丰富我文采，澡雪我精神，其中精粹，实是人间神品。元朝王冕的诗句"花落不随流水去，鹤归常伴白云来"，使人悠然神往。读了邓拓的《燕山夜话》，既叹服其广博，也使我动了写《科学发现纵横谈》的心。不料这本小册子竟给我招来了上千封鼓励信，无他，时势造作品而已。原来"文革"10年，到处是"万岁万万岁"的陈词滥调，人们在精神窒息中渴望新鲜文风，这本小册子在一定程度上迎合了这种要求，以后便出现了许许多多的"纵横谈"。

从学生时代起，我就喜读方法论方面的论著。我想，做什么事情都要讲究方法，追求效率、效果和效益，方法好能事半而功倍。《孙子兵法》启发了我：连打仗这样复杂而紧迫的事都有方法可循，其他事就该更有方法了。于是我很留心一些著名科学家、文学家写的心得体会和经验。我曾惊讶为什么巴尔扎克在50年短短的一生中能写出上百本书，并从他的传记中去寻找答案。我也奇怪26岁的诸葛亮能在刘备三顾茅庐时发表著名的"隆中对"，对天下大事了如指掌，并确定了以后的战略方针。须知那时他住在穷乡僻壤，既无报章杂志，也无广播电视。系统地给我以科学史知识的是贝尔纳著的《历史上的科学》、霍利切尔的《科学世界图景中的自然界》《爱因斯坦文集》等书。此外,恩格斯的《自然辩证法》、海森堡的《物理学与哲学》、薛定谔的《生命是什么》、康德的《宇宙发展史概论》、梅特里的《人是机器》、莫诺的《偶然性与必然性》、怀特海的《科学与近代世界》、维纳的《控制论》、罗素的《西方哲学史》、普利高津等的《从混沌到有序》,以及阿西莫夫等人的优秀科普作品,都是给人知识、增人智慧的好书。文史哲和科学的海洋无边无际,先哲们明智之光沐浴着人们的心灵,我衷心感谢他们的恩惠。

读书的另一面

以上我谈了读书的好处,怎样攻读专业书以及阅读其他书,讲了精与博的关系,为书籍说了许多好话。然而世界上每件事都有一个限度,过了限就要出毛病,读书也不例外,所以我要回过头来说说事情的另一面。

读书要选择。世上有各种各样的书:有的不值一看,有的只看 20 分钟,有的可看 5 年,有的可保存一辈子,有的当之无愧不朽。即使是不朽的超级名著,由于我们的精力与时间有限,也必须加以选择。决不要看坏书。对一般书,要学会快读。古人说,一目十行。今天看来,这速度不能算快,必须在一小时内就可大致看完一本 500 页的书,说出它的主要内容和精华。据说美国前总统肯尼迪就有这种本领。这样,我们才能赢得时间去读好书,特别是读经过长时间историю考验的名著。对名著,读一遍是不够的,隔一段时间重读,会有新的体会。英国哲学家托马斯·霍布斯(T. Hobbes, 1588—1679)只阅读非常杰出的著作,他甚至经常说,如果他也像其他学者那样阅读那么多的书,他就会与他们一样无知了。这话说得不够客气,但他读书注意选择,却是很对的。

读书要多思考。读书时,我们的大脑基本上被书本占据,成为作者驰骋的场所,如果我们不积极思考,大脑便出租给作者了,任凭他的马队去践踏,久而久之,会伤害自己的思维能力。要知道,书本无非是作者的一篇有准备的长篇发言,由于他有充分准备,所以合理的地方比较多,但决非完美无缺。应该想想,他说得对吗?完全吗?适合今天的情况吗?从书本中迅速获得效果的好办法是有的放矢地读书,带着问题去读,或偏重某一方面去读,这时我们的思维处于主动寻找的地位,就像猎人追找猎物一样主动,很快就能找到答案,或者发现书中的问题。所谓"偏重一方面去读",是苏轼提倡的读书方法,例如读《红楼梦》,第一遍读可偏重其中人际关系,第二遍可偏重景物描写,第三遍可注意当时的饮食和医药,等等,每读一遍,深入一面,甚至可以写成一篇论文呢!

有的书浏览即止,有的要读出声来,有的要心头记住,有的要笔头记录。对重要的专业书或名著,要勤做笔记,"不动笔墨不读书"。动脑加动手,手脑并用,既可加深理解,又可避忘备查,特别是自己的灵感,更要及时抓住。清代章学诚在《文史通义》中说:

> 札记之功必不可少,如不札记,则无穷妙绪,如雨珠落大海矣。

许多大事业、大作品,都是长期积累和短期突击相结合的产物。涓涓不息,将成江河;无此涓涓,何来江河?

爱好读书是许多伟人的共同特性,不仅学者专家如此,一些大政治家大军事家也如此。曹操、康熙、拿破仑、毛泽东都是手不释卷、嗜书如命的人。毛泽东只念过中等师范,却领导了中国革命,而且文史哲都达到很高水平,"北国风光"一词,千古独步,这些都与他毕生刻苦自学密切相关。

贵在一个"新"字
—— 略谈独立思考

"青年人相信许多假东西,老年人怀疑许多真东西。"

这是德国谚语,不是普遍真理,然而它指出了值得注意的倾向。历史上有些重大错误,就是这两种倾向相结合的产物。青年人满怀希望,向往将来,进取心强,求知心切。正如梁启超在《少年中国说》中讲的:少年人如朝阳,如乳虎,如铁路,如白兰地酒,如春前之草,如长江之初发源。这些优点是极可宝贵的。不过,由于经验不足,思虑不周,受骗上当者,也大有人在。因此,自觉地培养独立思考能力,实是一件大事。

进一步说,许多实践活动的共同要求是"创新":或者发现新事物,或者发明新器皿,或者建立新理论,或者写出新作品。总之,贵在一个"新"字。而"新",自然是前所未有的。因此,要创新,就必须善于独立思考。

说"独立思考",好像与"向群众学习"相矛盾,隔群众越远越好;说"独立思考",好像必须想入非非,越稀奇古怪越好;其实都不对。善于思考的人,既能集中群众的智慧,又能超越前人的思想,在充分调查研究的基础上,通过分析综合,提出切合实际的真知灼见。相反,不向群众学习,不从实际出发,一味坚持错误的主观成见,决不会产生正确的思想。

历史上许多有贡献的人物,都很会独立思考,他们这种能力是怎样锻炼出来的呢?

他的疑问是无处不在的

笛卡儿是法国卓越的数学家、物理学家、生理学家和哲学家,是解析几何的首创人。他可以算是历史上最喜欢独立思考的人之一了。恩格斯曾高度评价他的成就:"数学本身由于研究变数而进入辩证法的领域,而且很明显,正是辩证法哲学家笛卡儿使数学有了这种进步。"(《反杜林论》)还在少年时代,笛卡儿就有强烈的、永不满足的求知欲。他的学习热情很高,成绩优秀,数学尤其出类拔萃。除了学校中的功课外,他还阅读了许多课外书籍。可是,在总结学习成绩时,他毫不自满,甚至犹豫了,以致怀疑自己学得的东西是否可靠。他说:"当我完成了一般的学习过程之后,就发现自己被许多疑难和错误困住了。从这些疑难和错误里,除开日甚一日地看清自己的无知以外,似乎并没有得到其他任何收获。"例如,"在哲学领域里,没有一条真理是能够不引起争论和怀疑的;而其他的科学又都从哲学里取得原理。"(《方法论》)因此,在笛卡儿看来,疑问是无处不在的。这说明在他的脑海里,独立思考的火焰正在炽热地燃烧。在一度彷徨之后,他忽然大彻大悟了。他说,他所得到的最好教训是"决不可过分地相信自己单单从例证和传统说法中所学得的东西"。那么,怎么办呢?他提出了四条思维的法则:

第一,任何东西在未认清确实是真的以前决不能认为是真的。也就是说,必须小心,避免轻率和偏见。我所接受的,应当是我认为十分明显而又清楚,绝对无可怀疑的东西。

第二,我要探讨的疑难问题,应当尽量加以划分,而且是怎样能得到更好的解决方法,便怎样划分。

第三,有秩序地进行思维,首先从最简单的问题开始,按部就班地往前进,以达到最复杂的问题。甚至在实际上没有先后关系的事物中也要假设出一个顺序来。

第四,不论在任何地方,搜罗必须齐全,观察必须广泛,直到自己相信没有遗漏时为止。

以上是笛卡儿的思想方法,同时也体现了他对独立思考的重视,值得我们借鉴。他的缺点是独尊理性,否定感觉和经验的作用,怀疑得过了头,以致怀疑一切,甚至连他自己是否存在也认为大可怀疑。幸亏他发现"我正在思考"这件事是千真万确的,不必再怀疑了,由此才推论出自己的存在,于是写下了他的名句——我思故我在。今天我们对此未免觉得好笑,它却作为笛卡儿哲学的代表作而流传下来,看来还会流传下去,因为它简洁,当然也因为它富含哲理,传起来特别容易。如果有500万字,就困难多了,所以我们的思想必须明确精练。

倘有余暇,何妨多读

从历史上看,善于独立思考的人,大都有三个特点:博学、善问、富于钻研精神并重视思想方法。笛卡儿如此,其他许多思想家也无不如此。本文以下三节,便分别谈这三件事。

汉朝王充(27—约97),是我国古代著名的批判家。他写的《论衡》,专门批判古书和传说中的错误,立论有据,言之成理,表现了很高的独立思考的才华。他所以有成就,原因之一,就是他博览群书,贯通百家。王充家贫,买不起书,只能常到书店看书。那时的书店比现在某些书店开明,可以让顾客阅读,结果造就了王充这样的人才。

爱因斯坦应该算是科学界最善于独立思考的巨人了。然而不要忘记,青年时代的爱因斯坦在物理、数学等方面已打下了结实的基础,而且对一般的自然科学和哲学,也有浓厚的兴趣和丰富的知识。

有知识,才有比较;有比较,才能发现问题。动物病理学教授

贝弗里奇说:

> 有重要的独创性贡献的科学家,常常是兴趣广泛的人,……独创性常常在于发现两个或两个以上研究对象或设想之间的联系或相似之点,而原来以为这些对象或设想彼此没有关系。(《科学研究的艺术》)

知识渊博的人见解比较深刻,思考比较周密,而且对事物的发展前途常有远见,预测也比较正确。这样便大大减少了受骗上当的机会,使人生少走许多弯路。"双眼自将秋水洗,一生不受古人欺。"这秋水,就是知识之水,就是独立思考的波涛和浪花。

鲁迅说:

> 应做的功课已完而有余暇,大可以看看各样的书,即使和本业毫不相干的,也要泛览。譬如学理科的,偏看看文学书,学文学的,偏看看科学书,看看别个在那里研究的,究竟是怎么一回事。这样子,对于别人、别事,可以有更深的了解。(《读书杂谈》)

可是,这不会影响专业学习吗? 的确,我们的精力,主要应放在攻读专业上,从"精于一"开始,逐步扩大"根据地"而走向博。然而这不是说,学专业时其他的书一律不能看。那"应做的功课已完"的余暇虽少,但积少可以成多。看课外书刊,时间长了,接触面宽,了解的问题便多,于是就越看越有趣,越有趣就越想看,成了良性循环。这样,知识之球,便越滚越大。反之,不博览,知识面便窄,懂的东西就少;懂得少,对许多事物便不感兴趣,从而也就越不想多看专业以外的书,于是便容易陷入恶性循环。不仅读书如此,世界上许多事物,发展下去,都有这两种循环的可能。我们应力争前者,千万不要卷入恶性循环的涡流中去。

"为什么""怎么办"及其他

遇到任何事情,都要考虑"为什么"和"怎么办"。前者追究原因,后者提供对策。只有搞清原因,才能想出办法。办法通常是多样的,必须从中选出一个最好的来。美国前国务卿基辛格写了一本书,名叫《选择的必要》,他非常重视最佳方案的选择。

此外,"可能吗?"有时也很重要。解放前曾流传有人长年不吃东西;近年又宣传各种天外来客,诸如此类,惑人耳目。真是"当时黮黮犹承误,末俗纷纭更乱真"(王安石语)。更有甚者,一些政治骗子出于小集团的利益,把某些人和事吹得神乎其神,愚弄天下,尤其可恶。碰到这类事,就得采取科学态度,运用自然科学和社会科学的知识,多问几次"可能吗?""合乎自然规律吗?""合乎情理吗?"明代哲学家和教育家陈献章(1428—1500)说得好:

> 前辈谓学贵知疑,小疑则小进,大疑则大进。疑者,觉悟之机也。一番觉悟,一番长进。

读书时必须深思多问。只读而不想,就可能人云亦云,沦为书本的奴隶;或者走马看花,所获甚微。孔子说:"学而不思则罔,思而不学则殆。"清朝的郑板桥(1693—1765),诗词书画,都很擅长,而且喜谈学习方法。他说:

> 学问二字,须要拆开看,学是学,问是问。今人有学而无问,虽读书万卷,只是一条钝汉尔。……读书好问,一问不得,不妨再三问,问一人不得,不妨问数十人,要使疑窦释然,精理迸露。故其落笔晶明洞彻,如观火观水也。善读书者曰攻、曰扫。攻则直透重围,扫则了无一物。

他这段话,除最后一句外,都可赞同。对于自然科学,言攻则可,言扫则不可,除非是伪科学,才有扫的问题。否则,只能批判继承,推陈出新,一般不会"了无一物"。

书,无非是作者一次系统的、有充分准备的长篇发言,其中所讲对的居多,错误也有。读书时反复思考,可以起到消化、吸收、运用和发现问题、跟踪追迹的作用。下列事项,可供读书时参考。

(1) 区分客观真理和主观成见,哪些是经过长期实践检验的事实、定理、定律或理论,哪些只是未经证实的传说、成见、信仰或迷信。对前者主要是虚心学习弄清道理,不要花很大精力去对着干。例如科学已证明不可能发明永动机,那就不必硬去造了。后者则不然,它们往往是前人硬塞在我们头脑里的一堆成见或捏造,例如"地球中心说""物种不变论"等。许多科学大师都非常注意这种区分,牢牢抓住一些基本而又模糊不清的概念加以分析批判,终于导致重大的进展。例如爱因斯坦抓住"质量""同时性"等概念,哥白尼批判"地球中心说",都取得了辉煌的成就。在社会科学里,情况更为复杂,一些偏见和迷信,常被贴上真理的标签,用以欺骗人民,我们应当提高警惕。

(2)研究正确的结论是怎样获得的,有哪些事实或理论根据。在证明中有哪些方法和技巧值得学习?能把它用到别的问题上去吗?我能不能再给出新的证明?

(3)对某个结论我有些怀疑,我觉得它的证据不充分,甚至有漏洞、有问题,于是我试图举出反例或用实验来推翻它。

(4)如果时间、地点、条件变了,某个结论还正确吗?需要作哪些修改?

(5)某些概念、结论、定理、规律之间,有没有本质联系,它们与其他学科的内容有无类似之处?

(6)现在有一个急需解决的问题,能从这本书中找到答案、方法或启示吗?

以上问题主要供念理科书时参考,至于其他学科,情况当然不完全一样。例如宋朝吕祖谦曾介绍他读历史书的方法:

> 观史如身在其中,见事之利害,时之祸患,必掩卷自思,使我遇此等事,当作何处之?如此观史,学问亦可以进,知识亦可以高,方为有益。(《先正读书诀》)

各学科有各自的特点,自然不可一般而论,就是理科中各学科,深钻下去,也要分别对待,有所区别。

大用之则大成

在游泳中才能学会游泳,同样,在思考中才能学会思考。思考锻炼才智，脑子越用越灵。清初思想家唐甄（1630—1704）在《潜书》中说：

> 心，灵物也；不用则常存，小用之则小成，大用之则大成，变用之则至神。

要使思维深入，一是坚持刻苦钻研，二是注意思想方法。

人们追踪一种新事物，往往起源于好奇心。好奇心愈强，钻研劲头愈大，甚至遇到巨大困难也置之度外，一心一意要搞个水落石出。因此，好奇心是科学研究的重要条件之一，许多著名的科学家如爱因斯坦等都很重视它。的确，很难设想，一个对什么事情都觉得无所谓的人会有强烈的探索热情。

有些重大问题，需要长时间的苦战攻关。欧立希失败了605次，才制成药物六〇六；居里夫妇从数吨铀矿残余物中提炼出只有几十毫克的纯镭的氯化物。可以想象，他们付出了多么大的劳动。"用志不分，乃凝于神"（《庄子·达生篇》），"锲而不舍，金石可镂"（荀子《劝学篇》），前人刻苦钻研的精神，时刻激励着我们前进。

长时间的刻苦钻研是成功之母，也是培养独立思考能力的基本条件。然而，如果辅以正确的思想方法，收效就会显著得多。

当我们的思维难以深入时，可以向群众学习，向书刊学习，但有时不如直接向大自然或社会请教更为有益，这就需要通过观察和试验。大自然常会教给我们一些完全出人意外的新事物。1928年，英国人弗莱明正埋头于研究对付葡萄球菌的方法，他曾用了几年时间，仍然无计可施。一天，他忽然发现碟子里的葡萄球菌几乎全死亡了，同时附近又长出了一团团青绿色的霉花，他想，也许是这些霉菌杀死了葡萄球菌吧！正是他这一重要观察和设想导致了青霉素的发现。或者说，大自然告诉了人们灭菌的方法。可以毫不夸张地说，绝大多数的自然科学知识都是大自然教给我们的。自然科学如此，社会科学、文学艺术也如此。梁启超曾经介绍法国著名小说家莫泊桑（Gay de Maupassant，1850—1893）学习写作的方法，他说：

莫泊桑的先生教他,同时观察十个车夫的动作,作十篇文章把他们写出,每篇限一百字,这是从最难求出个性处刻意去求,这种个性发现得出,别的自然容易了。莫泊桑经过一番训练之后,文思大进,后来常常举以教人。(《饮冰室合集》)

我想,老舍(1899—1966)也一定仔细观察和研究了许多车夫,才能写出他的名著《骆驼祥子》来。

科学研究中,常用的方法主要有两种:一是从特殊到一般;一是从一般到特殊。

人生有限而宇宙无穷,我们所能观察到的,只是特殊的、少数的、局部的现象。从局部的观察结果出发,通过想象,提出有关无限整体的一般假说,然后证实这些假说,使之上升为理论。这就是由特殊到一般的方法,或称为归纳法。例如,万有引力定律是宇宙间的一般规律,但它的发现只是从几件事(物体下落、月球绕地球旋转等)开始的。大自然不善于保密,总要在一些事情上露出马脚,一些人熟视无睹;另一些有心人则顺藤摸瓜,从中探讨出一般规律。这种情况,就像优秀的侦察员破案一样,他只要依据少数线索,通过联想,便能抓到主犯。

从实际中抽象出一些基本而又有普遍性的概念和显然正确的公理,从公理出发,通过逻辑推理(包括数学演算)得出一批定理;再根据这些公理、定理或新的公理进行推理,又得出另一批新的定理。如是层层推理,往往可以走得很远,得出许多原先意想不到的结果。这种从一般到特殊的方法,也叫做演绎法。欧几里得几何学便是应用这种方法而取得巨大成功的例子。

天才出于勤奋
—— 漫话治学之道

记得念中学时,我很喜欢读《孙子兵法》,甚至手抄了几份,分送给友人。读后觉得很有意思,似乎自己也可以当将军了。由此我想到,既然打仗有这么多道理,那治学,当然也会如此,于是便留心起名家的治学经验来,看看他们是怎样成功的。谁知越留心便越觉得有趣,渐渐地,这居然成了我的业余爱好,至今仍乐此不倦。积长期的学习体会,我认为可以把治学之道归纳为十个字:理想、勤奋、毅力、方法、机遇。

理想是心灵上的太阳

理想就是志气和抱负,它决定一个人的努力方向、奋斗目标,决定他的兴趣和爱好,并为他提供前进动力。所以说,理想是人们心灵上的太阳。要看一个人的精神面貌如何,先要看他的理想如何。如果说人有灵魂,那么理想就是他的灵魂。

斯大林说过:"伟大的精力只是为了伟大的目的而产生的。"实现共产主义,实现四个现代化,是我们共同的理想。在这个总目标下,每个人应该有具体的奋斗目标:出色地做好本职工作,学好自己的专业。不仅要掌握前人的成果,而且要有新的发现、发明和创造,争取为祖国、为人民作出较大的贡献。

不断激励自己奋发图强的一个好办法,是找一位你最尊敬、最仰慕的人作为竞赛对手,学习他,研究他,赶上他,最后超过他。有了这么一位对手,你就自然不会满足而是奋力追赶。"不敢同冠军较量,就永远争不到冠军",这道理,诸葛亮也说过:

夫志当存高远,慕先贤,绝情欲,弃凝滞,使庶几之志,揭然有所存,恻然有所感。

他不只是说说,也的确这样做了。陈寿说他"每自比于管仲、乐毅"(《诸葛亮传》),可见他选的对手是谁了。

高标准、严要求应该具体落实到每个阶段上,步步登高才能最后登高。

天才出于勤奋

杜甫(712—770)诗句:"会当凌绝顶,一览众山小。"但要登上最高峰,必须付出极大的劳动。即使天赋很高,勤奋也必不可少。有人问鲁迅:你为什么在文学方面有那么多的成就,是否有天才?鲁迅说:

哪里有天才,我是把别人喝咖啡的工夫都用在工作上的。

鲁迅的勤奋的确惊人。大家都知道他著了许多书,却未必都知道他还勤奋地抄了不少书。1913年3月5日,他在日记中写道:"……夜大风。写《谢承后汉书》始。"同月27日又记下:"……夜风。写《谢承后汉书》毕,共六卷,约十余万字。"可见,他除白天工作外,这些日子里还每夜抄书约5000字,直到把一部古书抄完为止。正像他自己所形容的那样:"写书时,头眩手战,似神经又病矣。"

法国大作家巴尔扎克只活了51岁。他在短短的一生中,写了许多小说,光是《人间喜剧》就有94本。算他20岁写起,平均每年写3本以上。这么多,不要说创作,就是抄一遍也很不容易。我们不难从这里想象到他工作的紧张程度。

成功在于毅力

有些人,工作非常努力,按照他的勤奋程度,成果应该相当大。但事实并非如此,甚至毫无成果。原因之一,就是缺乏毅力。毅力表现为不怕困难,敢于在一个方向上长期坚持,即所谓"锲而不舍",这样才能"金石可镂"。法国生物学家巴斯德说:

告诉你使我达到目标的奥秘吧!我唯一的力量就是我的坚持精神。

文学家福楼拜对他的学生莫泊桑说:"才气就是长期的坚持。"搞科研,常常不知能否成功,有些人碰到困难后,怕白费精力,便中途放弃而转移方向。这样转来转去,虽然他一天也没有休息,却什么也搞不出来。由此可见,勤奋并不等于毅力。毅力来自对真理的热爱,来自对崇高理想的强烈追求。一个人的理想越崇高,他的毅力也就越坚强。

"字字看来俱是血,十年辛苦不等闲。"曹雪芹(约1715—1763)写《红楼梦》是如此,其实许多重要著作和重大科研成果,也无一不是如此获得的。李时珍写《本草纲目》用了27年;孔尚任(1648—1718)写《桃花扇》,三易其稿,15年才完成。有人问牛顿是怎样发现定律的,他回答说:"我只不过是无时无刻不在思考它。"看来,这些大师们真有"衣带渐宽终不悔,为伊消得人憔悴"那股顽强劲儿呢!

高明的方法是极富兴趣的

正确的方法使人事半功倍。许多卓越的科学家如爱因斯坦等都非常重视方法。法国数学家、天文学家拉普拉斯说:

认识一位巨人的研究方法,对于科学的进步,甚至对于他本人的荣誉,并不比发现本身更少用处。科学研究的方法经常是极富兴趣的部分。

巴甫洛夫也说:"初期研究的障碍,乃在于缺乏研究法。"各人的专业不同,天赋也各异,甲长于思维,乙长于实验,而丙则兼而有之。所以每个人应探索出一套适合于自己的方法。不过,有些事项是公共的。

(一)打好专业基础。每个专业都有最重要的基本理论、基本知识和基本技能,必须首先掌握这些东西,才能走上前沿。此外,还要学好一两门外语,否则我们的知识来源就极其有限。

(二)培养独立工作能力,其中最重要的是自学能力。有些学生毕业后进步很慢,原因之一就是看不懂新书,不会猎取新知识。好比一家商店,没有进货,怎能持久吸引顾客呢?读懂新的专业书并不简单,看小说还可以,看数学就相当难了。这需要有意识地刻苦锻炼。最好在老师指导下,由易而难地硬着头皮读一两本有价值的新书,并逐步地接触一些现代文献。

要善于运用知识,从"学"到"用"有一段距离。培根说:"用书之智不在书中,而在书外。"所谓"书呆子",恐怕主要是指只读书而不会用的人。

(三)逐步开展科研或进行创作。万事开头难,从读书到写书(或写论文)是一个飞跃,必须开好这个头。光学习是不行的。正如一个演员,不能只看戏而不演戏。我们不仅要学科学,而且要研究科学。

科研的第一步是发现问题,提出问题。在学校里做练习,题目是前人出的陈题,而且早已有了答案。如果题目是新的,又很有意义,那就成为科研了。巴尔扎克说:

> 打开一切科学的钥匙都毫无异议地是问号。

李政道也说:

> 要开创新路子,最关键的是你会不会自己提出问题。

能正确提出问题,就是创新的第一步。

科研的第二步是围绕问题收集资料。了解前人在这个问题上的思想、方法和成就,分析他们的优缺点。光收集已有的资料还不够,还必须对自然或社会进行观察或做实验,以获取前人所未曾有过的、第一手的资料。达尔文说：

> 我既没有突出的理解力,也没有过人的机智。只是在觉察那些稍纵即逝的事物并对其进行精细观察的能力上,我可能在普通人之上。

科研的第三步是在分析研究资料的基础上,通过直觉或逻辑思维以提出假设。资料往往是少量的、离散的、片面的,只能反映事物的一个或几个侧面。为了认识事物的整体,需要把这些资料完全化、连续化、理论化。这要求我们提出一种或几种假设。例如,人们观察到 11 不是整数的平方,111 也不是……于是提出假设:"任何一个只由 1 组成的整数都不是整数的平方。"

科研的第四步是通过实践来证实假设。如果假设能完满地解释观察到的现象,而且能多次预见将来以指导实践,那么,经过较长时间的考验,这假设就上升为理论、定理或定律。这种"观察—假设—证明"的方法,在其他一些领域也常有效。

文艺创作虽不同于科研,但有些基本精神是共同的。如深入生活以收集素材、选择主题,通过想象以组织线索、提炼典型等。文艺创作着重形象思维,需要热烈的感情;科学研究着重逻辑思维,需要冷静的头脑。当然,这不是绝对的,有时两方面对于两者都重要。

(四) 正确处理"专"与"博"的关系,专与博都重要。梁启超谈到他的老师康有为的教学方法时说:

> 康先生之教,特标专精、涉猎二条;无专精则不能成,无涉猎则不能通也。

对专与博的作用说得很清楚。至于两者的关系,我觉得首先要"专",从"精于一"开始,逐步扩展到博。理由是:先把这"一"搞通了,其他可触类旁通。"一"是指本专业或其中某一方面;"精"要精到基本上掌握了这方面的最新成就,而且要对它进行研究,取得新成果。在这一方面,不仅要知道别人已知的,而且还要知道别人不知道的新东西,这样,我们就站稳了。有了"根据地",然后再向邻近的科目开拓。由于"博",眼界宽了,思想活跃了,反过来又可帮助专,于是我们进入了"良性循环"。另一种博的方法不是向邻域开拓,而是另开一个或几个"据点",然后把它们连成一片。例如学数学的兼学生物,学理的学点文,或者反之。东汉时期的张衡是科学家,首创过地动仪,同时,他又是文学家、画家,写过名篇《东京赋》和《西京赋》;马克思则酷爱数学。作家契诃夫(А. П. Чехов, 1860—1904)说:

> 我不怀疑研读医学对我的文学活动有重大的帮助。
> 它扩大了我的观察范围,给予我丰富的知识。

(五) 善于找到老师或领路人。学海浩茫,有人领路就快得多。无师自通者虽有,但确实很少。名师固然可以出高徒;并非名师,只要有一技之长,对我们也很有帮助。到处都有老师,问题在于能不能找到他。大树所以成材,是由于它的根和叶伸向四方,广泛吸取水分、养料和阳光。高尔基(М. Горький, 1868—1936)出身极为贫寒,却成了世界文豪,他说这是多亏了四位老师的指教。能在各种场合找到自己的老师,而不管他们的职业和社会地位如何,正是高尔基高明之处。老师是广义的,不一定就在自己的身旁,甚至彼此可以不认识。我曾观察过某同志寻师的经过,他周围并无同专业的高手,却做出了很好的成绩。原来他认定国内一位先进同行做老师,凡是这人写的文章和书他都认真攻读,别人写的则少看,以便集中精力。把这些著作搞透了,就比老师强一点了,因为老师知道的,他都知道;而他知道的,老师未必知道。这就是他的聪明之处,不妨借鉴。

机遇只照顾勤奋而又有准备的人

以上所说的,都可以靠主观努力做到。但人生活在客观世界中,有不少偶然机遇是难以预料的。人人都可碰上好机遇,问题在于会不会和能不能充分利用它。否定机遇并不是唯物主义。

法拉第是伟大的物理学家。他出身贫苦,父亲是工人,经常生病。法拉第12岁上街卖报,13岁起在书店当学徒。他自小热爱科学,认真钻研了有关电学的论述,而且还做了不少实验。不过,如果他放过了一次机遇,他的天才也许会被埋没。英国皇家学会会长、化学家戴维喜欢作学术演讲。法拉第想方设法弄到入场票,他不仅在会上仔细地听和记,而且在会下又反复钻研和消化,然后整理出一份完整的记录稿,抄写得端端正正,寄给戴维,同时还表示希望得到学习的机会。戴维被他的才华和精神所感动,很快就推荐他到皇家学会实验室去当助手。这是法拉第一生中重要的转折,从此他获得了很好的工作条件。

要正确处理主观努力和客观机遇的关系。没有业务基础,法拉第不可能整理戴维的报告;平日不努力,有好的机遇也利用不上。机遇只照顾勤奋而又有准备的人。投机取巧、不劳而获的侥幸心理是极有害的。另一方面,放弃一切好机遇,也不一定明智。如果法拉第不争取外援,科学界就会蒙受巨大的损失。严格说来,自始至终毫无外援只靠自学而成为杰出人才的例子并不多见。特别是一些尖端科学技术,必须利用先进的仪器设备和图书资料,完全靠自己是不可能成功的。在我们的社会里,各种各样的学校,为我们提供了许多好的学习条件。主观努力加上好的机遇,正如优良的种子遇上肥沃的土壤,必能结出丰硕的果实。

戴维
(Humphry Davy, 1778—1829)

教育之火
——论"才"与"财"

关于教育的讨论,可谓多矣。如果把有关的书籍和论文收集起来,足可装备一个大型图书馆。这些,无疑是非常重要而且有益的。近来偶观京剧《群英会》,周瑜(175—210)问孔明破曹之策,请各自在手心写出,结果都是一个"火"字;真是要言不烦,烦言不要。那么,教育事业的那个"火"字该是什么呢?我想许多人都会不约而同地写出:"财才",即"钱财"与"人才"是也。

"财""才"相辅相成。人才可创造财富,财富可吸引人才。工作做得好,两者成良性循环;反之,乏财则缺才,缺才更乏财,可不慎哉!

两者都极重要,至于何者为先,这要视具体情况而定。富裕国家如美国,财已基本解决,处于首位的当然是才。我国则反之,大中小学穷字当头,自然以找钱为先;个别已先富裕起来的学校,早已动手挖才了。

深知办学必先找钱,且终生为此奋斗者,当首推武训(1838—1896)先生。可叹50年代,这位穷苦的古人竟受到现代人莫名其妙的批判,至今尚未平反,九泉有知,当不瞑目。武训为了集资办学,不惜卑躬屈膝,其精神可佩,方法则不必学。集资办学是光明正大的事,不必低三下四。不过我们也该替武训想想,他是一个穷得要饭的人,能有什么办法呢!

办教育要钱,正如抚育子女要投资一样,这个道理谁不明白。但在实际中,各人的态度就不全一样了。

甲公是清高惯了的,正如晋朝王衍,闭口不言"钱",言钱便俗、便脏、便臭。以此律身,自然不必非议,但他若是教育部门的首脑,那就坏了大事。千万不能选他当校长、当主任、当部长。有一次某领导说:"要钱没有,要命有一条。"我当时听了,着实大吃一惊,既觉得他有点流气,又想:碰到这位老兄,教育真是倒了大霉。

乙公懂得财才重要,但他只动口,不动脑更不动手,坐等钱从天降,最多只指使手下人出去跑跑,找到多少算多少,找不到就拉倒,反正五年到期,各奔东西。乙虽比甲稍好,但远不够称职。

再说丙公,他是地方政府第一把手。中央提倡"科教兴国",他也高喊"科教兴国",这不费事。不过科教,特别是教育,乃是"前人植树,后人乘凉"的事,没有急事,办点教育,当然体面;一有意外,便把它抛到九霄云外,改日再见。

丁公则不然,他(她)上任以来,尽管日理万机,千头百绪,但不论怎样忙,他脑海里总装着"财才"二字。他有紧迫感,该动手时就动手,要不然便会坐失良机(须知财才与机遇同在)。他充分利用手中的权势和自己的名望,从中央到个人,从国内到国外,到处找钱,找不到决不罢休,而自己则一身清白,分文不沾。为了事业,他合理地"争",耐心地"磨"。不争不磨,分文无着;又磨又争,财源滚滚。果然不出三年,工作便大有起色,人人赞赏。对一个领导,不能期望太高,正如克林顿所说:总统也是人。如果他在任期内,能做好一两件大事,便会众望所归,名垂青史。

我们恳请甲公赶快让贤;乙丙两公努力提高认识,多办实事;更希望丁公再接再厉,不断成功。多一些丁公,多一些有胆有识的实干家,教育事业就大有希望。

所以我想,应该研究一门新学问,叫"教育集资学",尊武训为学术带头人。研究提纲应包括:各级政府投资;集体(厂、矿、企业、公司等)办学;私人捐资;争取外资;学校自筹;等等。

日本战败投降后的第一任首相吉田茂写过一本书,叫《激荡的百年史》。其中谈道:1945年,日本许多城市化为一片瓦砾,全国处在饥饿之中;但许多日本人说:

> 要使日本复兴,除教育而外别无他途。我们由于战争而使国家荒芜,没有任何东西可以留给子孙后代,但是至少希望他们受到卓越的教育。

仅仅过了两年,日本便实行六三制(小学六年,初中三年)教育,长期的坚持和努力"使日本得到复兴的国民素质",并迅速成为经济大国。

《中国教育改革和发展纲要》提出,到本世纪末,国家财政性教育经费支出占国民生产总值的比例要达到4%。现在剩下不到两年的时间,希望能够实现。我国是发展中国家,却要办世界上最大的教育,光靠政府投资确实不够,必须多渠道筹资,多形式办学。国立学校是栋梁,公立和私立学校也须大力扶持,并保证质量。美国和日本有许多高水平的私立大学,值得借鉴。贫困地区,还可由群众实物助学,如捐赠土地、空房、建筑材料等。人到老年,善心萌发,常思来日无多,钱财何用,与其传之子孙,增其骄懒,不如捐资助学,广结善缘。因此有必要研究富豪心理与家庭动态,彼此两利,皆大欢喜。

讲了半天"财",现在来说"才"字。这有两重意思,一指高水平的教师和领导,一指优秀的毕业生。

关于师资,人们已经说得很多很多,这固然非常重要。但在宏观意义上,也许更重要的是领导,而对这个最要害的问题,却讨论得很少很少,怕是有所顾忌吧!挑选好的校长和党委书记,关系到学校若干年的发展,影响是深远的。人们至今思念蔡元培、张伯苓。可惜现在校长的选拔与任命还存在不少问题。人们难以理解,为什么校长不能选举产生?国家领导人都可由人大选举,而不是由联合国秘书长任命,为什么校长就不行呢?一些学校发展迟缓,与其说是财力不足,不如说是领导班子误事。学校如此,地区和国家的教育部门的领导就更重要了。多少年来,一些教育部门的领导口碑欠佳;反之,冷嘲热讽,或说某教育局成了收容所,却时有所闻。我们不希望这种现象再发生,并期待着德才兼备的好同志早日走上领导岗位。实话实说,有何不可。

评价一所学校的基本指标主要看其毕业生对社会的贡献和对人类进步的贡献。工厂看产品,学校看毕业生,毕业生看贡献,这道理是再明白不过的。

培养学生,德育应放在第一位;做人做事做学问,首先是做人,做品德高尚的人。政治课非常重要,环境熏陶也很重要。人能改造环境,同时也是环境的产物。旅居美国或新加坡,必须迅速适应那里的法治精神,否则就要遇到麻烦。我说的环境熏陶,指的是教师的言传身教、人际的友好互助、正派的学风和进取的精神、校园的整洁美丽等。当我们来到一所好的学校,就如同进入人民大会堂或登上天安门,精神状态立即升华到高尚的境界,灵魂得到洗涤,一切秽污的念头荡然无存。这显示出环境熏陶的力量。如果能把学校建设成培养高尚情操的场所,四年下来,学生的思想能不发生很大的变化吗?

学校不仅传授知识,更应培养能力,特别是创新能力。有人比较我国与美国的教育,认为我国前者强而后者弱。我知也少,不敢随声附和。但近现代最尖端的科技人才很少出自我国,则是事实。这不能不引起我们的反思。我的反思如下:

现行的学制太长:小学六年,中学六年,大学四年,硕士生三年,博士生三年。如果六岁上学,中间太平无事,拿到博士学位已经28岁,在校读书长达22年,多可怕的数字(请原谅我还未计入博士后)。这22年中,有多少东西真正值得学习,恐怕没人做过系统的、仔细的调查研究。许多宝贵的时间,用在死记硬背一些用不着的东西上,真是可惜可叹。在校学习,主要是打好基础,锻炼猎取新知识、新技能和独立思考的能力,并在某方面学有一定程度的专长,这就足够了。进一步的深造应靠自己在工作中继续努力。教育(或学习)的 1/3 靠学校,1/3 靠社会,1/3 靠自己,靠自己去主动追求,也就是说,我赞成终身教育,太长的学制确实会埋没人才。试问有哪位科学大师或文化艺术巨匠上过 22 年的学? 爱因斯坦、梅兰芳,还是鲁迅?!

其次,学外语的时间太多。从小学四年级到中学、大学、硕士生,甚至博士生还要学,前后绵延 19 年。人们常说美国学生如何如何有创造性,学得如何如何轻松愉快,殊不知他们省去了多少学外语的时间。如果也要他学 19 年汉语,他能轻松得了吗? 我决非反对学外语,外语确实很重要,很有用,但如何学,学到什么程度,则是值得认真研究的问题。

再次,就我所知,现行的教学计划是阶段性的,高中管高中,大学管大学。能不能设计一个全过程的培养方案,从幼儿园一直到博士生毕业,那时人们将会发现不少的时间浪费。为青年学子争取更多的时间去学习更新更重要的知识和技能,实在是功德无量。回想诸葛亮出山才 26 岁,牛顿发明微积分时 23 岁,邓小平在长征路上当政委刚 20 出头;而现在的青年却要浪费许多灿烂年华,能不感到惋惜和心疼吗?

改革开放以来,我国教育事业发展迅速,成绩巨大,而且一定会越来越好。以上所说,姑妄言之,姑妄听之,白璧微瑕,亦复何伤。

治愚为本 治贫为标
—— 教育强国赋

记者黄君,高尚士也。操劳公务,爱国忧民,尤于教育,日夜关注。长期奔波,遍访求教,虽有所得,略不尽意。沉思三日,忽发奇想,曰:众说纷纭,不得其要,何不上访教育大师,一聆清音,胜读十年书也。乃急乘的士,五日五夜,临曲阜之旧馆,谒孔子于河滨。是时也,孔子方携童子六七人,踏歌而归,须发犹湿,视黄君而笑曰:有朋自远方来,不亦乐乎!君将何以教我?

黄君:您老是世界上的大教育家,我想请教一些问题。关于教育,中央领导已经讲得很多了,但问题反而越来越严重,竟成了十年改革中最大的失误。您老对此有何高见?

孔子:教育乃百年之大计,强国之根本,可不慎哉!教育者,育而教之,教以育之。育而不教,则异于禽兽者几希。

黄君:您老的意思是说,生育下来就应教导,在教导中发育成长。育与教同始终,也就是说,终身教育。您老把教育理解为教与育,这确是一新思想。

孔子:教育之道,至大至细,至难至易,有形无形,充塞天地。

孔子不愧为大师,他说话总是要言不烦。好在黄君思维敏捷,略一思索,便有所悟。

黄君:您老先说的是终身教育,指时间而言;现在则讲全民教育,指空间而言。至大,是说人人要受教育,至少要受义务教育。百年大计,教育为本;而义务教育与职业技术教育又为教育之本。至大还有一层意思,教育是全社会的,即社会教育。一部电影、一部小说、商店的诚实、待人之友善,都能起到教育作用。所以说,教育无处不在,无时不在,人人受教而又人人执教(自觉或不自觉,正面或反面)。至细,是说教育要深入细致,是慢功夫。世上没有两件完全相同的事物,何况于人。甲长于艺术,乙长于科学;甲善于用脑,乙善于用手。天赋不同,如石之异。高明的雕刻家利用每块玉石的特殊结构,制成各种各样的艺术精品。同样,教师针对每个人的禀赋,因材施教,造就各种人才。教育也难也不难,如能真正得到全体人民和领导的重视和支持,特别是各级党政第一把手的真心实意的支持,逐步使教育与经济形成良性循环,则教育问题不难解决。

孔子:嗟我中华,老且民多,虽有光荣,非无隐祸。能强我国者,其唯教育乎!"教育强国",基本国策,辉煌金字,写入宪法。此百年大计、千年大计、永恒之大计也。此百年战略、千年战略、永远不败之战略也。

黄君:说得好极了!现在许多人在寻求振兴中华的方法,研究四小龙啦,开公司啦,"全民"经商啦,引进外资啦,不一而足。依我看,这都很有限,而且副作用不小。我们必须面对三个现实:人口越来越多,资源越来越少,道德水准越来越低。在这种情况下,只有提高全民素养,提倡社会公德,向科学技术索取财富,向国际市场索取利润。为此,必须依靠教育。诚然,教育需要时间,但这是唯一的光明大道,别无选择。正因为需要时间,所以教育常被一些急功好利者所忽视:尽管中央讲教育重要,我仍我行我素。要经常宣传"教育强国"的战略思想,把它作为国策,写进宪法,使之深入民心。此外,还要明确各地区每年发展教育的具体指标,并认真检查其完成情况。孔老,您说对吗?

孔子:举一而反三,孺子可教也。

治愚与治贫,乃治国之要。善解连环者,治愚为本,治贫为标,本立则标张。虽然,两者并举,不可先后。勤俭以治愚,分清先后缓急以治愚,减少锦上添花以治愚,适当降温降速以治愚,则教育资金至矣,则愚可治矣。五年可小成,三十年望大成,又复何疑?

人口爆炸,可畏也;人口爆炸而又素质低下,更可畏也;若夫人口爆炸,素质低下,文盲充斥,邪恶菌生,斯不可治矣。

孔子口若悬河,越说越激动,好在黄君带了录音机,而且是洋货(不可批评他轻视国货)。

黄君:我完全赞成您老的意见,请以日本为鉴。日本地狭人稠,资源短缺;"二战"投降时,许多城市一片瓦砾,人民困在饥饿中,不能不说凄惨。但由于它自明治维新(1868年开始)以来,一直非常重视教育,人民素质有较好的根基;战后又立即继续强化教育。甚至有地方官员,因未筹集足够教育经费,自感愧对人民而剖腹自杀者。有人说,日本普及教育的过程是一部血泪史。可见他们为子孙后代的幸福作了多大牺牲。战后第一任首相吉田茂在其所著《激荡的百年史》中说:"教育革新委员会于1946年底确定小学六年和中学三年为义务教育,并且向政府提出了于次年付诸实施的意见;这一意见博得了国民的热烈拥护,纷纷写信给有关方面,信中异口同声地表达了这样一种心情:'要使日本复兴,除教育以外,别无他途。我们由于进行战争而使国家荒芜,没有任何东西可以留给子孙后代,但是至少希望他们受到卓越的教育。'这种态度就是使日本得到复兴的国民的素养。"果然,日本经济很快得以恢复和发展,迅速成为世界经济大国。可悲的是:作为战胜国的我国的一些青年,今天竟纷纷跑到战败国的日本去充当廉价劳动力,值得深刻反思。近年,有不少人研究日本复兴的秘密,其实很简单:

长期重视教育→人民素养高,人才多→科技发达,产品在国际市场有竞争力→经济发达→更重视教育,对教育有更多投资→……反之,则有长期忽视教育→人民素养低,人才短缺→科技落后,产品无竞争力→贫困→更忽视教育,教育投资更少→……这便是教育与经济的良性循环与恶性循环示意图。

就连计划生育问题本身,也必须依靠教育才能彻底解决。事实证明:素养低的人会盲目地生育更多孩子,而这些孩子,多数将得不到好的教育而又盲目地生育;文化程度高,才会自觉地计划生育。所以,目前的计划生育客观上是文化高者一胎,而不少文化低者多生,从而造成平均素养的下降。当然,这决不是否定计划生育的成绩。

孔子:宪法者,国之大法也;教育者,国之根本也。以根本入大法,名正而言顺。国家教育投资,每年应不低于国民生产总值4.5%,以此写入宪法,坚持30年,则教育可兴也。

黄君:1989年的教育经费,在其他皆紧缩的条件下,还增加50亿元,太好了。不过,这是人治,不是法治;如果换成另一位领导人,也可能减少50亿,同时说出一百条理由。有人根据1970年至1985年上百个国家的资料统计,这些年间,世界每年公共教育经费占国民生产总值的4.67%,这还是1985年以前的平均数。所以您提出4.5%,并不过分。这样,群众既看到政府的努力,又想到有宪法保障,大家就放心了,不会每年都大声疾呼了。国家投资是主要的,还应鼓励地方政府投资、社会集资、国际资助、个人赞助以及学校自身筹款等。国家办学为主,还应支持地方办学、社会办学、个人办学。条件具备者,也可办私立大学。

孔子:办学有三要:端正办学思想;改善办学条件;网罗高水平之办学人才。此三者,一虚二实,一软二硬,相辅相成也。

黄君(高兴地):前人论教育,下笔数万言,不能自休。孔老真会概括,能不能请您就教育思想多说几句。

孔子:吾闻之老子曰"要言不烦,烦言不要"。虽然,吾遂汝请。教育之目的,在于提高全民之素养,在于培养专门人才。素养者何?德、智、体、美、劳全面发展是也。新中国成立以来,教育方针数变,可议者多。近曰"教育为经济建设服务""与商品经济相适应",何见之浅！"百年大计,教育为本",岂有百年之本为其他服务、与其他适应之理？若言"教育必须为社会主义建设服务,社会主义建设必须依靠教育",则较全面而近于实际。

孔子：近代教育界佼佼者有蔡元培,主持北京大学,成绩斐然。其所本者,曰民主管理(教授治校、学生自治、领导选举产生),曰兼容并包(容许百家争鸣,注重美育军训),曰网罗与爱护人才(聘请鲁迅、李大钊、胡适、梁漱溟等,首创男女同校,体贴贫穷学生),曰支持爱国学生运动(冒杀身危险,其助手即被害)。其经验未可全抄,其精神则可学习。

孔子：教育形如金字塔,基宽厚而尖高,九年义务教育与职业技术教育是基本,高等教育是其尖。无宽厚则无尖高,无宽厚而望全民素养之提高,难矣。

孔子：步入烈士纪念馆,肃然起敬,邪心顿消,环境育人也。校风为环境教育之首,高尚人格,文明礼貌,严谨进取,科学管理,则校风正矣。

孔子：爱生如爱子。行为管理以严,望其立身正,学术思想从宽,望其学有成。学生有过,我心悲戚,为傅未尽职也。

孔子：总统尚可选举,何况校长。任命制弊大于利。若行政与党委双头领导,弊更大矣。应授予校长以充分自主之办学权,尽量减少行政干预、左右牵制与内部摩擦。

黄君：谢谢孔老的指教。关于办学条件,归纳起来,我想有四个方面：人(人才,包括教师、教辅人员、管理干部、工人等)、财(经费的开源、节流与管理分配)、物(图书、仪器、设备、用品)、建(校园、校舍、运动场等基建)。其中人、财两项又是最重要的,它们形成一个连环：优秀人才开辟财源,丰裕的经济吸引人才。改善教师的待遇,给他们以更多的进修提高机会,是当务之急。列宁在1923年《日记摘录》中说："应该把我国人民教师提高到从未有过的、在资产阶级社会里也不可能有的崇高的地位。"特别是农村的中小学及幼儿教师,他们肩负着1亿以上儿童和青少年教育的重任,而待遇却非常菲薄,小学教师每月工资不过六七十元,民办教师则更少。这是一个被遗忘的世界,替他们说话的声音太小了。电视中见不到他们,电影中也见不到他们,而凶杀、色情的镜头几乎无处不在。教师们一年的思想教育,抵消不了一本下流小说的影响。能不能拍几部歌颂园丁们辛勤劳动的影片呢?危房倒塌砸死学生仍每年都有所闻,能否明文规定,在修复校舍危房以前,不准用公款建楼堂馆所呢?在三土(土房子、土凳子、满身是土的土孩子)环境里授课,教师怎能成为最受人尊敬、最令人羡慕的职业?为什么中小学校舍不能成为当地最好的建筑?

记者正滔滔不绝,忽然他的进口手表响了,时间不早,只好恋恋不舍地起身告别。临行请孔子题辞留念,辞曰:

中华何计可消愁,
教育强国是大谋。
纷纷画工逞新巧,
不图根本亦足$\begin{cases}羞。\\休。\end{cases}$

(1989.4.12)

孔子与鲁迅
—— 文化随思录

历史的启示

近年来文化建设已成为人们的热门话题,所以"热",是由于长时期的"冷"。多年来的思想统治和禁锢,加上十年文化

弗洛伊德
(S. Freud, 1856—1939)

摧残，人们渴求着思想的清新和解放。随着改革开放的迅速发展，西方文化思潮大量涌入，诸如弗洛伊德、萨特(J. P. Sartre, 1905—1980)、尼采(F. Nietzsche, 1844—1900)、迪斯科、摇滚乐、武打和凶杀片等，都一时成为时髦，尽管其中一些在国外已成古董。于是发生一个问题：怎样对待现代的西方文化？热烈鼓掌主张全盘西化者有之，痛心疾首厉声斥责者有之，超然物外听其自流者亦有之。

在我国文化史上，至少有三件大事可供借鉴。一是先秦诸子百家的争鸣；二是佛学的传入，它与我国儒家、道家的交汇以及其后对我国哲学、文学、艺术的影响；三是从清朝开始，西方科学及民主思潮的输入，"五四"运动达到一个高峰，至今仍在发展中。历史证明，各种文化的接触，其结果大都是取长补短相互渗透，凝聚成新的、并存的、更高的文化，而不是以一种文化取代或吞并另一种而告终。原因很简单：各种文化都充满人民的生活气息，具有民族或地方的特色；加之以历史长期严格的考验和筛选，保留下来的大都是精华部分，自有其存在的价值。因此，多种文化的并存与融合乃是必然的结果。

目前西方文化的引入，从大处看，是件好事，问题在于如何取其精华去其糟粕，使其精华与我国传统文化相结合。

一百个第一

我们不可能列举哪些是精华哪些是糟粕，只能作一些粗浅的分析。目前流行的西方文化可大略分为四类：科学技术、民主自由意识、社会科学和哲学、文学艺术。

科学技术无国界，对之主要是吸收，消化和利用。应该考虑我国的需要及经济条件，有步骤地引进，否则必会大量耗费人力和财力，食而不化反受其害。有些课题，虽属尖端，但处于探索阶段，成败未卜而又耗资亿万者，可让别人先试，然后实行"拿来主义"。其实科技中的拿来，乃是普遍现象。一项重要的发明、发现，总是先在某处突破，然后传遍世界，绝少是几国同时突破的。《日本精神》

一书中说:"在日本人看来,不利用国外先进技术而花费精力和资金去搞发明纯粹是愚蠢之举。"这是事情的一面。另一面则应根据国家建设的需要与可能,搞好几项具有重大意义的项目,办出本国的水平和特色。

人生活在开放的环境中,无论自然或社会,都不可能给他以绝对的自由。我们的躯体不断被氧化,被衰老侵蚀,古代许多帝王梦想长生,都传为笑柄,这说明大自然的无情。同样,我们生活在社会中,社会抚育了我,我当然应该热爱祖国,热爱人民,遵守法纪,尊重地方的风俗习惯。这些既是个人道德的表现,也是社会对大家的约束。人们只能在这些约束下谈论民主自由。另一方面,政府应该保护人民,给人民以充分的言论自由;在重大决策上尊重人民的意见;特别是国家的最高领导人,应该在尽可能大的范围内民主选举产生,并严格实行任期制,决不允许私相授受或变相的私传,也不允许在一个小圈子内被指定。国家的政治生活中,没有比选择最高领导人更重大的事件了。1亿人民中的优秀者,比1000人中的优秀者更优秀,这不是极明显的道理吗? 国家最高领导人,应该品德高尚,有最高的智慧,有广博的科学文化知识;在当今文明时代,他们还应有最高或很高的学历,这一点也不容忽视。

西方的社会科学和哲学,无疑有许多珍宝,但也有不少问题。希罗多德(Herodotos,约前484—约前425)的《历史》与我国司马迁(约前145—?)的《史记》交相辉映,永垂不朽;马基雅维利(N. Machiavelli,1469—1527)的《君主论》,说雄主必须兼有狮子的凶狠和狐狸的狡猾,可与我国韩非子的法、势、术学说相媲美。又如弗洛伊德的精神分析论,潜意识说是其精华,但过分强调性的作用,恐系臆断,至于什么"男婴恋母,女婴恋父",则是谬论了。系统地介绍西方哲学各派的观点,罗素(B. Russell,1872—1970)的《西方哲学史》是一部很好的著作。

我国有许多优美的文学作品如《红楼梦》《水浒传》《三国演义》等,但推理小说则很少。《福尔摩斯探案集》独树一帜,值得一读,从中可以学到一些观察和推理的方法。第二次世界大战以后,出现了许多战争小说和间谍小说,其中如《战争风云》等,堪称上乘,读之可添智慧。

不要枉自菲薄,轻视我国的文化与科学,《新华文摘》1987年第6期起,连载了罗伯特·坦普尔写的"中国的一百个世界第一"。火药、指南针、印刷术、造纸、瓷器等为我国首创,这是周知的常识,但未必都知道火柴、漆、米酒、太阳风、太阳黑子、营养缺乏症、西门子式炼钢法、血液循环等的发明或研究,我国也居于世界前列。我国历史科学的完备、博大与精深,恐怕无一他国所能望其项背;至于中国文学、哲学、艺术等的成就,更是有目共睹、交口称誉了。

高素养的人民

何谓"文化"?众说纷纭,莫衷一是,不必在此评述。我们只想讨论一个问题:文化的主要作用是什么?是积累知识,还是丰富生活?我认为,这些都是文化的功能,但不是最主要的,文化的主要作用,应是不断提高全民的素养,包括全体人民的思想品德、科技知识与能力、文学艺术修养和身体健康等各方面的素养。一个民族的文化水平,不只表现在极少数杰出人物的突出成就上,而主要在于全民族的素养。办好几个研究所,在几项课题上赶超世界先进水平,或者培养几个优秀运动员、艺术家,固然很不容易,但还不是最难的;最困难的、同时也是最重要的,是大面积提高全民的素质。这是一片汪洋大海,需要下几十年上百年的大功夫。先进的设备可以引进,而民族的素质是不能引进的。

"二战"以后,人们对国家兴旺的理解有很大的变化。过去说一个国家强大,主要指它的军事力量。能以武力称霸于世者为强国。由于科技发展,这种概念过时了。核战无胜负,现在国家兴旺的含义主要在于破愚贫而立智富。教育普及、科技先进、经济发达、人民文化水平高,才是国家兴旺的基本标志。贫穷不是社会主义,愚昧更不是社会主义。治愚与治贫,是一连环,愚必贫,贫则造成大量文盲而导致平均的愚。要解此连环,必须治愚与治贫同时并举,而治愚则更根本些。1945年日本投降时,许多城市成为一片瓦砾,吃饭成了大问题,日本人却说"要使日本复兴,除教育以外别无他途。我们由于战争而使国家荒芜,没有任何东西可以留给子孙后代,但是至少希望他们受到卓越的教育"(见吉田茂《激荡的百年史》)。仅仅过了两年,到1947年,日本便实行六三制(小学六年,初中三年)教育。长时间的坚持和努力,"使日本得到复兴的日本国民的素质"。作为文化国家,日本终于获得新生,成为经济大国。这也为解开上述连环提供了经验。

我国人口即将超过11亿。人口多并不可怕,可怕的是人口多而素养又低。反之,如果素养高,则人口负担可成为人口资源。高质量的产品出自高质量的劳动者,高素养的人民才能建成高度文明的、富强的国家。10亿人口的大国,靠劳动力输出、靠外援、靠人人经商、或靠国际上偶然的机会(如朝鲜战争为日本提供了订货输出的机会),都不能根本解决问题。唯一的途径是发展教育,提高人民的科学文化素养,而这需要长期的坚持和努力。急于求成,草率从事必将造成严重后果。要知道像日本这样的岛国的振兴也花了近百年的时间(明治维新始于1868年),而持久是最容易被急功好名的领导所忽视的。尽管我国宪法第十九条规定:"国家发展社会主义的教育事业,提高全国人民的科学文化水平",但一些领导人还是口是心非,我行我素,学校危房倒塌,压死学生,仍时有所闻,更谈不上校舍应该是当地最好的建筑了。如果在第十九条中加上一句:"国家每年对教育投资不少于国民生产总值的4.5%,20年不变",也许会切实一些。据1975年到1985年100多个国家的统计取平均值,世界公共教育经费占国民生产总值的4.67%,所以上述要求并不高。

会做许多事却不会做最重要的事

发展教育和科技需要大量资金,一些人视此为畏途。其实做任何大事(如新建一家大厂),初期较多投资是不可少的,然后逐步减少,最后方可进入高效益、低消耗的良性循环。不想通这一点,便做不成任何大事。列·托尔斯泰说:"有些人知道很多东西,却不知道最重要的东西。"同样,有些人会做很多事情,却不会做最重要的事情。而做成一两件大事往往需要多次大拼搏。任何国家的收入都是有限的,问题在于如何分配,而这又决定于政府决心要干成哪几件大事。为了达到目的,就必须压缩其他开支,降低其他项目的发展速度,以便把人、财、物集中到主要目标上来。穷于应付日常事务而无主要目标的领导是平庸的领导。任何伟人也只能做成一两件大事,华盛顿、林肯如此,斯大林、毛泽东也如此。我国的教育事业急待振兴,如果有哪位领导人能对它作出突出贡献,仅此一项就将名垂青史,为后人所永远怀念。尼克松在《领袖们》中说:"当一位领袖遇到了需要他最大限度地发挥才能去应付挑战时,我们方能全面地衡量这位领袖有多么伟大。……没有挑战,他们就不能显示出英雄本色。"振兴教育,这是现阶段对我国的挑战,我们需要能显示本色的英雄。

英明的领导是重要的,但群众办学的积极性也非常重要。地方政府和人民群众中蕴藏着巨大的财力资源,问题在于要让他们尝到或见到教育和科技的经济效益。不久前,河北阳原县出现了"半斤青茭籽,富了一个乡"的好事,说的是由于科学种植青茭而劳动致富。1986年4月11日《人民日报》载:对262个村庄调查,发现家庭收入与成员的最高文化程度成正相关。1984年文盲户人均纯收入为285元,小学生户385元,初中户466元,高中户556元,大专户756元。大专户为文盲户的2.6倍,由此可见,形成"智促富,富促智"的良性循环,不仅是必要的,也是完全可能的。

要利用一切机会普及科学文化知识,例如在电影、电视放映前必须放几分钟的科技文化片,国家花了许多钱去拍几十集马拉松式的电视剧,是否可多拍一些教育片、科技片、文化片、爱国英雄片呢?

人口的输入与输出

人口问题可以看成为一个大系统,出生是输入,死亡为输出,教育、管理等为内部加工。要提高人口质量,首先需抓好出生。计划生育,非常重要,但它只控制数量;优生优育,更加重要,它涉及质量。如果生来呆痴,再好的教育也无济于事。我国呆痴或有其他先天疾病的人相当多,这已成为非常严重的社会问题。大脑的聪明度,至少依赖于三个因素:先天的遗传,脑的营养,后天的教育、学习和实践。遗传如何影响智力,还不很清楚,有正面的例子,也有反面的例子。200年前,美国一位博学多才的神学家嘉纳塞·爱德华,其八代子孙中,13人当大学校长,100多位教授,60多位医生,20多名议员,120人大学毕业,18人当编辑,14人创建大学或专科学校,还有副总统和大使。同时纽约有一酒鬼赌徒马克斯·朱克,其八代子孙中,有300多名乞丐流浪者,7人被判死刑,63人因偷盗等被判刑,喝酒死亡或残疾达400人。这说明遗传有相当大的影响。但另一方面,纽约儿童救护会在50多年中,收留28 000人,其父母多是乞丐流浪者,而这些孩子有87%成为出色或有用人才。伟大的科学家牛顿、法拉第、拉普拉斯等,其父母均泛泛一般。

优生学是一门非常重要的学问,决不要因它曾被种族主义者利用而摒弃,在群众中特别是新婚夫妇中普及优生优育知识是非常必要的。减少近亲联姻、在最佳年龄段怀孕、怀孕前后不受X光照射、不轻用药物、预防疾病、加强营养等,都有利于优生。大诗人陶渊明的儿子都不优秀,有人说这与陶渊明喜欢喝酒而酒后同房有关。

一个民族要有朝气,必须健康人多,青年人多。老龄社会不是理想的社会。健康长寿是好事,苟延残喘则是坏事,特别是身患不治之症,与其长年卧床,不如及时安乐而终。我们应该建立达观的寿命观,把寿命看得淡薄些,为婴儿腾出一些位置。人自茫茫宇宙中凝聚而来,又向茫茫宇宙中消散而去,只是物质存在形式的转变,聚散均得其所,又何足悲。一些人以为长寿很幸福,其实过分长寿则未必。设想我活到120岁,我的亲朋好友大都亡故,子女也已去世,三代以下的儿孙视我如路人,社会视我为负担;更何况我的思维、感官都已衰退,食则无味,听则无声,视则无形,举步摇晃,长夜无眠,人们尽情欢乐,我却浑身疼痛。庄子亡妻,鼓盆而歌,未免太无情义,但到了老年,听其自然,适当减少一些医疗,不是不可取的。生命的价值在于贡献,最长寿的,是那些对人类、对社会作出了卓越贡献的人。列宁、司马迁、诸葛亮和鲁迅,都仅活了54岁左右,然而先生之风,山高水长,他们都将与历史并存。诚如柏拉图(Platon,前427—前347)所说:

倘若你曾在生者中间像晨星那样辉耀,那么在死者群里便会似晚星般闪烁。

《蒙难妇童吁天录》

近来一部分人确实富起来了。劳动致富,应该提倡。但不少人靠邪门歪道发财,为此全国人民为之付出了巨大代价,损失分摊在每个人身上,甚至祸延子孙。这些人兴风作浪,除助长通货膨胀、物价乱涨而外,更严重的是道德败坏,法纪沦亡,社会上一些丑恶现象,已达到新中国建立以来治安最低点(除"文革"中打砸抢而外),而且在更加恶化中,实在令人发指。

下面是一则可靠的报道:

郑州市密县王发财用2000元买来一名18岁的四川姑娘,强行令其与大儿子王老包同居。王老包已经36岁,其貌不扬。姑娘不从,王老包全家动手,先将该女捆绑起来毒打,然后剥光衣服检查,继而用针扎女孩十指,并将她捆在床上双脚朝天,把铁铲烧红反复烙其双脚底板。该女百般求饶,嚎哭之声撕人肺腑,但这些无法无天之徒无动于衷,几次将疼痛休克的姑娘用水泼醒,继续施以毒刑,直至将其双脚烙焦仍不松绑,并把她禁闭起来,让王老包肆意奸淫污辱。该女被摧残得失去常态后,他们又将她转移,继续监禁。

总算万幸,河南省妇联和市、县人民政府采取了紧急措施,受害者才得到了解救。

此其小者也。更有拐卖幼童,断其肢体,驱使行乞以养活头人。

此其小者也。更有可惊者,乃有人说:"人家花了钱买人。你要解救,就得用钱去赎。"而且此种言论,甚至出于某些领导人之口。天下黑心谬论,有过于此者乎?

总之,不少地区贩卖妇女儿童,其惨毒有超200年前美国买卖黑奴而过之。看来需要一部《新黑奴吁天录》亦即《蒙难妇童吁天录》;我们也期待林肯式英雄人物的出现。宪法第三十八条说:"中华人民共和国公民的人格尊严不受侵犯,禁止用任何方法对公民进行侮辱、诽谤和诬告陷害。"政府的职责起码是要保护人民,特别是保护妇女和儿童;不保护人民的政府,也不值得人民去保护。我们深信,我国政府必将采取坚决措施,铲除拐卖童妇、贪污腐化、抢劫行凶等社会公害,重新提倡"为人民服务",使我中华大地,重开文明之花。

孔子与鲁迅

1936年10月19日,文星殒落,鲁迅不幸逝世。许多人送了挽联,佳作甚多。其中尤以郭沫若一联,构思巧而寓意深,录之如下:

孔子之前,无数孔子,孔子之后,一无孔子;

鲁迅之前,一无鲁迅,鲁迅之后,无数鲁迅。

此联不仅高度评价了鲁迅的学术地位与贡献,与孔子相提并论,而且指出了文化史上的两种现象。同为文化巨人,而二者情形却完全相反,这是怎么回事呢?是怎样形成的呢?与政治有无关系?二者对比,各有何意义?哪一种对文化的繁荣更为有利?

因之,我们希望有一本好的中国文化史,系统地研究中国文化的发展及其传统等问题。可惜新中国成立以来,似乎还未出版这样的书。最近重印了柳诒徵(1880—1956)先生的《中国文化史》,那是1947年写的重头书,内容丰富,引述原著很多,有很高的学术价值。当然,我们更期待新的专著的出现。

大自然是喜欢简单的
—— 大题何妨小做

在《三国志·孙权传》中,附有赤壁之战前曹操(155—220)给孙权(182—252)下的战书。此信言简意深,堪称佳作。全文如下:

> 近者奉辞伐罪,旄麾南指,刘琮束手。今至水军八十万众,方与将军会猎于吴。

关系到百万人的生命,题目可谓大矣!然而曹操小做之。文章极短,只相当今天的一封电报,却写得冠冕堂皇,声势逼人。什么我是奉了皇帝的命令讨伐罪人呀!军旗南指,刘琮马上投降呀!言下之意,你也是该讨伐的罪人,何不早走刘琮的路。要不然呢?那……然而他却偏不说"砸烂你的狗头",而是用了一句漂亮的外交辞令:我训练了80万水军,想和你打猎玩玩儿。水军而80万而打猎,够妙的了;至于地点,那可更妙,就在你的老家"东吴"。短短30个字,至少说了八层意思,叫人不得不佩服他文笔高超,如果有谁还嫌长,那不妨改改看。

岂止这封战书而已!遍查《曹操集》,他的书信全很短,《与王修书》算长的了,也不过375个字!曹操目光远大而又脚踏实地。大凡这种人,必定讲究效率,以便赶在作古以前,做完几件要紧的事。所以我想曹操大概和朱元璋一样,是不爱听空、套、废三话的。

1376年,茹太素给朱元璋(1328—1398)打了一个报告,谈五件事,全文17 000字。直到16 500字,才涉及这些事。惹得朱元璋火起,把他打了一顿,算是出了一口闷气,只是太野蛮些。我们今天不能这么办,因而三话老反不掉。

　　然而也不,电报中就反掉了,那原因,大概是"一字费千金"。所以写文章,特别是做大报告,能时时想到一字可费千金,就会大有好处。听众1000人,多讲5分钟,相当于10个工作日。真是:不算不知道,一算吓一跳。

　　其实世界上许多大题目,如果抓住关键,就可小做,而且可以做得很精彩。天上乌云翻滚,电闪雷轰,多少人死于雷击,够吓人的。然而经过富兰克林的研究,用一根避雷针,便能确保平安。18世纪以前,天花流行,英国医生琴纳等人发明牛痘接种法后,天花趋于绝迹。又如牛顿的万有引力公式,爱因斯坦的质能公式,门捷列夫的元素周期表,都是极大的题目,极简单的答案。于是,不得不使人产生一个思想:大自然是喜欢简单的。有些论述所以冗长,计算所以复杂,往往是由于没有抓住本质的缘故。

　　由此可见,大题小做,大题精做,不仅深受群众欢迎,而且也是符合客观实际的。当然,这不是说,每件事都那么简单,特别是当问题尚处于探索阶段时。不过诸葛亮说得好:"非淡泊无以明志,非宁静无以致远。"还是去浮华,重朴实为好。

人与自然的智力角逐
—— 自然科学研究的一般方法

科学研究方法的重要意义

一切先进的科学技术,无一不是建立在对自然规律深刻认识的基础上的。而发现这些规律,并利用它们为实践服务,正是自然科学的任务。自然科学的范围非常广泛,包括数学、物理、化学、天文、地学、生物等。每门学科的研究对象不同,从而方法也不完全一样,各有自己的特点。虽然如此,由于自然界是一整体,各种对象相互联系、彼此制约,因而个性中必然寓含着共性。探讨自然科学研究的一般方法,对于促进科学技术的发展,是有一定帮助的。

万有引力是怎样发现的?电子是怎样发现的?细菌又是怎样发现的?前人怎样从群星争耀、高不可攀的天空找出天体运行的轨道?怎样从瞬息万变、杳不可寻的微观世界发现原子的构造?怎样从万象纷纭、自强不息的生物界理出进化的规律?这许多问题激励着我们,努力寻找新的真理。前人的奋斗精神和科学成果,增强了人们寻求新的真理的信心。前事不忘,后事之师,难道我们不应当从中学习些什么吗?

做任何事情,都要讲究方法。方法对头,才能事半功倍。在科学研究中,方法问题也相当重要。用唯物辩证法武装头脑,对每个

科学工作者都是十分必要的。许多卓越的科学家如爱因斯坦、拉普拉斯等人都非常重视方法。拉普拉斯说:

> 认识一位天才的研究方法,对于科学的进步……并不比发现本身更少用处。科学研究的方法经常是极富兴趣的部分。(《宇宙体系论》)

数学大师欧拉讲课时喜欢讲点轻松的东西,让学生感到惊异,并向他们介绍发现的思想。

科学发现的过程是人类对自然规律的认识过程,是人类对整个客观世界认识过程的重要组成部分。因此,它必须以辩证唯物论的普遍原理、特别是唯物论的认识论作为指导思想。历史事实证明:在马克思主义产生之前,许多重大的科学发现都是不自觉地运用唯物论和辩证法的结果。

我国古代科学家在科学技术上作出了重大贡献。明朝李时珍的名著《本草纲目》,是国内国际一致推崇和引用的重要药典。由于时代的限制,李时珍当然不可能学习辩证唯物论。然而通过长期的实践,他深深体会到,为了完成这项工作,除了要向群众学习、"搜罗百氏"、尽量吸收前人的成果外,还必须深入实际、"访采四方"。因而他不辞辛苦,长年奔走于河南、江西、江苏、安徽等地,收集各种标本和药材,然后分门别类,从理论上进行系统的研究。他的这种坚持实践并提高到理论的科研方法,是不自觉地和唯物论的认识论相符合的。

北宋的沈括,也是从实地考察出发,有许多新的发现。他在《梦溪笔谈》中写道:

> 予奉使河北,遵太行而北,山崖之间,往往衔螺蚌壳及石子如鸟卵者,横亘石壁如带。此乃昔之海滨,今东距海已近千里。所谓大陆者,皆浊泥所湮耳。(《〈梦溪笔谈〉选读》第46页)

他从太行山麓有大量的螺蚌壳以及还有许多海滨常见的卵石两个事实出发,运用自然现象相互联系、不断运动的辩证观点,通过分析比较,发现今天的千里平原,乃是过去的海洋。此外,他又通过对雁荡山的考察,提出流水侵蚀地形的形成原理。他的这些发现,在西欧,直到18世纪末英国人郝登才提出,比沈括约晚700年。

以上说的是成功的事例。当然,有时还有这种情况,如果缺乏正确的指导思想,即使做出了重要发现,也可能熟视无睹。18世纪,化学界流行着一种错误的理论——燃素说,认为:某物体所以能燃烧,是因为它含有一种特殊的物质,名叫燃素。可是,什么是燃素,谁也没有见到过。1774年,英国的普利斯特里,在将氧化汞加热后得到一种新气体,它会使蜡烛烧得更旺。今天,我们知道,燃烧是燃烧物质和空气中的氧相化合的过程。普利斯特里找到的正是氧气。可是,不幸得很,他是一个燃素论的坚持者。他从燃素论的观点出发,错误地解释了自己的发现,说新气体是不含燃素的,碰到蜡烛,便贪婪地从中吸取燃素;既然燃素大量释放,所以燃烧便非常旺盛。这样,他虽然析出了氧气,却不知道自己所析出的是什么。正如恩格斯所说:

> 从歪曲的、片面的、错误的前提出发,循着错误的、弯曲的、不可靠的途径行进,往往当真理碰到鼻尖上的时候还是没有得到真理。(《自然辩证法》)

牛顿的故事更能发人深思。牛顿是卓越的科学家。他在力学三定律和万有引力定律的发现中,在光的微粒说以及微积分学的建立中,贡献是巨大的。然而,令人遗憾的是,像他这样罕见的科学工作者,却同时又是上帝最虔诚的信徒。他在后半生中,竟用了25年的时间来研究神学,企图证明上帝的存在,白白浪费了宝贵的生命。思想如此深刻却又如此荒唐,这是为什么呢?恩格斯说得好:

> 许许多多自然科学家已经给我们证明了,他们在他们自己那门科学的范围内是坚定的唯物主义者,但是在这以外就不仅是唯心主义者,而且甚至是虔诚的正教教徒。(《自然辩证法》,《马克思恩格斯选集》第3卷第528页)

牛顿出身于宗教气氛非常浓厚的家庭,从小受着信奉上帝的教育。当他研究自然现象时,他不能不承认自然规律的客观实在性,因而具有自发的唯物主义思想倾向,认识到行星绕日、彗星遨游、物体落地都是万有引力作用的结果。但当上帝的魔影在他头脑中作祟时,他就迅速地陷入了唯心主义的泥坑,变成了宗教的狂热分子。

由上所述,可见探讨科学研究的方法的重要意义,在于帮助科学工作者自觉地掌握正确的思想方法和工作方法,帮助他们提高科学素养,其中包括对科学的见解、才能和知识;在于从科学发展的长河中,批判和继承前人的观点和方法,作为将来的借鉴,从而认识科学发展的主流、趋势、前沿和远景,以便安排我们的工作;最后还在于帮助科研人员通过自己的实践,更好地学习唯物论和辩证法,使他们成为本行的专家。

科学研究的方法决不仅仅是一个方法问题,而且是与世界观紧密相连的。热爱人民、热爱真理、热爱劳动,是掌握科学方法的重要前提。马克思说:

> 科学绝不是一种自私自利的享乐。有幸能够致力于科学研究的人,首先应该拿自己的学识为人民服务。
> (保尔·拉法格:《回忆马克思恩格斯》)

革命导师在进行任何工作时,对自己都提出最高的要求,态度十分严谨。在对问题的解答尚未完全满意以前,在自认为尚未遍览全部有关资料以前,他们从不公布自己的结论。马克思对自己的作品力求完美充实,事实、内容、观点、结论自不待言,就连文体,他也非常注意。为了使文字简明准确、通俗易懂,他常多次改写底稿,使之成为完整的艺术品。

一个人的理想越崇高,他的工作毅力也就越坚强。毅力产生于理想中,勇气产生于斗争中。缺乏崇高的理想、认真的态度和高涨的劳动热情,就不可能掌握科学的方法。

·我国古代在学术研究中,非常重视方法论。晋朝陆机的《文赋》、梁朝刘勰(约465—约532)的《文心雕龙》,对文章的创作方法作了系统的精辟论述;司空图的《诗品》、严羽的《沧浪诗话》、王国维的《人间词话》以及许多其他著作,对诗词的评价和创作都有所阐发。

清末的梁启超,在他所著的《清代学术概论》第二十六节中,曾比较他和他的老师康有为的治学方法,颇有意思。他说:

> 启超与康有为有最相反之一点,有为太有成见,启超太无成见。其应事也有然,其治学也亦有然。有为常言:"吾学三十岁已成,此后不复有进,亦不必求进。"启超不然,常自觉其学未成,且忧其不成,数十年日在旁皇求索中。故有为之学,在今日可以论定;启超之学,则未能论定。然启超以太无成见之故,往往徇物而夺其所守,其创造力不逮有为,殆可断言矣。启超"学问欲"极炽,其所嗜之种类亦繁杂。每治一业,则沈溺焉,集中精力,尽抛其他;历若干时日,移于他业,则又抛其前所治者。以集中精力故,故常有所得;以移时而抛故,故入焉而不深。

康过于"有我",因而排斥新思想;而梁则过于"从众",故常变主张而不能自造一新学说。但前者在独树一帜而后者在宣传普及新思想上,却各有所得。由于治学方法不同而导致治学成果各异。

梁启超还在《饮冰室合集,专集之十九》中谈到康有为的治学方法:

> 康(有为)先生之教,专标专精、涉猎二条,无专精则不能成,无涉猎则不能通也。

科学实验与辩证思维

科学发现的两大武器是科学实验和辩证思维,简单说来,就是"试"和"想"。我们通过观察或实验,或者向大自然索取第一手资料,或者发现新现象,经过思维,把这些离散的资料联系起来,使之成为一个完整的新的思想体系。检验这个体系的正确性的唯一标准是实践,如果它既能圆满地说明已有的现象(内符),又能正确地预见和指导将来(外推),而且能够多次反复,那么,这就是新的正确的理论体系。

实验与思维,二者不可偏废。机械唯物论者忽视思维,唯心论者贬低实验,都是片面的。

前人说:"一艺之学,智行两尽。"智指思维,行即实践。要养成深思熟虑的习惯,唐甄(1630—1704)在《潜书》中说:

> 心,灵物也;不用则常存,小用之则小成,大用之则大成,变用之则至神。

可见前人深知脑子越用越灵之妙。英国哈雷问牛顿:"你为什么会有如此重大发现?"牛顿说:"由于不断思索的结果。"有些人长于实验,有些人善于思维,兼备这两种才能,甚为重要,却很不容易。历史上有些重大发现,是这两种人共同协作的产物。行星运动三大定律的发现,是这方面的范例。丹麦天文学家第谷用了30年的工夫,长期观察行星的运动,积累了丰富的资料。他的观察才能非常出色,却不幸短于理论分析。幸好的是,在他逝世的前一年,请得一位德国青年开普勒当助手。后者恰好相反,观察技术并不高明,理论研究却很有才华,而且酷爱数学。通过对第谷资料的分析,他起初假设太阳绕地球转,误差总是很大,与观察不符。于是改用日心说,假设火星绕太阳作圆周运动,计算结果仍不理想。最后他大胆创新,提出了"火星的运动轨道是椭圆,太阳位在椭圆的一个焦点上"的假设,结果与观察资料很好符合。就这样,第谷的精确观察与开普勒的深刻研究相结合,导致行星运动三定律的发现。如果没有开普勒,第谷的辛勤积累也许会成为一堆废纸;反过来,没有第谷,也根本不会有开普勒的卓越成就。这些定律的发现,需要大胆的新思想。例如第一定律说"行星沿椭圆轨道运动,太阳位于椭圆的一个焦点上"。通常只能设想圆周运动,因为行星运动时受干扰并不太大,它与太阳的距离应该不变,怎能设想一会儿近一会儿远呢?所以总结出行星运动三定律确实是一个远远超越常人想象的大胆设想。难怪爱因斯坦说:

开普勒的惊人成就,是证实下面这条真理的一个特别美妙的例子,这条真理是:知识不能单从经验中得出,而只能从理智的发明同观察到的事实两者的比较中得出。(《爱因斯坦文集》第一卷,278页)

美国科普作家阿西莫夫说:

在人与自然界斗争的智力角逐中,有三步棋是一定要走的:第一,必须把关于自然界某些方面的观察资料都收集起来;第二,必须把这些观测资料条理化;第三,必须从已经条理化了的观察资料中找出概括这些观测资料的某些原理。(《科学与哲学》1980.4)

至于如何收集资料?如何条理化?如何概括出原理?必须善于实验与思维。

科学研究的一般方法

下面围绕着"实验与思维"这个题目,分成十个问题来谈:

一、选题与收集资料

选择专题,确定主攻方向,是具有战略意义的大事,领导者的远见卓识,主要就表现在这里。提出一般性的具有研究意义的问题需要学识,而指出开创性的新方向则需要巨大的想象力。历史上,伽利略首次提出计算光速的问题,康德、拉普拉斯研究天体的起源,都推动了科学的发展。为了正确选择主攻方向,需要对本学科的发展及目前的动态有较好的了解。任何学科在发展的长河中总有起伏,有进展缓慢的量变时期,也有大破大立、新思想新方向不断涌现的突变岁月。我们应了解目前的处境,这样才能恰当地选定研究的主题。

主题选定以后,下一步围绕它广泛收集资料。要充分掌握前人的研究成果,并尽量熟悉有关的具体事实。收集资料的方式有下列几种:

鲁迅式 为了研究中国小说史,他从上千卷书中寻找所需要的资料,正如他自己所说"废寝辍食,锐意穷搜"。《古小说钩沉》《唐宋传奇集》等书就是他辛勤辑录的成果。这是从文献中收集。

蒲松龄式 "喜人谈鬼,闻则命笔"。他还特意摆上茶,请路过的人来喝茶讲故事。这是向群众索取。

达尔文式 他从1831年踏上军舰作航行考察时开始,远游海外,研究生物遗骸,观察生物习性,前后垂27年,终于写成轰动世界的《物种起源》,恩格斯称颂它是一部划时代的著作。这是直接向大自然要资料。

李贺式 《新唐书》说唐朝著名诗人李贺是:"每旦日出……遇所得,书投囊中……及暮归,足成之……日率如此。"可见他随时随地都在搜集资料,然后"足成之"以制佳篇。

许多重大成果都是长期积累(渐变)与重点突破(质变)相结合的产物。如法国伟大的批判现实主义作家巴尔扎克创作时,关门闭户,不分昼夜,十几天写成一本书,一气呵成。这正是长期积累的结果。"涓涓不息,将成江河";"千里之行,始于足下"。要勤于做笔记,随时记下前人的见解和自己的心得。清代章学诚在《文史通鉴》中说:

  札记之功必不可少,如不札记,则无穷妙绪,如雨珠落大海矣。

1845年,恩格斯出版了《英国工人阶级状况》一书。事先他详尽地研究了前人有关这个问题的全部著作,审阅了各种各样的官方和非官方文件,其中许多是枯燥无味的官样文章。然而恩格斯并不满足,他认为必须以感性知识来充实自己。于是他亲自访贫问苦,倾听工人的意见,并调查他们的住宅、工资及衣食等情况。正是在这样充分掌握资料的基础上,恩格斯终于准确地描绘出一幅关于工人的贫困图画。

二、观察与实验

科研开始于观察,其实岂止科研,就是文学创作、军事行动等也无不如此。孟德斯鸠(Montesquieu,1689—1755)在《波斯人信札》中说：

勇于求知的人决不至于空闲无事……我以观察为生，白天所见所闻所注意的一切，晚上一一记录下来，什么都引起我的兴趣，什么都使我惊讶。

观察是一种才能，表现在能迅速抓住对象的主要特征上。法国短篇小说家莫泊桑曾向文学家福楼拜请教写作的方法，福楼拜（G. Flaubert, 1821—1880）说："请你给我描绘一下这位坐在商店门口的人，他的姿态，他整个的身体外貌，要用画家那样的手腕传达他全部的精神本质，使我不至于把他和别的人混同起来……还请你只用一句话就让我知道马车站有一匹马和它前前后后50来匹是不一样的。"关于这点福楼拜进一步说：

对你所要表现的东西，要长时间很注意地去观察它，以便发现别人没有发现过和没有写过的特点。任何事物里，都有未被发现的东西，因为人们观看事物时，只习惯于回忆前人对它的想法。最细微的事物里也会有一星半点未被认识过的东西，让我们去发掘它。

有些重要的发现是直接由观察得到的。1977年3月，我国及美国等发现天王星有环就是一例，国际天文界称它为自1930年得博发现冥王星以来50年间太阳系天文学的重大发现（以前人们认为行星中只有土星有环）。事情的经过是这样的：1973年英国格林威治天文台预报，1977年3月10日天秤座内的恒星SAO158687将被王天星本体所挡住。根据这一预报，我国及美国等天文界按时进行了观察。出人意料的是，在天王星本体掩之前35分钟，就出现了掩事件，光度计记录了光度读数下降7秒钟后回升，在以后的9分钟内，光度计又下降了4次。每次1秒钟，在本体掩以后又发生了对称的5次掩事件。这说明天王星至少有5个环，主环广100千米，其他环各宽10千米。

观察只能在自然条件下进行，而实验则可由人们事先控制环境、排除干扰、突出主要因素，因而能更好地调动人们的能动性，达到预期的目的。

有各种各样的实验,按其目的分类,有定性实验、定量实验、模型实验、析因实验、模拟实验、理想实验等。

丁肇中
(Samuel C. C. Ting,1936—)

实验需要理论的指导,后者的作用表现在实验的设计思想上,表现在对实验进程和结果的分析、处理与理解上。此外,先进的仪器装置、熟练的操作技巧,都是必不可少的重要的条件。1974年丁肇中等发现J-Ψ粒子,如果不是他们事先花了很大力气以提高仪器的分辨能力,是不可能的。因为早在1970年,美国布鲁克海文实验室就发现过与它有关的奇怪现象,但他们的仪器无法辨认出这是不是由新的粒子所造成的。

三、关于假设

实验的次数是有限的,而人的想象却是无穷。人们通过想象,提出假设,以使有限的资料连续化,并使之外延。假设有待于实践的检验,它是理论的预制品,是发展科学理论的必要途径。恩格斯说:"只要自然科学在思维着,它的发展形式就是假说。"

刘勰在《文心雕龙》中说过两句很形象的话:"神与物游""随物宛转"。他讲的是文章的作法,其实科研又何尝不如此。思维应该追随物质而游动,产生想象,提出假设;同时还要随着事物的发展变化而不断修改假设,使之更好地反映实际。

假设是怎样提出来的?有下列方法:

1. **由特殊到一般** 把在特殊情况下已证明无误的规律,提高为一般情况下的假设,至于它在一般情况下是否也正确,则有待于检验。这是比较重要的一种方法,因为总的来说,特殊比一般要具体些,好研究一些。例如,1856年,巴斯德发现乳酸杆菌是使啤酒变酸的罪魁,后来,他又发现细菌还是使蚕生病的祸首。根据这两次经验,他终于领悟到细菌致病的一般原理,为医学作出了重要贡献。

2. **类比** 相似或对称 已知在情况甲下结论A正确,又知乙与B分别和甲与A相似。于是,自然地提出假设:在情况乙下结论B正确。一般说来,人们对所研究的对象愈陌生,就愈想拿熟悉的东西来和它比较。例如,麦克斯韦把不可压缩的液体与电磁现象对比,因为二者在数量规则上相似。广而言之,许多在质上虽然不同的现象,只要它们符合相似的规律,往往可以运用类比的方法来研究。例如振动理论可用于机械的、电磁的、声的、热的、光的、地质的、天体物理的、生理的等振动现象中,甚至量子力学中的薛定谔方程也是古典波动方程的类似。

大家知道,自然界到处有对称性:阴电、阳电,正面、反面,生物躯体的左右对称,等等。今设在对称的一面某结论是正确的,人们自然想到,在对称的另一面类似的结论也可能成立。1924年,法国人德布罗意正是根据对称和类比的思想,发现了实物的波动性。他的想法是:自然界在许多方面是对称的,而现今可观察到的宇宙是由光和实物组成,既然光有粒子性和波动性,那么,与光对称的实物也应具备这两种性质。

3. **移植** 将某学科中的结果或方法移植到另一学科中。例如移用巴斯德的细菌致病说于医学中而产生抗菌消毒法;移用地震方法以研究月震,等等。

4. **经验公式** 从分析实验数据中找出经验公式以待理论证明,例如开普勒从第谷的观察数据中找出行星运动第三定律:$T^2 = D^3$,即行星公转周期T(以年为单位)的平方等于它与太阳距离D(以日地距离为单位)的立方。

5. **分类** 对已经发现的对象进行分析整理,按照某些重要特征将它们分门别类,从而找出规律以预见将来。我国伟大的药学家李时珍很注意这点,他的分类方法很符合现代的科学原则。生物学中,由于采用分类而逐步引导到"物种起源""生物进化"等重要概念。门捷列夫将元素分类,排成周期表,根据表中空格而预言尚未发现的元素锗,更是脍炙人口的佳话。相反,如果对已有的发现缺乏深入的分析,就很可能即使做出了新发现,也不会认识它。例如,不把已发现的基本粒子分类,人们就很可能不认识 J-Ψ 粒子的重要性而把它当作通常的粒子一般看待。分类的主要问题是按什么分类。必须按主要特征,没有抓住主要特征,不但不能揭露规律,反而会掩盖它们。对基本粒子,人们是按照寿命、自旋角动量、所参与的相互作用等特征来分类的。

四、逐步逼近法

归纳法的主要关键(巨大困难)在于如何找出正确的假设,对此并无确定的程序可以保证把它找到。唯一的办法是采用逐步逼近法。第一次假设如果失败,就应找出原因,以便第二次假设时补救,于是我们前进了一步,如果继续前进,逐步逼近,最后总会找出正确的假设,但可能经历很长的时间,例如药物六〇六是经过605次失败才制成的。至于如何尽可能减少中间的步骤,则有赖于人们的德、识、才、学。例如关于地震的成因,已经有了不少的假说:断层说(地下岩层突然破裂)、岩浆冲击说(地下岩浆冲击岩石)、相变说(岩石中的矿物结晶在温度和压力作用下从一种结晶态变到另一种态,引起突然的体积变化)、地球自转说(自转的突然变慢或加快)、板块说(地壳板块的相对运动)等,虽还没有得出最后的结论,但我们的认识正日益深化,不断提高。其他如癌症病因、太阳系起源等问题也处于类似情况。

五、逻辑思维与科学幻想

经过实践证实的假设就成为理论、公理或定律。人们从公理出发,利用逻辑推理,就可得出第一批新的结论,然后又根据这些结论及原来的公理或新的公理,又可推出第二批结论。如是层层推理,这就是人们的逻辑思维过程。逻辑思维与文学中的形象思维有所不同,后者主要依靠典型的艺术形象,而前者则主要依靠公

理、概念、定理来思维。一个极其光辉的逻辑思维的例证是欧几里得几何学。爱因斯坦说:

> 世界第一次目睹了一个逻辑体系的奇迹,这个逻辑体系如此精密地一步一步推进,以致它的每一个命题都是绝对不容置疑的——我这里说的是欧几里得几何。推理的这种可赞叹的胜利,使人类理智获得了为取得以后的成就所必需的信心。如果欧几里得未能激起你少年时代的热情,那么你就不是一个天生的科学思想家。

列夫·托尔斯泰在他的名著《战争与和平》中也讲到学几何的故事:老亲王鲍尔康斯基热心于教女儿玛利亚学几何学,每次都吓得她心惊胆战;他走到女儿身旁坐下说:"小姐,数学是一门庄严的功课,它会把你脑子里的无聊念头赶出去。"这位老亲王不懂得教学方法是无疑的了,他却能欣赏数学的"庄严"。这庄严,就是几何学中逻辑思维的严密性。数学在科学方法中占有重要地位,有人认为:科学方法乃是归纳与实验的结合、演绎与数学结合的产物。

虽然如此,逻辑思维还只是全部思维的一方面,另一方面,有时甚至是更重要的一方面,是科学幻想。千里眼、顺风耳、腾云驾雾早已成为现实。罗巴切夫斯基几何起初被称为幻想几何,后来却被证实为很重要的一种非欧几何。科学幻想虽然大大超越了它的时代,超越了现实的条件,略去了许多中间的推理步骤,却提出了最终的奋斗目标,因而往往能推动科学的跃进,所以列宁说"幻想是极其可贵的品质"。科学如此,文学也如此。高尔基说:"如果没有虚构,艺术性是不可能有的,不存在的。"车尔尼雪夫斯基也说:"诗情中的主要东西,是所谓创作幻想。"在科学研究中,不仅要学会严格,而且要善于不严格。严格可以使人循序渐进,而正确的不严格却可能出奇制胜,许多新理论,如数学中的微积分,起初总是以不太完善、不很严格的形式出现,随后才是完善化、严格化,正确处理科学幻想和逻辑证明这一对矛盾,是不可轻视的。

科学幻想常被戴上唯心主义的帽子,或者被各种所谓的"极限论"所扼杀,但历史却证明,错误的正是极限论者自己。1856年,实证主义的创始人孔德(Conte,1798—1857)断言天体的化学成分永不可知,但三年后发明的光谱分析立即推翻了他的不可知论。1964年,巴黎大学教授俄歇(Pierre Auger)又提出了四个极限:一为观察的极限,即观察的范围不能超过100亿或150亿光年;二为旅行的极限,人类不能访问其他行星系;三为能量的极限,不能达到极强的宇宙线的天然能量(10^{18}电子伏);四为人类的思维能力是有限的。其中第一个极限已快超过了,第四个是不可知论的翻版,第二、第三个混淆了人类"今日做不到"和"永远做不到"的界限,它们迟早会被事实所推翻。

人类的认识能力无限,同样,人类的创造能力也是无限的。我深信,人类一定会造出比人更聪明的机器。大自然既然创造了人类,将来必定会创造更聪明的生物,而在人的合作下,这一创造过程会大大缩短。

六、智力的超限

我们在电影中,有时会看到这样的镜头:一位平日弱不禁风的老太太,某时由于高尚思想所驱动,竟背起了一位伤员,逃脱了敌人的追捕。这是"体力的超限"。在科学研究中,也会出现"智力的超限"。某人长时期苦苦思考一个问题,他的头脑中已积累了许多有关信息,经过大脑不断加工,他的思想已白热化了。忽然在某一刹那,或由于思路的接通,或由于外界的启发,他的思维立即由常态飞跃到高能的受激态,他超越了自己,超越了他平均的智力水平,完成了"智力的超限",问题便迎刃而解。这时他必须抓住机会,乘胜前进,否则时机一过,便会恢复常态而失去灵感。并非夸张

高斯
(Carl Friedrich Gauss,
1777—1855)

地说,不经过这种智力超限,是很难取得重大突破的。哈雷(彗星的研究者)问牛顿:"你为什么会有如此重大的发现?"牛顿说:"由于不断思索的结果。"数学大家高斯说,有一条定理的证明折磨了他两年,忽然在一刹那间像闪电般想出来了。在科学中如此,在文学艺术和其他创造活动中也有类似情况,德谟克里特曾说:诗人只有处于一种感情极度狂热或激动状态下才会有成功的作品。柏拉图接受了这种诗人迷狂的理论。我们常见到乐队的指挥也处于迷狂状态。无怪乎木村久一说"天才就是入迷"。

七、实验与思维的相互促进

人们通过观察或实验,发现新的事物,这些新事物往往不是原有的理论所能解释的,于是激励人们通过思维以创立新理论,这种新理论,又预见一些尚未发现的事物,等待人们通过观察或实验去检验。如是继续下去,我们称之为一个"发现过程",记为

"实验→新事物→新理论→新事物→实验→"
　　　　　(发现)　　　　　(预见)

许许多多这样的"发现过程"汇总成整个科学发展的大过程,由此可见,实验与思维是相互促进的。

任何发展过程都有它的幼年、壮年和老年,每个发现过程也是如此。一般说来,新事物之出现为其幼年,理论上突破为壮年,随后它的影响逐渐衰减,不能再导致新的发现时达到老年。有些发现过程的寿命很长,而另一些则短些。由 1895 年伦琴发现 X 光所揭开序幕的放射性元素的发现过程,由 1928 年弗来明发现青霉素所开始的抗菌素的发现过程,等等,至今仍有其强大的生命力。许多发现过程此起彼伏,汹涌澎湃,共同汇成自然科学飞速发展洋洋壮观之图景。

八、关于实践检验

实践是检验真理的唯一标准,这是马克思主义的一条基本原理,是非常正确的。能获得许多实践活动所检验的理论,连最顽固的不可知论者,也会在事实面前哑口无言。不可知论者有时所以

嚣张,常发生在短时间难以用实践检验的问题上。例如:宇宙有限还是无限？时间有无开头？天体(生命、元素等)如何起源？对久已废弃的玛雅文字如何解释？哥德巴赫问题、费马问题,等等。这些问题所以难于检验,或者由于它们涉及无限,或者由于难于重现。在这些短时间内难以用实践检验的问题上,科学家特别需要辩证唯物论的指导,才能保持清醒的头脑而不迷失方向。

九、理论与实际的关系

正确处理这一关系,对科学的发展影响极大:片面强调任何一面而忽视另一面,必然会造成严重后果,这是历史事实所多次证实了的。理论联系实际,是处理这一关系的唯一正确方针。有些基本理论很快就得到应用,而另一些却等待了很长时间。公元前350年梅尼莫(Menaechmos)发现的圆锥曲线(包括椭圆、抛物线、双曲线),经过公元前220年左右的阿坡罗尼阿斯(Appollonius)的苦心研究,发展成为相当完美的理论。然而,在随后的近2000年里,它几乎没有得到应用,直至开普勒、牛顿用它来研究行星的轨道,才取得了巨大的成功。另一方面,奥托·哈恩(Otto Hahn)发现核裂变后,仅六年(即1945年)就爆炸了第一颗原子弹。由此可见,从理论到应用的时间,不仅依赖于理论本身,而且涉及其他科学技术的发展水平,涉及社会实践的需要。在这个问题上不能操之过急。据说,昆虫学家施万维奇终生研究蝴蝶翅膀上的花纹,遭到许多嘲笑,说这是十足脱离实际的繁琐哲学。然而,由于列宁格勒被希特勒匪徒所围困,军事目标必须伪装起来,这时,人们发现对蝶翅花纹的构图原则只有十分模糊的概念,于是吸收施万维奇参加工作。结果他对保卫城市免于空袭作了十分巨大的贡献。这个故事说明理论储备是重要的。当然,在制订科研计划时应考虑实际需要而有轻重缓急之分,但这与反对、排斥基本理论完全是两回事。

十、组织与领导

科研是面对大自然的永无休止的战斗,既要有善于冲锋陷阵的优秀战士,又要有多兵团的有机配合,更需要卓越的各级指挥员。科学发展愈深入,它的社会化程度愈高。现在,牛顿式、爱迪生式的个体和小集体的劳动者固然很重要,但科学发展的主流不能不是整个国家甚至国际间的大兵团作战。这样,就必须研究科学本身,包括现阶段的主攻方向、各学科间的配合、队伍的组织、基地的建设,等等。目前新兴的科学学就是应需而生的一门新学科,值得很好注意。

在旧中国,科学家的社会地位低下,近于皇帝大官们的弄臣。司马迁说:"文史星历……固主上所戏弄,倡优所畜,流俗之所轻也。"许多能工巧匠和科学家,过着"科穷而后工"(穷困潦倒地从事优秀的科学工作)甚至"科工而后死"(科研取得卓越成就后被迫害致死)的悲惨生活。赵县石桥,雄视千载,然而桥的修建者李春,却默默无闻。如果不是唐朝张嘉贞在《安济桥铭》中记一笔,甚至连他的名字也不会为后人所知。张嘉贞说:"赵州洨河石桥,隋匠李春之迹也。制造奇特,人不知其所以为。"又说:"非夫深智远虑,莫能创是。"《天工开物》的作者宋应星愤然地说:"请那些热衷于科举大事业的人,把这本书扔到一边去吧!它对于猎取功名、追求高官厚禄是毫不相干的。"东汉名医华佗,医艺超群,万代景仰,却不幸被曹操所杀害,令人发指。此外,谁又能想到,人造卫星的第一位总设计师科罗廖夫是被判死罪的苦役犯,卫星上天后,仍不能公开露面,1966年因劳累过度而死于心力衰竭。

科学发展越深入,难度也越大。但这只是问题的一方面,另一方面,科学愈前进,人类的知识和经验也愈丰富,仪器和技术也愈精巧,这些又为新跃进创造了条件。目前,我们正处于生产和科技飞速发展的年代。可以期望,在不久的将来,一个新的科学技术革命即将出现。它将在征服宏观与微观世界、改良和创造新的生物品种、利用新能源和新资源、提高产品质量、生产自动化以及攻克疑难病症、预防自然灾害等问题上取得重大进展。

科研是面对大自然的永无休止的战斗,既要有勇于冲锋陷阵的优秀战士,又要有卓越的指挥员。此外,还需要多兵种、多才能的有机配合。随着研究层次的深入,科研社会化的程度也日益增长。现在,牛顿式、爱迪生式的个体或小集体的劳动固然很重要,但科研的主体却不能不让位于国家甚至国际间的大兵团作战。因此,科学研究的方法就显得越来越重要了。为了指挥战斗,就必须研究科学本身,其中包括研究现阶段的主攻方向、科研院所的有机配合、队伍的组织、仪器设备和基地的建设、成果和情报的及时交流,等等。

科学发展过程中的突破

自然科学的重大突破,标志着人类对自然规律的认识有了新的飞跃,基础理论有了重大的进展,并常能促进科学技术的发展,甚至带来重大的技术革新或技术革命。历史上电磁理论的建立导致工业电气化,原子核结构及核裂变规律的发现导致原子能的释放与利用,都是突破的重要先例。

一、突破的方法

主要有两大类:或者从实验上突破,或者从理论上突破。详细说,可分为下列七种:

第一,通过实验或观察而发现新现象或新事物,从而打开了新领域的大门,或者揭开了某项发展的序幕,或者使研究进入了一个新层次。众所周知,自然界呈现着层次结构。例如,物理学研究的对象可分为五个层次:基本粒子、原子核、原子与分子、聚集态及天体。生

克里克、沃森(左)及其 DNA 模型

物学的研究对象可分为群体、个体、细胞及分子等四个层次。使我们的认识深入一个新层次的发现,都是一次突破。例如,细胞的发现,使生物学的研究由个体水平进入细胞水平;随后,1953年沃森和克里克发现DNA的双螺旋结构,诞生了分子生物学,研究对象又由细胞水平深入到分子水平。细菌的发现为医学开拓了新方向,青霉素的发现揭开了抗菌素研究的序幕。青霉素的发现具有一定的偶然性,由此可见,偶然发现是何等重要。

第二,通过实验或观察,证实了理论的预言,从而把理论大大推进一步。例如1928年,狄拉克从电子运动的方程出发,预言存在着一种具有负能量的电子。这一思想,在当时确实大胆到近乎荒谬。然而,三年后,美国的安德森在分析宇宙射线的照片时,发现了一种新粒子,它的电荷为正,质量与电子的相同,取名为正电子,从而证实了狄拉克的预言。这一发现,吹响了科学界向粒子世界进军的号角。

第三,由于攻克某一久悬未决的重大问题,解放了人们的思想,开辟了新的研究方向。例如,罗巴切夫斯基研究平行公理而发明新的几何学。

第四,根据最新的实验成果,提出新的公理或假说,建立新的思想体系。例如普朗克的量子论、爱因斯坦的相对论、康德的天体起源说。

重大理论的共同特征是能把许多似乎无关的事实联系起来。地球绕日、彗星遨游、苹果落地,表面上毫不相干,但牛顿证明它们都是万有引力的结果。同样,生物进化论也是如此。这样,人们便不得不把这些理论列入人类智慧的伟大成就之林。

第五,广泛收集证据,严谨地论证并推进某一学说。例如关于原子论的多次突破(电子的存在、原子核的结构、中子的发现)、生物进化论等。

第六,提出新理论,圆满地解释新发现的奇特现象,并作出正确的预言。1911年,人们发现,当温度下降到4K以下时,水银电阻突然趋于零,这就是超导现象首次发现。电阻完全消失后,电流就会长期持续下去,这当然是非常有意义的事。如何从物质的微观结构找出形成超导的原因,却是一个重大的并且是困难的理论问题。它是在 1957 年,由美国的老科学家巴丁、30 岁左右的库柏和 20 多岁的研究生施里弗所共同提出的超导微观(BCS)理论所解决的,由此他们获得 1972 年诺贝尔物理学奖。巴丁是发明晶体管的老将,由于库柏熟悉量子场论和数学物理方法,巴丁请他来一起协作,他们既认真研究了前人的成果(导电电子与晶格振动的相互动作、能隙的存在、速度空间的凝聚),又提出了新的概念:两个电子组成的对——库柏对,最后由年轻的施里弗用简单方法所突破。这一故事说明多种科学、多种才能的联合作战是强有力的。

第七,由于引进先进技术、改善实验设备,大大提高了人们的认识和思维能力,从而打开了新局面。现在用场离子显微镜可以看到直径只有 3 纳米的原子,用射电望远镜可以观察 100 亿光年远的天体。电子计算机原来主要用于高速计算,最近用它解决了数学上 100 多年久悬未决的四色问题。这件事的重大意义,在于表明机器可以帮助思维作出逻辑证明。这是 1976 年的事。后来又报道,电子计算机帮助人们证明:由 317 个 1 构成的数是一素数。这些光用人力是很难做到的。

二、目前面临着理论上的大突破

目前是科学实验与技术领先而理论则相对落后的年代,其原因是由于实验仪器设备不断改善,人类的感官深入到许多以前无法到达的领域,从而使感性知识积累的速度空前提高。例如,关于火星、金星和其他星系的新知识越来越多,新的粒子层出不穷。这就向理论提出了许多新问题,要求建立像当年的量子论、相对论那样崭新的理论来统率一些新发现,而这种理论的建立,则需要很长的时间和非凡的智慧。一些人预测,将取得重大进展的学科有计算机科学、物理学(基本粒子的一般理论,光纤通信,把引力、电磁力、核力等结合起来的普遍理论,反物质在宇宙中的扩散程度等)、生物学(例如遗传工程)等。当然,这并不排斥其他学科、其他问题,甚至通常视为"冷门"的领域也可能发生重大突破。

学习爱因斯坦的科学研究方法

爱因斯坦是历史上罕见的伟大的科学家,学习他的科研方法对后人无疑是很有益的。

一、关于建立新的思想体系

屠格涅夫说:

……在一切天才身上,重要的是我敢称之为自己的声音的一种东西……重要的是生动的、特殊的自己个人所有的音调,这些音调在其他人的喉咙里是发不出来的……一个有生命力的富有独创精神的才能卓越之士,他所具有的重要的、显著的特征也就在这里。

那么,爱因斯坦所有的"自己的声音"是什么呢?依我看来,这就是他多次反复谈到的需要建立新的思想体系。爱因斯坦的方法基本上是演绎法,而演绎法的依据是思想体系。他不太重视经验定律和归纳法,认为这样只能停留在经验科学的水平上。他说:"适用于科学幼年时代以归纳为主的方法,正让位于探索性的演绎法"(《爱因斯坦文集》第一卷,第262页),"没有一种归纳法能够导致物理学的基本概念。对这个事实的不了解,铸成了19世纪多少研究者在哲学上的根本错误"(《爱因斯坦文集》,第一卷,第357页)。他认为:经验科学的发展过程就是不断归纳的过程;人们根据小范围内的观察,提出经验定律或经验分工,以为这样就能探究出普遍规律,其实这是不够的,这不能

思考中的爱因斯坦

使理论获得重大的进展。那么应该怎样做呢？应该"由经验材料作为引导","提出一种思想体系，它一般是在逻辑上从少数几个所谓公理的基本假定建立起来的"(《爱因斯坦文集》第一卷，第115页)。对这个体系的要求，应该是能把观察到的事实联结在一起，同时它还具有最大可能的简单性。所谓简单性是指"这体系所包含的彼此独立的假设或公理最少"(《爱因斯坦文集》第一卷，第299页)。大家知道，相对论的公理只有两条，相对性原理(任何自然定律对于一切匀速直线运动的观测系统都有相同的形式)和光速不变原理(对于所有惯性系，光在真空里总以确定的速度传播)。

至于思想体系的内容，它应该由"概念、被认为对这些概念是有效的基本定律，以及用逻辑推理得到的结论这三者所构造的"。基本定律有时就指公理。

如何建立思想体系？爱因斯坦认为科学家的工作可分为两步：第一步是发现公理，第二步是从公理推出结论。哪一步更难些呢？他认为，如果科研人员在学生时代已经得到很好的基本理论、推理和数学的训练，那么他在第二步时，只要有"相当勤奋和聪明，就一定能够成功"。至于第一步，即要找出作为演绎出发点的公理，则具有完全不同的性质，这里没有一般的方法，"科学家必须在庞杂的经验事实中间抓住某些可用精密公式来表示的普遍特性，由此探求自然界的普遍原理"。其实，善于抓住公理，除了研究人员的远见卓识、革新精神和非凡的科学洞察力外，他还必须站在历史的转折点上。"时势造英雄"，让历史为他提供条件和选择，时机未成熟，是不可能的，正如牛顿不可能抓住光速不变原理一样。如果公理选择得当，推理就会一个接一个，其中一些是事先难以预料的。牛顿力学、相对论、普朗克的量子论都是光辉的榜样。

爱因斯坦富于革新精神，这表现在他对一些人们认为不证自明的概念如"同时性""质量"等的重新考虑上。在他看来，许多所谓常识的东西其实不过是幼年时代被前人灌输在心中的一堆成见，这堆成见是需要重新审核的。它们很可能是由于我们只处于宇宙一个局部领域而见到的特殊现象,并不是宇宙的一般规律。例如,物体运动时长度似乎不变只是低速世界的特殊现象,长度随着速度而变化才是宇宙的一般规律。

爱因斯坦多次强调客观规律的存在及其可知性,所以他基本上是一位自然科学的唯物论者。他说:

> 要是不相信我们的理论构造能掌握实在,要是不相信我们世界的内在和谐,那就不可能有科学。(《爱因斯坦文集》第一卷,第379页)

> 相信世界上在本质上是有秩序的和可认识的这一信念,是一切科学工作的基础。(《爱因斯坦文集》第一卷,第284页)

二、关于科研才能

通过爱因斯坦对一些科学家的评价,可见他很重视下述几种才能:

(1) 想象力 爱因斯坦的方法既然主要是演绎的,所以他特别强调思维的作用,尤其是想象力的作用。他认为科学家在探讨自然的秘密时,"多少有一点像一个人在猜一个设计得很巧妙的字谜时的那种自由",他需要极大的想象力。不过"他固然可以猜想以无论什么字作为谜底,但是只有一个字才真正完全解决这个谜"(《爱因斯坦文集》第一卷,第346页)。同样,自然界的问题也只有一个答案,所以最后还是应该受实践的检验。在谈到想象的重要性时,他说:

> 想象力比知识更重要,因为知识是有限的,而想象力概括世界上的一切,推动着进步,并且是知识化的源泉。严格地说,想象力是科学研究中的实在因素。(《爱因斯坦文集》第一卷,第284页)

想象力之对于科学,其重要性不下于它之对于文学。文章如无想象,就会成为一潭死水式的帮八股。同样,科学如无想象,就很可能停留在一些皮表的、抓不住本质的经验公式上。不过二者之间也有不同,科学中的想象最后要受到实践的毫不留情的检验,而文学创作中的想象虽然也应反映客观实际,但却比较灵活,例如,小说中某角色的结局不必是唯一的。

(2) 直觉的理解力　爱因斯坦赞扬玻尔说:"很少有谁对隐秘的事物具有这样一种直觉的理解力,同时又兼有这样强有力的批判能力。"(《爱因斯坦文集》第一卷,第180页)评论埃伦菲斯特时说:"他是有充分发展的、非凡的能力,去掌握理论观念的本质,剥掉理论的数学外衣,直到清楚地显露出简单的基本观念。这种能力使他成为无与伦比的教师。"

(3) 数学才能　这是演绎法所必不可少的。在谈到牛顿时,爱因斯坦说:"他(牛顿)不仅作为某些关键性方法的发明者来说是杰出的,而且在善于运用他那时的经验材料上也是独特的,同时他对于数学和物理学的详细证明方法有惊人的创造才能。"(《爱因斯坦文集》第一卷,第222页)爱因斯坦的数学已经是很好的了,但他说:"我总是为同样的数学困难所阻。"(《爱因斯坦文集》第一卷,第453页)由于研究的需要,他专门请了一个很强的年轻的数学助手。

以上的几种才能是关于思维方面的,而关于科学实验方面都没有提及,这是不必惊异的,因为爱因斯坦本人主要注意演绎法。由于时代的限制,他的方法论并不是完全无可非议的,例如对归纳法的轻视、强调"自由创造"等,但每个人都不可能十全十美,不能要求他成为完人。

三、关于爱因斯坦的几件事

读爱因斯坦的作品,除因他的非凡智慧而深受教益和启发外,还为他的人格、精神所熏陶。首先是他为科学真理而献身的精神。爱因斯坦生于1879年,死于1955年,他努力工作,至死方休,为人类作出了卓越的贡献。他主持正义,热爱人民,反对侵略战争。1914年,他任德国普鲁士科学院院士时,第一次世界大战开始,德国的权威学者92人发表联合声明,替德国的文化作辩护,爱因斯坦拒绝在这个声明上签名,这在当时是震惊世界的事件,那时他

35岁。第二次世界大战中,为了筹备经费反对希特勒的侵略,有人请求他把1905年发表的相对论原稿拿出来。他回答说这篇稿子未必还存在,它在《物理纪年》的档案库里,不可能去拿,但他愿意把这30页的文章亲手重抄一遍。1944年,美国国会图书馆以600万美元的高价买去。

下面是一封信,其中反映了爱因斯坦对资本主义社会的批判。1938年,美国总统罗斯福要求爱因斯坦写一封"致后人书",这封信连同其他文件装进一粒空心钢弹中,弹上写明5000年后,即6939年开拆。这颗钢弹保存在纽约的东北郊一口15米深的井里。信的内容是:

我们的时代富于创造思想。我们的发现本可以大大地使我们的生活轻松愉快。我们利用电能横渡大洋,使用电能来减轻人类繁重的体力劳动。我们学会了飞行,我们利用电波很容易地把消息发到全球各处去。

但是,虽然有着这一切,我们的商品生产和分配是完全无组织的,人们必须生活在忧虑中,担心被人从经济生活中抛出,失去一切。除此之外,生活在不同国家中的人们每隔一个长短不等的时间就要进行互相杀戮,因此,每一个想到未来的人必然都生活在经常的忧恐中。

我相信,我们的后人将怀着一种理所当然的优越感读上面这几行文字吧!

阿尔伯特·爱因斯坦 1938,8,10

350年前,英国出了一个牛顿,后来又出了达尔文;100年前,德国出了爱因斯坦;下一个该出在哪里呢?不久前有人说过:中国应该出自己的爱因斯坦。这句话说得好极了。我国人民非常勤劳,非常聪明,非常勇敢,我国在古代尚且做出了巨大的成绩,今天,生活在幸福的社会主义时代,理应对人类作出更大的贡献。我们不仅要有第一流的技术,而且要出第一流的科学理论家!在新中国,这种人才完全可能培养得出来。

精神的浩瀚　想象的活跃　心灵的勤奋
—— 再论爱因斯坦的科研方法

爱因斯坦是历史上罕见的、卓越的科学家。他所创建的相对论,不仅使物理学获得了革命性的进展,而且刷新了人们对时间、空间等基本概念的认识。他在光量子论、布朗运动的研究中,也取得了重大成果。此外,他还在宇宙、统一场论等方面做了开拓性的工作。人们自然要问:他是怎样取得这许多成就的?最近出版了《爱因斯坦文集》,周培源先生还写了序,这对我们研究爱因斯坦,有很大的帮助。

拉普拉斯说:

> 认识一位巨人的研究方法,对于科学的进步……并不比发现本身更少用处。科学研究的方法经常是极富兴趣的部分。(《宇宙体系论》)

每一位富于创造、勇于革新的人,总有他自己的特点,他自己的"音调"。那么,爱因斯坦的工作方法,又有什么特点呢?有什么可供我们借鉴的呢?爱因斯坦曾多次谈到,需要建立新的思想体系。建立新的思想体系,这正是他自己的工作非常突出之处,让我们就从这里谈起吧!

人们要研究某个问题,总得先收集有关资料,尽量吸取前人的成果、方法、经验和教训,这样才能站在"巨人的肩上"(牛顿语)。

但为了比前人看得更远,光站在肩上还不够,还需要通过新的观察或试验,向大自然索取更多的新资料,并运用辩证思维,对它们进行分析整理,以获得新的认识。至此,爱因斯坦与常人并无显著不同,他和我们一样,也非常重视基本理论的学习,重视来自实际的经验和事实。

然而,接下去分歧便开始了。怎样对资料进行理论分析呢?常见的办法是把试验结果归纳成一些经验定律或经验公式,希望通过它们合理地解释过去并预见将来。爱因斯坦却不以为然,他认为这样做还很不够,这样做不能使理论获得重大进展,因为这些公式最多只概括了局部的、有限多次的经验,对全局来说,对无限的总体来说,它很可能是错误的;何况还"因为它忽略了直觉和演绎思维在精密科学发展中所起的重大作用"(《爱因斯坦文集》第一卷,下同此书)。

那么,应该怎么办呢?爱因斯坦说:"适用于科学幼年时代以归纳为主的方法,正让位于探索性的演绎法";应该"由经验材料作为引导,……提出一种思想体系,它一般是在逻辑上从少数几个所谓公理的基本假定建立起来的"。对这个体系的要求,应是能把观察到的事实联结在一起,同时它还具有最大可能的简单性;所谓简单性是指"这体系所包含的彼此独立的假设或公理最少"。大家知道,狭义相对论的公理只有两条:相对性原理和光速不变原理。至于思想体系的内容,它应由"概念、被认为对这些概念是有效的基本定律以及用逻辑推理得到的结论这三者所构造的",也就是通常所说的概念、公理和定理三部分。

作为自然科学史上第一个思想体系的光辉的例子是欧几里得几何学。如果欧几里得当年只满足于把丈量土地所得的具体结果,归纳为若干条经验定律,那么,几何学的发展也许会延误许多年。但他不这么办,他破天荒地开辟另一条大路,即建立了一个演绎法的思想体系。欧几里得的巨大历史功勋,不仅在于建立了一种几何学,而且在于首创了一种科研方法。这方法所授益于后人的，甚至超过了几何学本身。欧几里得几何学所以雄视数学界垂2000年，至今仍是每个中学生必须精读的内容，其原因正在于此。"蜀地名花擅古今，一枝气可压千林"（陆游诗句）。欧几里得几何学可以算是一枝名花了。它前无古人而后有来者，牛顿的力学，爱因斯坦的相对论，都是在它影响下的后起之秀。

于是，我们碰到了一个大问题：如何建立思想体系？爱因斯坦回答说：理论家的工作可分成两步，首先是发现公理，其次是从公理推出结论。哪一步更难些呢？如果科研人员在学生时代已经得到很好的基本理论、逻辑推理和数学的训练，那么，他走第二步时，只要有"相当勤奋和聪明，就一定能够成功"。至于第一步，即要找出演绎出发点的公理，则具有完全不同的性质。这里没有一般的方法，"科学家必须在庞杂的经验事实中间抓住某些可用精密公式来表示的普遍特性，由此探求自然界的普遍原理"，请注意"经验事实"这几个字，它们表明了爱因斯坦方法论中的主流是唯物主义。公理必须来自客观实际，而不能主观臆造，否则，就有陷进唯心主义泥潭的危险。

如果我们还不满足，还要进一步问到底：怎样才能抓住那些"普遍特性"呢？看来，要编制一个找到它的万能程序，是不可能的。因为这个问题的解决，主要依赖于研究人员的德、识、才、学，依赖于他们的科学想象力、洞察力和劳动热情。否则，我们就难以理解，在相似条件下，为什么恰恰是这个人，而不是旁人，做出了显著的成绩。因此，最好还是让我们来研究爱因斯坦吧！

任何重大进展，必定有许多先驱为它献出了智慧，最后轮到一个人或一些人来完成。这些人必须恰好站在历史的转折点上，太早了不行，太晚也不行。天下鼎沸，群雄逐鹿，捷足者先得。这些捷足者，按照狄德罗的说法，必须具有"精神的浩瀚，想象的活跃，心灵的勤奋"。

少年时代的爱因斯坦善于"惊奇"，他对自然界的一些现象，不是等闲视之，而是有强烈的好奇心，这使他的求知欲永远得不到满足,对自然的探索,也永远不能停止。4岁时,他曾为一只罗盘的指针而"惊奇":它应有无穷多个方向可以挑选,却为什么总是偏爱南方?他想:"一定有什么东西深深地隐藏在事情后面。"12岁时,他又为欧几里得几何而"惊奇":几何学的"这种明晰性和可靠性给我造成了一种难以形容的印象"。毫无疑问,几何学对他后来建立相对论,不仅提供了工具,而且给予了方法论的启示。

青年时代的爱因斯坦,在物理、数学等方面打下了坚实的基础,对一般自然科学也有浓厚的兴趣和广博的知识。12—16岁时,他已经熟悉了基础数学,包括微积分原理。17岁上大学后,"大部分时间都是在物理实验室里工作,迷恋于同经验直接接触"。其余时间,则主要用于自学理论物理。这些,为他后来的工作做了很好的准备,使他既能深刻地理解当前物理理论和实验的最新成就,又能娴熟地运用数学工具;正是数学这个强大的逻辑推理工具,把他的科学想象变成了科学定律。此外,他还聚精会神地阅读了伯恩斯坦的《自然科学通俗读本》。这部有五六卷的优秀作品,成功地帮助他了解到整个自然科学的主要成果和方法。从学习方法上看,爱因斯坦也有出众之处。他善于"识别出那种能导致深邃知识的东西,而把其他许多东西撇开不管";"在所阅读的书本中找出可以把自己引到深处的东西,把其他一切统统抛掉,就是抛掉使头脑负担过重和会把自己诱离要点的一切"。这样,他就把全部精力集中在最能发挥自己的创造性与能动性的问题上。

爱因斯坦对哲学始终有浓厚的兴趣。年轻时,他和几位挚友经常热烈地讨论马赫、休谟、斯宾诺莎、彭加来等人的哲学和科学著作,后来他们亲热地戏称这个小集体为奥林比亚科学院。这些著作中固然有不少糟粕,却大大开扩了他们的眼界,并帮助他们抓住认识论、方法论以及科学上的重大理论问题,抓住事物的本质和总体,而具有总体观,乃是高级才智的一种标志。这样,爱因斯坦既有别于缩守一隅、不见森林的科学家,因为他眼界开阔,思维丰富；也不同于不着边际、大而无据的思辩家，因为他基础扎实，学力深厚。

爱因斯坦富于革新精神，这是他的显著特征。他的想象力非常活跃，而这正是创造和革新所必不可少的重要条件。雨果说："莎士比亚首先是一种想象……科学到了最后阶段，便遇上了想象。"在爱因斯坦看来，许多所谓常识的东西，其实不过是幼年时代被前人灌输在心中的一堆成见，尤其是当迷信病流行时更是如此。这堆成见是需要重新审核的。它们很可能是前人的主观偏见；或者是由于我们只处于宇宙的一个局部区域、一个特定的结构层次而见到的特殊现象，并不是宇宙的一般规律。例如，物体运动时长度似乎不变只见于低速世界，长度随速度而变化才是一般规律。爱因斯坦正是抓住"质量""同时性"等基本概念牢牢不放，最后提出相对论的两条原理而突破的。

任何事物都不可能十全十美，爱因斯坦的科研方法也是如此。例如，他对归纳法不够重视；有时过分强调思维的自由创造等。其实归纳与演绎相结合才是更为完善的方法。但每个人都处于历史发展的一定阶段，都有历史局限性，不能要求他成为完人。

我们应该尽量批判地吸取一切先进经验，以加速前进的步伐。特别对像爱因斯坦这样伟大的科学家，更需要认真地、虚心地研究和学习。笔者虽力不能至，然而心向往之。引玉抛砖，有厚望焉！

聆峥嵘高论　观浩荡奇文
—— 业余研究是一乐

在紧张工作之余,追求一点高格调的业余爱好,或者就几个感兴趣的闲散题目做一点研究,偶有所得,便是羲皇上人。大凡青年时代,为了前途,不得不拼命奔跑,做一些自己也不喜欢的事,诸如应付考试之类,真是有苦难言。等到渐入老境,欲情皆退,慢慢回复到当年的天真,也算是一种返老还童吧!

我是学数学的,早年也曾爱读文史,但怕越陷越深,误了正业,所以只能猎涉而已。不幸的是,居然也惹上了几个问题,总是放它不下,困扰了我许多年。这些自然不是关系到国计民生的大问题。

中学时读司马迁的《报任安书》,深深地被它的情节和文采所感动了,这实际上是对汉武帝的控诉。但它居然逃脱了官方的检查,而且挤进了《汉书》,真是怪事。它是怎样传下来的,司马迁的外孙杨恽(?—前54)起了作用吗?汉代的政治环境,是否比较宽松,至少比明清宽松?再者,任安是在什么情况下给司马迁写信的?入狱前还是入狱后?是求救信吗?司马迁回信是何时写的?我知道有两种说法:一说太始四年(公元前93年)十一月;一说征和二年(公元前91年)十一月。任安收到此信吗?有何反映?《史记》中任安无传,但卷一〇四中田叔列传之后,附有褚先生写的关于任安的故事。我读后仍然是满头雾水。

古书《庄子》实是世界级的奇书,足可获三个诺贝尔奖。诚如李白所颂扬的,"吐峥嵘之高论,开浩荡之奇言"。但我不明白庄周是怎样把它写出的。他是极力追求逍遥的人,认为"吾生也有涯,而知也无涯,以有涯随无涯,殆已"。可见,他读书不会很用功,也无心做学问、成一家之言;那时没有纸张,没有邮局,要写书,要传播,自然非常费力,真是困难重重,哪来的逍遥!一部《庄子》,且不论它绝妙的文采,超一流的思想,单说那最后一篇《天下》,便是有文字以来第一篇学术史论文,开创了新的研究方向。仅此一篇,就足够评上博士生导师了。文中评论了那么多学说,涉及墨翟(约前468—前376)、彭蒙、尹文(约前360—前280)、慎到(约前395—约前315)、关尹、老聃、惠施(约前370—约前310)、公孙龙(约前320—前250),等等。要了解这么多人的思想,还要写出评语,不太辛苦了吗?哪来的逍遥!也许有人说,这篇文章不是庄周写的,那么《逍遥游》《齐物论》又如何呢?所以我越想越糊涂,快拉一把吧!

诸葛亮《出师表》说:"三顾臣于草庐之中,咨臣以当世之事。"可见刘备的三顾和孔明的隆中对,确有其事是无可怀疑的了。这三顾,一向传为刘备"尊重知识,尊重人才"的佳话。其实不过是找个得力的帮手替自己办事而已;而对孔明,则人们认为是自作矜持,自重身价,不过也未必如此。那头一顾,确实是碰巧不在家;孔明回来,听说皇叔来访,吃了一惊,心想来者不善,准是要谈打天下什么的,于是赶快去找水镜先生,商量一个对策,这就成了那篇隆中对,但同时也错过了那第二顾。第三顾时,孔明已心有成竹,在家恭候。所以只能有三顾,不能有四顾。诸葛亮千古奇才,英俊挺拔,但我不明白他的雄才大略是怎样学来的?他在偏僻的农村,种了十年地,出山时才26岁,次年便碰到赤壁之战。他既未上过大学,也没听广播看电视,交通又极不方便,他怎能知道那么多的天下大事呢?看来,家庭出身起了一定作用。他父亲做过太山郡的副长官,不幸早死,只好投奔叔父诸葛玄。玄在豫章做太守,后来又靠上刘表。这都是诸葛亮 16 岁前的事。反正幼年受到较好的教育。往后他又交了几个好朋友：徐庶、孟公威。这些人很有才华，喜欢游学。他们时常来往，多所议论。这大概也是成才的重要因素。我想，好好研究一下诸葛亮的成长过程，对今日的教育事业，一定会有所启示。

  我很喜欢宋朝张择端画的《清明上河图》。如果要评选中国第一画，恐怕非此莫属了。图中画了 1643 人（一说为 815 人），农、工、商、学、官、道士，应有尽有，还有骆驼、牛、马、驴等动物 208 头，熙熙攘攘，充分反映了北宋时代汴京的繁荣景象。遗憾的是关于张择端的身世和创作过程却所知甚少。这幅巨画已流传近 900 年，饱经患难，历尽沧桑，所幸至今仍安然尚存。关于它的流传历史，已有许多故事和奇谈，甚至扯上了《金瓶梅》。这在吴晗的文章《〈金瓶梅〉的著作时代及其背景》中有详细的叙述。大凡世俗喜欢英雄配美人，名画配佳作，故事故事而已。希望有人能认真作一番学术研究，写一篇《清明上河图考》。

想象是最杰出的艺术本领
—— 猜谜与科研

猜谜是人民群众喜爱的一种智力游戏,远在3000多年前的夏朝,就有了这种活动。每逢佳节,人们在联欢会上,常常被各种有趣的谜语所吸引,流连徘徊,低头沉思。有些谜语很文雅,《红楼梦》第五十回中就有许多。有一个谜说:"南面而坐,北面而朝,像喜亦喜,像忧亦忧。"谜底是镜子。这个谜不仅切合镜子的实际,而且很有文采,富于形象,使人脑海中浮起了一幅"佳人临镜,自顾自怜"的画面。又如《今古奇观》"苏小妹三难新郎"中,第二难是一个谜:"强爷胜祖有施为,凿壁偷光夜读书,缝线路中常忆母,老翁终日倚门间。"每句打一古人,谜底是:孙权、孔明、子思、太公望。

猜谜的本领,随人不同。有些人是能手,也有些人猜某一类谜很内行,但猜另一类则无能为力。这种本领主要来源于广泛的知识和丰富的想象,一个从来没有照过镜子的人,绝猜不出上面说的第一道谜;同样,缺乏历史知识,在第二个谜面前就会哑口无言。

猜谜不简单,出谜也不容易。那制作谜语的人,大都先有了谜底,然后从中抽象出某些特点,或者打一些比喻,必要时更转一点弯,便制成一个谜。譬如,我心中先有一部书《西游记》,联想起欧洲在我国的西边,于是便想出一个谜:"欧洲见闻录",但这个谜还很不确切,人们也许会猜这是英国的一家广播电台,因此我必须进一步暗示:打一部书。又如姚雪垠的小说《李自成》中,有一谜是"挑灯闲看牡丹亭",打一名句,谜底是王勃《滕王阁诗序》中的一句:"光照临川之笔"。这大概是读这句话时,联想起《牡丹亭》的作者汤显祖是江西临川人,才制出这样文雅的谜来的。由此可见,制谜和猜谜的思维程序,恰好是相反的。

人们不仅在游戏时猜谜,其实几乎每天都要猜谜,不过出谜的不一定是人,而是生活、工作和大自然。"明天天气怎样?""今年会丰收吗?""能不能买到电视机?"这些是生活给我们出的谜。

公安人员侦破案件,在很大程度上也类似于猜谜,这谜是犯人出的,民警根据犯人留下的蛛丝马迹,运用自己广泛的知识和丰富的想象,把这些迹象连贯起来,提出一条线索,然后根据这条线索,预测犯人今后的行动,从而制订破案计划。

大自然更是一部巨大的谜书,人类为了猜它,已经花了5000年以上的时间。结果发现,这部书是永远猜不完的;猜出的谜越多,涌现的新谜也越多。科学家的工作,第一是要发现自然之谜,第二是要猜出自然的谜。

至少从古希腊的德谟克里特起,人类就在猜想一切物质是否都由原子组成,等到这个问题有了眉目,又出现了新的谜:原子是怎样构造的?猜出这个谜的是卢瑟福等人。1910年,卢瑟福和他的同事以α粒子束打击金箔时发现,有些粒子的轨道发生了大角度的偏转,从而领悟到原子核的存在,并提出了原子结构的行星系模型。接着,人们又猜想原子中蕴藏着巨大的能量,从而提出了如何释放原子能等问题。真是一波未平,一波又起。

不仅物理,就连抽象的数学,有时也需要猜谜,例如猜哥德巴赫提出的谜:"任一大于2的偶数,能不能表现为两个素数的和?"

爱因斯坦在《物理学的进化》一书中,开头就说:

  我们是不是可以把一代继着一代,不断地在自然界的书里发现秘密的科学家们,比作读这样一本侦探小说的人呢？这个比喻是不确切的……但是多少有些比得恰当的地方，它应当加以扩充和修改，使更适合于识破宇宙秘密的科学企图。

黑格尔
(Georg Wilhelm Friedrich Hegel, 1770—1831)

和猜谜类似，研究自然科学需要广博的专业基础知识，需要观察和试验，需要丰富的想象力。这些是相辅相成的，缺一不可。三者结合，就会汇成大江东注，吞吐百川，或者如瀑布临空，飞腾奔溅。反之，如无想象，一切资料就很可能成为一潭死水，毫无波光。无怪乎黑格尔在《美学》中说：

> 如果谈到本领，最杰出的艺术本领就是想象。

想象的作用，在于加深对搜集到的漫无秩序的事实的理解，并把它们联系贯串起来，构成系统的假说，然后再在实践中去检验这些假说。

韩非在《解老篇》中谈想象时说：

> 人希见象也，而得死象之骨，案其图以想见其生也，故诸人之所以意想者皆谓之象也。

这是对"想象"的一个很有趣的解说。

勤奋加毅力
——论聪明

宋朝苏轼写了两句诗:"人皆养子望聪明,我被聪明误一生。"苏轼大半辈子不得意,看来是在闹情绪了;不过这一句话却是真情。人人都希望自己聪明,希望全国人民聪明,更希望子孙后代聪明。

何谓聪明

从狭义上说,聪明是指听力和视力敏锐,耳敏谓之聪,目锐谓之明。《管子》中说:"耳目聪明,四肢坚固。"但我们心目中的聪明,自然不限于耳目。说某人聪明,是说他富于智慧,巧于才干,智慧偏重于对客观事物的认识并提出对策,才干则主要指解决实际问题的能力,当然,这两者是相辅相成的。

聪明的特征

聪明的第一个特征是善于选择长远的奋斗目标,也就是崇高的远大理想。理想是指引方向的明灯,也是前进的动力源泉。理想越崇高意志便越坚强,潜力也发挥得越充分。一个人的生命有限,同样是几十年,有些人转瞬即逝,有些人却永垂不朽,这决定于他的生命的价值,决定于他对人民的贡献。因此,善于选择奋斗目标,正是最大的聪明所在。

聪明的第二个特征是善于最大限度地利用客观和主观条件,选择最佳的方法,力图在最短时间内最完满地实现既定的目标。客观条件包括国内外形势、方针、政策和各项规定,包括人事、经济、物质设备,等等。此外,还包括偶然的机会。善于利用机会,往往可以收到意想不到的特大效果。每个人都能碰到好机会,也可能碰到坏机会,问题在于如何就好而避坏,机会的特点是稍纵即逝,要迅速行事。遇到坏机会也决不要泄气;请记住:三次坏事以后必有好事。在困难中能看到美好的未来,是成功的重要心理因素。上述主观条件是指扬我所长、避我所短,以最大限度发挥我的潜力。拿破仑说:

  一个人的最大幸福就是他的潜在能力得到最大程度的发挥。

避免一次性思维,凡事必须从正反等方面至少想三次。当想到一种解决问题的方法时,必须问问自己:"还有更好的方法吗?"如此反复,直到找到最佳的方法为止。在重大问题上,我常常勉励自己:要想出一个"绝妙"的方法。"每临大事有静气,欲展宏图需奇谋。"这种"奇",是出奇制胜,匪夷所思的奇。对自己提出最高的要求,即使不能尽善尽美,少说也总可得到中上的结果。《孙子兵法》中说,打仗要正奇结合,正者,正规也;奇者,奇妙也。他说:"凡战者,以正合,以奇胜,故善出奇者,无穷如天地,不竭如江河。"只有正规作战和奇妙的打法相结合,才能变化莫测,经常取胜。

最大限度地调动一切主客观力量,目的是要在最短时间内获得最大效果。这里连用三个"最"字,既是聪明的客观表现,也是聪明的客观度量。衡量聪明程度的数字就叫聪明度。历史上第一个涉及聪明度的人也许是曹操。他与杨修路过一石碑,上面有一谜语,杨修猜出后,曹操走了三十里路才得到同样的答案,于是曹操叹息地说:"吾才不及卿,乃觉三十里。"他用三十里来衡量二人聪明的差距。

聪明的第三个特征表现在实现目标的勤奋和毅力上。光勤奋还不够,还需要超人的毅力。毅力表现在:为了达到既定目标,不怕任何困难,百折不挠地坚持奋斗,不达目的,决不罢休。方向性与坚持性是毅力的基本特色。有些人辛勤一生,最后却碌碌无为,原因是他一遇困难,就改变方向,今日河东,明日河西,砌了许多土堆,却未造成一座房子。所以说:勤奋加毅力,方能有大成。

怎样才会聪明起来?

聪明不是一次完成,而是在学习和实践中逐步发展而成的。聪明并非天才所独有,一般人也可变得非常聪明。明确这点十分重要,它可以鼓舞我们的信念。清代阎若璩(1636—1704),幼年愚笨,而且口吃,但后来苦学多思,终于自学成才,著有《古文尚书疏证》,受到学术界推崇。

聪明的条件

聪明至少依赖于四个因素:遗传、营养、学习和实践。

先天性遗传对人的聪明起着重要作用,否认这一点不仅不客观,而且极为有害。历史上确有许多神童如甘罗、王勃、夏完淳等。世上没有两件全同的东西,几十亿人中没有两个完全一样的人。智力上存在差异乃是普遍现象。因此,出现少数早慧和深慧的人是必然的。承认天才,是实事求是的唯物论的观点。认识到这一点,我们就要想方设法让更多的后人获得好的遗传因子,想方设法让他们聪明些。为此,要十分重视优生和优育,而从遗传观点看,优生更为首要。《羊城晚报》1988年11月5日载:甘肃省共有呆傻人27万,如平均每省以15万计,全国应有4000万以上,这是一个可惊的数字,其中还不含一般智力低下及有先天性疾病者。预防这类病人继续出生,是优生学的一方面;积极地大面积地提高新生婴儿身智素质,是更重要的方面。这是关系到改善中华民族人口素质的重大问题。政府和人民都必须十分重视。陶渊明是大文学家,但他的五个儿子都很平庸,有人评议说这是与他经常沉溺于醉乡,酒后同房有关。陶渊明不懂优生而有此严重后果。所以我建议,青年婚前应接受优生优育教育,几小时就行;结婚登记时必须持有学过优生的证明。

营养是大脑生长、发育的物质基础。从胎儿到4岁前是大脑生长的重要阶段,母亲和幼儿适当多吃一些鱼类、瘦肉、肝、蛋、蔬菜、水果等食品是必要的,这有益于脑的发育。

聪明的第三个条件是善于学习。向书本学、向古人学、向周围的群众学,向大自然学、向社会学,都是不可缺少的。许多巨人如曹操、康熙、拿破仑、毛泽东等都手不释卷。美国前总统杜鲁门说:"历史使我知道,任何一个国家的领导人必须懂得历史,不仅本国史,还要懂得外国史。"生活在当今世界,除上述几种学习外,还必须增加一种,即密切注意信息的传布。不了解各项新发展,不可能站在事业或学业的前沿。

第四个条件是勇于实践,并且不断地总结提高,知识可从书本中学得,才干则必须在实践中锻炼。读了100本关于游泳的书,不亲自下水还是不会。《庄子》中讲了宰牛的故事,文情并茂。庖丁开始宰牛时,但见庞然大物,不知从何下手,解牛三年后,眼中不再有完整的牛,见到的只是牛的要害,于是从容进刀,如土委地,提刀回顾,踌躇满志。他所以能达到这么高的境界,是不断实践、不断总结的结果。前事不忘,后事之师;实践总结,聪明之泉。

以上讲了何谓聪明,它的特征和条件。为了具体说明这些思想,我想再讲法拉第的故事。成千上万的故事都淡忘了,唯有它久而愈新。

法拉第是英国人,大物理学家,发现电磁感应定律和电解定律,是电磁场理论的奠基人,贡献可谓大矣。但他出身贫苦,父亲是铁匠,13岁去订书店当学徒,少年失学,可是,他怎样变成了大物理学家呢?

法拉第工作辛苦,收入微薄,但他酷爱学习,他说:"我特别喜欢阅读我手中拿到的科学书籍,特别爱读马赛的《化学问答》和《大英百科全书》中关于电的部分。"

一日,英国皇家学会会长戴维来他工作的小镇讲学,法拉第弄到一张入场券,他提前入场,坐在前排,详细做了记录。回家后,认真整理消化,写成一篇完整的文章,并且端端正正抄写清楚,然后寄回给戴维,信中并附言说:我希望有一个工作的机会,您能伸出援助的手吗?文章条理分明,逻辑严整,加上文笔流畅,字迹端正。戴维看了非常惊喜,想不到小镇上会有这样的人才。于是,马上推荐他到皇家学会去当实验员,成为戴维的助手。从此,法拉第如鱼入海、如虎添翼,驰骋在科学研究的世界里,终于成为科学大师。

法拉第的最大聪明,不正表现在他善于选择奋斗目标,善于最大限度地利用一切机会和条件,并能在勤奋和坚持中作出了巨大的贡献吗?

知足不辱　知止不殆
——论幸福与聪明

人类的一切努力是为了寻求幸福,我同意这个观点。法国小说《红与黑》的作者司汤达(Stendhal,1783—1842)也表达过类似的思想,他说:

> 人类所以要生活在世界上,并非要当富翁,而是为了幸福。

的确,无论是一般群众,或者革命志士,辛辛苦苦,奋斗终生,为的不是幸福,又是什么呢？论理,聪明人由于聪明,应该较容易地得到更多的幸福,但事实上未必总是如此,有的甚至聪明反被聪明误。这些人说是聪明,其实未必真聪明,或者只是一点小聪明、小动作。有些人凡事总想贪点小便宜,把这点小便宜错当成幸福,不择手段地拼命去追求,到头来伤了别人也害了自己,成为《红楼梦》中王熙凤式的人物。因此,真正的聪明,必须对幸福这一概念有较正确的认识;聪明建立在幸福观的基础上。幸福观指导人的行动,是行动的方向盘。正确的幸福观产生方向正确的行动;反之亦然。

人是社会性的,每个人都生活在社会之中。他不仅要考虑自己的存在,更要常常想到别人的存在。我是社会的受益者,我是空手来到这个世界的;人们为我铺平了道路,修建了住宅,贮存了食品,积累了丰富的科学文化知识。只要我努力工作,我就可以享受这一切。因此,我深深感谢社会,感谢人民,没有大家的共同努力,我就会成为孤岛上的鲁宾逊,只能披着兽皮过日子。社会既然抚育了我,我自然应该双倍报效社会,人人为我,我为人人,共同为建设美好的社会而努力。

在建立幸福观时,"我为人人"这是首先要想到的基本原则。那些聪明反被聪明误者,其误就误在只求"人人为我",而不想"我为人人"。

从小到大,有三种幸福:个人与家庭的幸福;国家与民族的幸福;全人类的幸福。

百万富翁幸福吗?较充裕的经济条件是幸福所必需的,那种饥来驱我去,行乞度余生的日子,自然不能忍受。但富裕不等于幸福,因为富豪们常常为了管理、支配和贪得无厌的欲望而苦恼,正如美国人英格索所说:

富人很少拥有财产,而是财产拥有他们。

长寿幸福吗?长寿而且健康并有足够的财产支持是可取的,但若长期患病,痛苦不堪而又牵连他人,有何幸福可言!

荣誉幸福吗?为社会进步有所贡献从而得到人们的尊敬是幸福的,但荣誉只是幸福的一部分;至于身居要职别人不得不给的虚荣,则无非是一现昙花,逢场应景而已。

那么,到底什么是个人和家庭的幸福呢。需要四个条件。

一是精神上的富裕。希腊谚语说:"精神之富,众富之首。"崇高的理想,为理想而奋斗的事业心,是心灵上的太阳,是生命的强大支柱。如能亲眼看到理想的完全实现或逐步实现,那他会感到非常的欣慰和幸福。一些品德高尚的大科学家、发明家、文化人、革命工作者,便是如此。另一些人虽无很崇高的理想,但总想为周围的群众做点好事,经常助人为乐,当他感到对别人有所帮助时,也会感到很幸福。对知识有浓厚的兴趣,每天都能学到一点新东西,经常生活在心灵的不断充实之中,像陶渊明那样,"每有会意,便欣然忘食",这种人会感到很幸福。有几位良师益友,不论地位高低,但求患难与共,不时相聚,交流思想,讨论学问,纵谈今古,共同相忘于世俗利禄之外,他会感到很幸福。在工作之余,有几项高雅的爱好,或活跃于运动场上,或陶醉于音乐声中,精神升华于纯洁淡泊之乡,他会感到很幸福。

二是经济上的充实。上面已说过,中等偏上的经济条件是必不可少的。在我们社会主义国家里,靠的是劳动致富、守法致富,决不能损人利己、违法乱纪,在金钱的追求上要有知足感,适可而止。人对维持生命的物质需要是不高的,二斤粮食、二斤菜食便可度日,而最珍贵的空气和水,大自然已慷慨免费供应;此外,纵有金山银海,也只能满足支配欲、享受欲,并不能吞入躯体,带进坟墓。至于因贪财而身陷大狱,饮弹毙命,更是愚不可及了。

三是健康与和睦。每个家庭都可成为两万元户:身心健康值万元,和睦互助值万元。许多家庭忙于外务,恰恰在这两个最重要的内部问题上视而不见。不难想象,如果有人长期住医院,并要陪床;或者天天吵架斗气,怨若仇敌,这个家庭能幸福吗?人的体力负荷是有极限的,长期超限工作,可能中年早逝,切记切记!夫妻恩爱,是家庭幸福的基石,但天长日久,必定会有些分歧,这时就必须相互体谅,求同存异。不痴不聋,不能成翁,说的是老人不要过分敏感,不要苛求下代;而年轻人更应想到老人由于体力、脑力的衰退,在生活上要多迁就和照顾他们。

四是儿童的茁壮成长。儿童是家庭和社会的未来,谁不希望自己的孩子活泼聪明?然而并不是每个人都知道如何使孩子聪明,这需要有一点优生、优育、优教的知识。现在孩子的教育提前了,不仅有学校教育,还有学前教育;不仅有学前教育,还要讲究胎教;其实胎教也已晚了,既已怀孕,便没有再选择婴儿的可能:教育家纵有天大本领,也无法教好一个白痴。因此,在受孕时,如何使优良的精子与卵子相结合,实是一极重要的问题,新婚夫妻宁可请三天假,也要好好学点优生学。

能做到这四条,基本上可算是有了个人和家庭的幸福。

如何获得幸福?有人问杨振宁先生,研究物理成功的要素是什么?杨振宁说要素可归纳为三个"P":眼光(perception,指看准方向)、坚持(persistence)、力量(power)。我想,获得幸福,也需如此,但要补充一点,即抓住时机。每个人都会碰上好机会,就看能不能抓住,机会转瞬即逝,一般是永不再来的;只有那些事先有充分准备、果断而又富于想象的人,才能最大限度地利用它。机会好比飞机,谁搭上了谁就可一飞千里。

获得幸福不容易,保持幸福甚至更难,严于律己,同时不断地为人民、为社会做些有益的好事,是保持幸福的积极因素。贪得无厌是幸福的最大敌人,它会驱使人像牛马一样疲于奔命,像疯子一样丧失理智。老子说:"知足不辱,知止不殆,可以长久。"亚里士多德也说:"幸福在于自主自足之中。"均是悟道之言。

如果把家庭比作船舰,国家便是海洋,风平浪静,才能舰稳舟轻;倘若波涛汹涌,将有灭顶之灾。宋朝女词人李清照(1084—约1151)的家庭原先多么幸福,由于国难,后来便落到"寻寻觅觅,冷冷清清,悽悽惨惨戚戚"的悲凉地步。家庭幸福建立在国家和民族幸福的基础上,我们必须自强不息,振兴中华;决不能让日本军国主义再度侵华,也不能坐视社会上贪污腐化、盗贼横行,这样,每个家庭才能顺利发展。更何况国家强盛了,政府才有能力从事更多的公益事业,包括改善人民的居住、饮食、交通、保健等各项条件。因此,我们应该把国家和民族的幸福放在个人和家庭幸福之上。

然而国家又是整个人类社会的一部分,和平友好的国际环境,相互支援的国际合作,科学技术的国际交流,会使每个国家受益。正是有了牛顿、爱因斯坦、爱迪生等大师,才有今天的科学技术;正是有了曹雪芹、托尔斯泰、贝多芬等这样的巨人,才有今天的文化艺术;正是有了许许多多的反法西斯的战士,才有最近50年基本上安定的国际关系。这些优秀人物的贡献超越国界,是属于全世界的,他们所追求的幸福属于全人类,因而更崇高、更光荣。随着人口激增，地球面临着越来越多的困难，资源能源日益贫乏，全球性的环境污染日益严重，我们正等待着更多的仁人志士献身于追求全人类幸福的事业。

我们尊重用正当方法获得个人和家庭幸福的人，尊敬为国家民族幸福而努力工作的人，敬仰为世界人民的幸福而作出巨大贡献的人。那些为人民不断地有所奉献，而且品德高尚、身体健康的人是最幸福的，同时也是最聪明的人。

养生之道　莫尚于中
—— 健康与中庸

"幸福的家庭都是相似的,不幸的家庭各有各的不幸。"这是托尔斯泰的著名小说《安娜·卡列尼娜》的开场白。不少人欣赏这句话,说它不但点明了全书的主题,起了登高一呼的作用,而且本身也有普遍的哲理意义。不过,我不想作文艺评论,而是想分析一下:怎样的家庭才算幸福?幸福的基本条件是什么?我们平时忙于奔波,未必能安下心来研究这个问题,尽管它对每家每户都是非常重要的。真的,不明确怎样才是幸福家庭,治家就会迷失方向。

钱越多越幸福吗?比较充裕的经济是需要的,吃不饱、穿不暖、不能避风雨,当然谈不上幸福。但钱多未必等于幸福。希腊女船王克里斯蒂娜·奥纳西斯的财产以若干亿美元计,可算大富了,然而她的婚姻不如意,不到40岁就死了。相传苏格拉底逛过市场后感慨地说:有多少东西是我所不需要的啊!他可算是知足的人;反之,如果欲海难填,必定劳形伤神、疲于奔命。所以说,有较稳定的正当的经济来源,能维持中等偏上的生活水平,就很不错了。至于损人利己危害社会以牟取暴利,则是民贼也,有何幸福可言?

四代同堂、儿孙成行幸福吗?《红楼梦》中的贾府够热闹了,但谁也不会说贾府幸福,何况今天正提倡计划生育呢!

那么，到底怎样才算幸福？我想有五条是基本的，那就是：健康平安；和睦互助；工作、学习和抚育顺利；中上的经济水平；适当舒适的居住条件。

人们比较重视后三条，前两条易被忽视，其实健康与和睦，犹如空气之于生命，有它时不感到它重要，一旦缺少三分钟，就会出大乱子。

既然把健康列于首位，下面便着重谈健康问题。什么是健康之道？众说纷纭。我认为：健康之道，中庸之道也。中庸是中和适度的意思。

在报章杂志中，我们常常看到相互矛盾的报道，对同一件事，甲认为对健康非常有利，乙却说极为有害：甲说涮羊肉味美暖胃，乙说多食可使胃胀胃疼甚至胃出血。人们爱吃豆制品，但据说黄豆中的蛋白质有碍人体吸收铁元素，从而导致缺铁性贫血。啤酒营养丰富，有液体面包的美称，过量则会减弱心脏收缩力，增高血液中铅含量，甚至使智力下降。多食油条无形中也多食了制作时加入的明矾，它可使人体骨质疏松，并降低记忆力。一些人视肥肉如虎，但也有报道说适量的动物脂肪对健康有益。生命在于运动，慢跑总有好处吧！不料美国心脏专家迈耶·弗里德曼医生却说，很多人慢跑是冒着生命危险的，跑步可使一些人冠心病更严重，等等。

那么怎么办呢？很简单，不论饮食、运动、工作、睡眠，都要中和适度，勿走极端，这是养生的重要原则。东方朔（前154—前93）的《诫子诗》说："明者处世，莫尚于中。"您不必为甲乙各执一词而耗神，一说多吃，一说不吃，您适量地吃吧！一说多跑，一说莫跑，您适度地跑吧！

多年来，这"中庸"二字，名声不太好。一是在"阶级斗争为纲"的日子里，有些人怨它冲淡了斗争的热气，于是大为光火。二是不少人把中庸理解为庸俗、和稀泥，其实这是误解。中庸是指适应客观实际，恰到好处，是量体裁衣，是毛泽东所说"有理、有利、

有节"中的"有节",是使事物至善至美。美学家宗白华说得好:

  中庸并非苟且的折中,而是一种不偏不倚的毅力,综合的意志,力求取法乎上,圆满地实现个性中的一切而得和谐。所以中庸是"善"的极峰,而非善与恶的中间物。(《美学散步》)

我不想把中庸说得过分(这也是中庸),说它是万灵处方,无事不宜。但在健康养生的范围内,中庸之道确是非常重要的。

事半功倍话方法
—— 学习数学的管见

成功的四个基本条件

学会游泳并不难,但要成为国家选手就很难。同样,学会一门专业和精通它并不完全是一回事。一般地说,要作出较大成绩,四个条件是不可少的:理想、勤奋、毅力和方法。理想,或者说志气,是我们力量的源泉,是行动的方向,是心灵上的太阳。为建设强大的祖国而学习,为发展科学技术造福人类而工作,是我们的理想。许多革命前辈和科学巨人,不知疲倦地奋斗,直到生命最后一刻,究其原因,主要是由于有崇高理想。没有远大的理想一般是不会有重大建树的。古人说,哀莫大于心死。最大的悲哀,不过于没有理想了。为了实现理想,必须勤奋,即使天赋独厚,也不例外。大科学家如牛顿、居里夫人,大文豪如鲁迅、巴尔扎克,都是异常勤奋的人。牛顿的助手说:

他(牛顿)很少在两三点钟以前睡觉,有时到五六点……特别是春天或落叶的时候,他常常六个星期,一直在实验室里。不分昼夜,灯火是不熄的,他通夜不眠地守过第一夜,我继续守第二夜,直到完成他的化学实验。

然而勤奋并不等于毅力。有些人勤则勤矣,却缺乏毅力,他回避困难,一有阻力就转移方向,不敢坚持在一个重要专题上长期奋斗。他辛辛苦苦地筑了许多土堆,却没有建成一间像样的房子。除理想、勤奋、毅力而外,方法也是重要的。高明的方法可以收到事半功倍的效果,而且富有趣味和启发性。所以一些大科学家如笛卡尔、爱因斯坦、拉普拉斯等都很重视方法。具体到数学,由于数学离不开逻辑推理,在学习一种理论或一条定理时,首先要看准推理的终点,即要达到什么目的,需要证明什么结论。其次要掌握推理的起点,即各种有关的公理、定义、概念和条件。最后是要分析联系起点与终点的推理程序,包括证明的思路、方法和用到的计算、公式,等等。吃透了推理的程序,往往可以改进原来的证明使之适用于更一般的情况,或者改善原来的条件和结论。学习数学与研究数学的思想程序有些不同。学数学是由起点推终点,即学习前人如何由已给条件一步一步地推导出结论。研究数学则反其道而行之,常常是由终点推起点。我希望得到结论甲,为了甲必须先有乙,为了乙又必须先有丙……如果丙已足够简单明了,便于应用,就把它当作起点。由此可见,不论是学数学或研究数学,都必须循序渐进,每前进一步,都必须立脚稳固,这是数学方法中的一个显著特点。其他的科学也要循序渐进,不过数学尤其如此。前头没有弄懂,切勿冒进。有如登塔,只有一层一层地上升,才能达到光辉的顶点。

  学习的三要项是理解、记忆和练习。知其然以及其所以然,这是理解;然后记住它,并通过练习以加深理解、增强记忆、应用理论和发展理论。所以这三项都是不可或缺的。对于数学,练习尤其重要。通过练习不仅可以增加知识,更重要的是,可以培养我们解决问题的能力。不下水不能学会游泳,不做足够多而且有一定难度的练习题,是不可能学好数学的。

两种循环与争取主动

  "我整天生活在紧张和被动之中,"一位大学生向我诉苦,"各门功课的习题像潮水一样涌来,又多又难。课堂上老师讲得很快,还要求抄笔记,但顾得上抄就顾不上听。作业完不成,越堆越多。这怎么办呢?"的确,这是一个带有普遍性的问题,从中学到大学是一飞跃,中学课本写得简明、清楚,一个公式后面配着几个例题。学生仿着做,大部分作业就可完成。大学则不然,内容越来越抽象,方法也很灵活,老师的辅导随着年级的上升而减少,对独立工作能力的要求不断提高。

"听课—复习—练习",又是"听课—复习—练习",每门功课都是这样重复地进行着。如果听课效率不高,许多地方没有听懂,复习的时间必然增加,做练习的时间必然减少,于是作业完不成,但下一次练习又来了。就这样,他卷入了恶性循环。反之,如果听课效率高,课堂上基本解决了问题,复习就快,练习能按时甚至提前完成。于是他有余力可以预习,或者另看一些参考书。这样,他的自学能力越来越强,听课效率也越来越高,他进入了良性循环。常常有这种情况:两极分化非常厉害,两个人入学时水平差不多,到大学毕业时却相差很远,一个甚至可以当另一个的老师。原因固然很多,进入不同的循环也许是其中重要原因之一。

怎样才能使循环成为良性的呢?关键在于预习。如果上课前对老师要讲的内容有了思想准备和大致了解,那么听起来就主动多了,只要把重点放在预习时看不懂的地方。由于听课高度集中、有的放矢,所以在课堂上基本上消灭难点,这样便节省了复习时间。更有甚者,我们可以领悟到为什么自己预习时看不懂,卡在哪里,思想方法上有什么毛病,从而提高自学的能力。

剩下的问题是:哪里有时间预习呢? 主要靠假期。放假时间很多,一部分用来休息和锻炼身体,另一部分用来预习。预习下学期要学的重点课程,那怕是其中前几章。这样,我们就走在老师讲课的前头,变被动为主动了。

如何攻读数学专著

没有进货的商店不能持久。类似地,缺乏获取新知识的能力,就不能前进。所以在各种独立工作能力之中,自学能力可算是最基本的了。

数学书刊浩如烟海,一个人的精力有限,只能精读其中几本有代表性的高水平的著作;读懂了这几本,其他的就比较好办。如何选择精读书?首先要确定主攻方向,然后围绕主攻方向,争取老师或先行者的帮助。高水平的著作虽然难读,读懂了却终身受益,所以花高代价也是值得的。一般地说,要打好基础,读几本这样的书实是必不可少。

如何攻读数学专著?先阅读序言、目录以及有关介绍,以便了解本书概况及作好必要的准备。读第一遍时要慢和细,一步一步地循序渐进,这样才能读得深和走得远。正如诸葛亮所说,非宁静无以致远。如果贪多图快,又不消化,则必半途而废,读不下去。预防冒进的好方法是做笔记,既动脑又动手,把一些重要的概念、定理及证明仔细地整理一遍,必要时作补充证明;写读书体会;还要做一定数量的习题。一章过后,做一小结。如此前进,直到全书读完,再从头开始读第二遍。这时,由于大部分细节已经弄懂,读起来会快得多。我们可以把重点放在解决遗留问题上,同时尽量搞清楚各概念之间、各定理之间、各章节之间的内在联系,学习各种证明方法和计算技巧,展望理论的进一步发展。所以,如果说第一遍是"局部地读",那么第二遍便主要是"整体地读"了。第二遍过后,原来的问题解决了不少,但又可能会出现一些新问题。我们必须乘胜追击(切勿冷下来),再读第三遍。这时可以顺读,可以反读(从后面往前读),也可以就一些专题有目的地读。反读可以清理源流,专题读可以攻坚,甚至作出新发现,学习应以自力更生为主,也不妨适量争取外援,参考有关书刊。如此反复几遍,全书的体系也就经络分明,了然在目了。如果还有一些问题,那也不必着急,可以留待以后慢慢解决。

"攻读"与"阅读"是不同的概念。攻者,攻坚也。无坚则无所谓攻。攻读需要勇气和毅力,决非一般的阅读所能比拟。

专题研究的三个阶段

有了一定的专业基础和解题能力,便可开始科研。万事开头难,从学习到科研是一飞跃,不可等闲视之。学习主要是继承前人成果;科研则要解决新问题,或者作出新发现,科研贵在创新。

数学研究的第一步是提出问题。它们可以来自实际,也可以是理论发展中的新问题。数学中分支繁多,发展又极为迅速。今天,恐怕没有一个人敢说通晓全部数学,对于新手来说,起初只能在一个分支工作,待站稳后,再逐步扩大战果。即使在一个分支里,要了解它的前沿也非易事,需要争取外援。在科研第一线工作的老师可以给我们介绍情况、提出问题,把我们迅速地带上最前线。

问题明确以后,要尽可能收集有关文献,为此可充分利用《数学评论》(Mathematical Review)及类似期刊。对最重要的文章要精心攻读,搞得烂熟,以了解前人的成果、思想方法、解题技巧、理论观点,等等。

下一步进入攻坚阶段。我们开始进攻,先找出它的薄弱环节,集中全部精力和时间,攻此一点。不过我们可能碰上钉子,几个月也没有进展。这时得抬起头来看看,需不需要改变策略,从另一点着手? 不必灰心,要知道,高斯说:有一条定理的证明曾折磨了他两年,忽然在一刹那间像闪电般想出来了。高斯尚且如此,我为什么不能再想它一年呢?

下列的思想方法可以参考。

(1) 我似乎在什么地方碰到过类似的问题,不妨借用那里的方法来试试(类比法)。

(2) 这个问题太大了,太抽象了,我简直把握不住它。能不能把它分解成几个问题,或者分成几部分,由易而难地各个击破,然后再串起来?《老子》说:为难于其易,图大于其细?

(3) 尽可能举一些具体的例子,或考虑一些特殊的情况,从中找出一般的规律:从具体到抽象,从特殊到一般。

(4) 我的计算能力比较强,必须发挥这个优势。先加一些条件,把这个问题算到底,会会得到什么,是骡是马,先牵出一匹来看看。然后我超脱一些,站高一点,把这个结果直观地理解一下,看是否能改用别的更好的方法。也许我会豁然大悟,想出一般的解法(发挥优势)。

(5) 直观和猜想,在科学发现中是不可少的。这个问题有什么物理(或几何、或概率)意义吗?我能不能直观地把结果猜出来?这种"发散式思维",常常会给我们指引道路,但也可能是错误的导引。没有严格的确证以前,我不能轻易相信它。

(6) 我不知这个结论是否正确,用归纳法试试,先看它当 $n=1,2,\cdots,k$ 时情况如何,这至少可以提供一点信息。数论中一些定理不就是这样发现的吗?

(7) 我就卡在这个该死的不等式上。我真傻,为什么不去查数学工具书(手册、公式集等)呢?

(8) 某人的工作,某个讨论班,与我这个题多少有点关系,也许我会从他们那里得到启发。

(9) 这个问题折磨了我好几个月,搞得我神魂颠倒、坐立不安。我现在要换一下脑筋,到公园去走走,或者找几本好小说看看。不是说,长时间紧张后的短暂松弛有利于灵感的出现吗?

(10) 我已经有了一些进展,但必须采取客观态度,决不能自我姑息、轻易相信我的结论是正确的。要利用头脑最清醒的时间,再三考验它:它与已有的定理和谐吗?有无反例?由它会得出荒谬的结果吗?证明中的每一步是否都不可动摇?我能否找到另一证明?总之,我必须把错误消灭在摇篮里,要不,它很可能给以后的工作铸成大错。

问题基本上解决了,研究工作便进入第三阶段,即整理提高或付诸应用的阶段。一项较大的研究,需要很长的时间,前后的思路未必一致,弯路走了不少,草稿纸也积累了一大堆。现在需要用统一的思想、简明的叙述、正确的论证、数学的语言,写成一篇规规矩矩的论文。争取发表,以供同好。如果这项研究来自实际,就应让研究成果接受实践的考验,并为实践服务。

祖冲之的老师是谁
—— 数学自学纵横谈

祖冲之的老师是谁

我所以想到这个问题,是由于对祖冲之的敬仰。大家知道,祖冲之是我国历史上、也是世界历史上最杰出的数学家之一。他在数学、天文、历法和机械制造等方面都有重要贡献,其中突出的一项是把圆周率正确地算到小数点后第七位,即3.1415926……这一成果,在西方又过了1000多年,才为荷兰人安托尼兹(1527—1607)等得到。

人们自然要问:祖冲之是怎样登上当时的科学高峰的?他的老师是谁?

这后一问题,确实把我难住了。在一些历史书上找不到他的老师的名字。我想,老师,至少启蒙老师,总该是有的,不过对祖冲之的成长没有起到重大作用。由此可见,祖冲之主要是靠自学而成功的,自学就是他的"老师"。

至于祖冲之的自学和科研方法,历史上倒是有些记载。他自己说:

> 亲量圭尺,躬察仪漏,目尽毫牦,心穷筹笑。(《南齐书》卷五十二)

搜练古今,博采沈奥,唐篇夏典,莫不揆量,周正汉朔,咸加该验。馨策筹之思,究疏密之辨。(《宋书·卷十三·律历下》)

这就是说:第一,广泛地搜集、学习、批判和采纳前人有关的一切成果;第二,亲自深入实际,通过观察和试验,以获取第一手的新的数据和资料;第三,穷竭心思,对全部资料进行深入的研究和反复的计算,从而得到新成果。这一切从今天的眼光看来,都很合乎辩证唯物主义的科学方法论,所以他的成功不是偶然的。

其实何止祖冲之,许多科学家如法拉第、爱迪生、华罗庚,许多艺术家、文学家如王冕、高尔基,都是靠自学成功的,这对坚持自学的人无疑是极大的鼓舞。《儒林外史》第一回详细讲了元朝的王冕勤奋学习,从贫苦的放牛娃成为名画家的故事,很值得一读。王冕写的两句诗——"花落不随流水去,鹤归常带白云来",反映了他的人品和旨趣。

猫的睡觉姿势

为什么要学习数学?原因很简单,就是因为:数学问题几乎是无处不在的。打开收音机,"粮食增产5%""人口增长率下降到0.5‰"。不懂分数,就不可能真正理解这两句话。晚间坐在圆桌旁边看书,桌面正中的上方挂着一盏灯,灯太高或太低都不合适,请问要挂多高才能使桌边最亮呢?如果懂一点光学和数学,就不难算出,灯应挂在离桌面中心为"0.707×桌面半径"的高处。螺丝帽大多是正六角形的,正四角形的很少用,为什么?因为制造前者比制造后者更能充分利用材料,而且前者更坚固耐用。这些道理,也只有通过计算才能说清楚。冬天,猫睡觉时总是把身体抱成一个球形,其间也有数学,因为球形使身体的表面积最小,从而散发的热量也最少。在生产中,碰到的数学问题就更多:机械工人计算弹簧钢丝展开的长度,电工计算交流电的电流和电压,车工计算切削的宽度和厚度,农村兴修水利时设计水库和水渠,都需要用到三角、代数和几何。近年来在我国推广统筹法、优选法和其他的数学方法,对管理企业、组织生产、提高效率、增产节约都起了很好的作用。

数学除了在生产和生活中得到广泛应用外,还是其他自然科学和先进技术的基础。限于篇幅,我们谨向读者推荐华罗庚教授的文章《数学的用场与发展》、吴文俊教授的文章《数学概况及其发展》(均见《现代科学技术简介》一书,1978年)。

为什么数学问题会那么多呢?原来,任何事物都有质量和数量两方面,而物体还有形状。数学虽然不研究质量,却是专门研究数量和形状的科学,因此,数学问题与万物同在,只是深浅难易不同罢了。一定的数学知识和能力,对于理解事物的数量关系和空间形式,对于钻研科学技术和发展生产,确实是十分需要和非常重要的。

理想和目标

做任何事情,都要有明确的目标。大至整个人生,小至自学数学,都应这样。许多人从小决心从事革命,结果成为革命家;另一些人献身科学,后来在科学研究中作出了巨大成绩。一般说来,一个人的奋斗目标越崇高,他就越坚强。勇气产生于斗争中,毅力产生于崇高的理想中。没有理想的人浪费时间,也浪费了自己。法国哲学家霍尔巴赫(1723—1789)批评他那时代的人说"人人都慨叹生命的短暂和光阴的迅速,而大多数人却不知道用时间和生命去作什么"(《自然的体系》)。及早明确自己的奋斗目标,实在是一件十分重大的事情。

自学数学有各种各样的目的,大致有这样三种:在职青年大多是为了提高业务,促进生产;另一些人也许是为了高考;还有些人完全是出于兴趣和爱好,他们之中,有的是大专院校理科的学生,或者是数学老师、科学研究人员。目的既然不同,学习的内容和方式自然也就各异。

第二种情况最好办。每年高考,数学的范围是很清楚的,而且在高中都已基本上学过,所以只要再复习和加深就行了。目前出版了许多复习参考书,可以从中挑选一些作为主要学习资料。准备考试时,首先要检查一下高考的内容自己是否都学全了。其次是要把主要精力放在基本理论(包括定义、概念、定理、公式、运算以及章节间的相互关系等)的理解、熟练和灵活运用上,要多做一些习题和笔记。经过努力仍然做不出的,可以查阅题解或请教别人,检查自己的思想方法有哪些不对头的地方。

其他两种情况比较复杂,需要较细的分析。

有所不能而后有所能

自学要有计划,有和没有大不一样。好的计划可以提高效率,少走弯路。《红楼梦》第四十八回讲了一个故事,说的是香菱想学做诗,请林黛玉帮她订计划。黛玉说:"我这里有《王摩诘全集》,你且把他的五言律一百首细心揣摩透熟了,然后再读一百二十首老杜的七言律,次之再李青莲的七言绝句读一二百首;肚子里先有了这三个人做了底子,然后再把陶渊明、应、刘、谢、阮、庾、鲍等人的一看,你又是这样一个极聪明伶俐的人,不用一年工夫,不愁不是诗翁了。"这计划订得好,明确指出了精读、泛读的资料,还规定了进度。内容少而精,细读部分不过四百多首诗,完全可以在"工作"之余把它们攻下来。加上香菱"苦志学诗,精血诚聚",果然没有多久,就作出了"新巧有意趣"的诗。

计划是把现实和目标联系起来的桥梁,它告诉我们如何从现实一步步走向既定的目标。订计划时要搞清两头,一是目标,二是自己的实际,包括目前的水平、能力、工作和学习的条件,等等。在可能的情况下,最好就近请几位有水平又了解自己情况的人作指导。

现在假设某车工同志想自学数学,他只上过小学或初中。那么,他一方面应该从长远着想,把自己的水平提高到初中或高中毕业的程度,学习材料可以采用中学的教科书或相当的参考书;另一方面,他还应该针对工作的需要,请教老师傅或技术干部,找一些车工用的数学书(例如《车工应用代数和三角》《工厂常用几何计算法》等)来学。这种既考虑长远提高,又照顾目前急需的学习方法,对其他工种和农村的同志,也是适用的。如果有机会参加业余学校,或者找一些志同道合的人组织起来,进步当然会更快些。

下面谈谈数学爱好者的自学计划问题。这些人大都有了一定的基础,譬如说,已经学过大学里的基本数学课程。对他来说,迫切需要的是选定一个主攻方向。数学中分支很多,一个人起初只能就一个分支深入。精,只能从精于一开始;待取得成果后再扩大领域。这个道理,和搞革命要先建立根据地一样,是一个基本的战略思想。清朝诗人袁枚说:"人必有所不能也,而后有所能。"有些人兴趣太广,又不克制,终因涉猎面太宽而不能精深。"十年一觉扬州梦",猛回头已百岁身。这种教训,是应该充分汲取的。确定方向后,需要了解这一分支有哪几门主要课程,每一门中的名著(或公认的好书、好文章)是什么,然后拟定进度,订出计划,用极大、极大的毅力把它们攻下来。

人生总得搏几回

读书有略读、阅读与攻读之分。工作之余,看看小说,翻翻画报,属于略读。一般的书籍、报章和杂志,大都浅显易懂,又未必事关紧要,看一两遍就够,这是阅读。至于攻读,那就是另一回事了。"攻",指攻坚,无坚则无所谓攻。要攻的,大多是有价值、高水平而又比较艰深的著作,其中包括一些公认的名著。"坚",常常表现为难点、难题、不容易理解的道理,等等。攻坚之法,一在于钻研,二在于坚持。长期围困而且炮火猛烈,何愁攻城不下?何愁击石不开?

要深入一门学科,必须攻读几本这样的书,以便打好基础。这些书应该一本比一本水平高,扶摇直上而不是在同一水平上作平面徘徊,接力式地把读者引向深入或引向学科的前沿。每攻一本,都必须鼓足勇气,全力以赴,不分心旁骛,不见难而退。相传德国数学家高斯正在工作的时候,有人大声告诉他:"快去吧!你夫人快要断气了。"高斯说:"请她等一下,我马上就来。"可见他工作专心到何等程度。前乒乓球世界冠军容国团的"人生能有几回搏",说得很好。但如果加上一句:"人生总得搏几回",那也许会更好。攻读好书,要舍得花时间、花精力;读时虽很费劲,读懂了、记熟了却终身受益。

时间有限,攻读的内容自然不能太多,所以必须辅之以阅读和略读。攻读使人专深,阅读使人广博。专深与广博既有矛盾的一面,又有相互促进、彼此补充的一面。陶渊明说:"好读书,不求甚解",指的是阅读与略读。他又说:"每有会意,便欣然忘食",可见即使是略读也会常有所得的。可惜他对攻读,没有留下类似的警句名言。我想他也必定下过大功夫,要不,他的文章就不会写得那么好。

等到有了一定的基础,开展科学研究时,更重要的是另一种读书方法,即查阅。为了解决某个问题,需要有的放矢地寻找参考资料。这时第一要会找。文海浩茫,从何着手?如果平日不留心,不积累,又不虚心,便很难办。第二是找到后如何看懂。有时为了看懂这一篇,又要找另一篇。如此穷追下去,直到基本上弄清楚为止。

宋朝苏轼还讲过一种读书方法,他说:"卑意欲少年为学者,每一书皆作数过尽之。书富如入海,百货皆有。人之精力不能兼收尽取,但得其所欲求者尔。故愿学者每次作一意求之。如欲求古今兴亡治乱、圣贤作用,但作此意求之,勿生余念。又别作一次,求事迹故实典章文物之类,亦如之。"(《经进东坡文集事略》卷四十六,又答王庠书)意思是说,每次通读一本书时,只专心注意一个问题(例如专研究政治家在兴亡治乱中的作用),下次再改换一个(如研究事迹文物)。集中精力于一点上,"一意求之",自然容易深入。

如何攻读一本好书

学数学必须循序渐进,不能急于求成。万事开头难,攻读一本新书,前一、二章是关键。每门学科有自己的研究对象,因而各有自己的内容、术语和符号。平面几何研究三角形、圆及其他图形的性质,而初等代数则主要研究代数运算。由于对象不同,从这一门转去学另一门,起初自然很不习惯。因此,必须安下心来,开好一个头,耐心地学好前一、二章,初步掌握本门课的思想方法,这样才会有兴趣继续往下读。更何况作者各有各的思想方法和文笔风格,既然要读他的书,就只好摸熟他的脾气。总之,初读时要慢,尽量搞懂些再往下读。由于慢,有足够的时间思考和理解,后面的内容才会读得快些,所以说慢中有快。反之,一开头匆匆忙忙,后面就会读不下去。不怕慢,只怕站,一站往往会失去兴趣与信心。这可算是"快"与"慢"的辩证法。

然而数学不比小说,就是慢也会有许多地方一下子搞不懂,怎么办?可以停下来查看前后文,冷静地想一想、算一算;再不然,翻阅别的书上关于这一部分是怎么讲的;也可和别人讨论一下。如果尽了很大努力,还是不懂,那就暂时把问题挂起来,光承认它的结论,继续往下读了再说。反正它已给了我深刻印象,对我总是有益的。

我们在读书的时候,往往容易急于求成。控制自己的好办法是做笔记、做习题。做笔记可以加深理解,做习题有助于灵活运用书中的概念和定理。全书细读一遍以后,一定会留下不少问题,这是必然的,不必大惊小怪。要紧的是趁热打铁,赶快接着读第二遍。由于已读过全书,水平比初读时已大有提高,现在的我已非那时的我,所以读起来会快得多,上次留下的问题,有许多也会迎刃而解。当然,还可能会发现一些新问题。如此反复几遍,每读一遍,深入一层;有如剥笋,层层深入。去表及里,由厚而薄,最后看到的是核心和骨架,这便是全书的精华,其余不过是筋、肉、皮、毛而已。这时回视原来的那些问题,便会有"身高殊不觉,回顾乃无峰"的快感。

既要有知识,更要有能力

学习任何东西,包括科学、技术、文学、艺术等,都要注意两个方面:一是知识,一是能力。知识并不等于能力,知识广博的人未必善于解决问题。从某种意义上说,能力甚至比知识更重要。自学数学时,需要培养逻辑推理、运算、抽象和归纳等能力。

从平面几何中,人们可以学到逻辑推理。那里从一些简明的公理出发,证明一批定理;然后根据这些公理、定理,或加入一些新的公理,再证明一批定理;如此层层推理,终于得到许许多多意料不到的结论。这种方法不知武装了多少科学家。爱因斯坦说:

> 世界第一次目睹了一个逻辑体系的奇迹,这个逻辑体系如此精密地一步一步推进,以致它的每一个命题都是绝对不容置疑的——我这里说的是欧几里得几何。推理的这种可赞叹的胜利,使人的理智获得了为取得以后的成就所必需的信心。如果欧几里得未能激起你少年时代的热情,那么你就不是一个天生的科学思想家。

算术、代数和三角,除了训练逻辑推理外,更着重于训练运算的能力。它告诉我们如何把复杂的式子化简,如何求出某些未知数,如何找出一些对象(例如"边"与"角")间的关系,等等。

许多数学概念都是现实中具体事物的抽象。例如数学中的直线是日常生活中的直线的抽象,前者没有宽度,两端可以无限伸长,而我们所看到的直线都是有宽度(虽然很窄)并且长度总是有限的。抽象能力特别表现在如何把一个实际问题提炼为数学问题。我们在代数中解文字题时,首先必须根据题意列出方程,这就是一种抽象,其次才谈得上求解。而这第一步往往更困难、更重要。

归纳法通用于一切自然科学和社会科学中。人们所能观察到的客观世界总是有限的、部分的。根据局部的、有限次的观察,总结出具有普遍意义的假设。这种假设经过实践(或逻辑推理、计算等)检验,证明真实无误后便成为普遍规律。人们管这种发现新规律的方法叫归纳法。注意,它并不是高中代数课里所讲的那种数学归纳法。例如哥德巴赫发现一些(但不是一切)偶数,其中每个都可分解为两个奇素数的和,例如 $8=3+5, 10=3+7, \cdots\cdots$ 这使他想到:"一切大于 2 的偶数都可分解为两个奇数的和。"但他不能证明,只能算作猜想或假设。由此可见,哥德巴赫猜想是由归纳法得出来的。有些人轻视归纳法在数学研究中的作用,这是不对的。法国科学家拉普拉斯说:甚至在数学里,发现真理的主要工具也是归纳与类比。

在学习中创新

创新,应作广义的理解。建立新理论、发现新定理,固然是创新;解决实际中提出的新问题,有益于社会的发展,也是创新,甚至是更重要的创新。

在解决实际问题时,第一步需要弄清楚现实的情况和具体的目标,并根据一些物理、化学等知识,把问题化为数学问题;第二步,运用数学的理论,把这个数学问题解出来。在多数情况下,第一步更困难些,往往需要和专业人员合作,才能找出问题的主要因素和它们之间的相互关系,从而把问题数学化。

回顾前面说的那个照明问题:灯挂在半径为 r 的圆桌的正中间上方,它应挂多高,才能使桌边的亮度最大? 如右图所示,要解决这个问题,首先应该求出亮度 J 和高度 h(h 是灯 A 到桌面中心 B 点的距离)的关系。根据物理知识:亮度和 b(b 是 A 到桌边任一点 C 的距离)的平方成反比,与 $\sin\theta$(θ 是 AC 与 BC 的夹角)成正比,即 $J=k\sin\theta/b^2$。k 是一个常数,依赖于灯光的强度,但

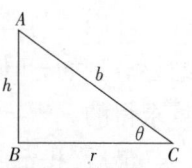

$$\sin\theta=h/b, b=(h^2+r^2)^{1/2},$$

代入上式,得 $\quad J=kh/(h^2+r^2)^{3/2},$

至此我们完成了第一步。剩下的问题是要选取 h 的值,使 J 达到最大。运用数学中求极值的方法,先算出 J 对 h 的微商 J',再令后者为 0,得
$$J' = k(r^2 - 2h^2)/(h^2 + r^2)^{5/2} = 0.$$
于是,求得
$$h = r/\sqrt{2} \approx 0.707r.$$

许多数学定理是通过归纳或类比而发现的。从特殊到一般、从具体到抽象、从局部到整体是最重要的归纳方法,上面已经举了哥德巴赫猜想的例子。

类比也是一种方法,它把领域甲中的已知事实和领域乙中类似情况相对比,从而猜想出在领域乙中可能正确的新结论。作为一个类比的例子,试求几个接连的正整数 $m+1, m+2, \cdots, m+n$ 的和。如果把第一项设想为 $m+1$ 个点,并把它们排成一行,再把第二项设想为 $m+2$ 个点,也把它们排成第二行,如此下去,那么这些点便构成一个梯形。大家知道,梯形的面积等于"上底加下底乘高除以 2,即 $(a+b)h/2$"。这使我们猜想到,点的总数应是 $[(m+1)+(m+n)]n/2 = mn + n(n+1)/2$。

这里我们把首项 $m+1$ 比作梯形的上底 a,末项 $m+n$ 比作下底 b,项数 n 比作高 h,把点数比作面积。这个猜想的确是对的,用数学归纳法便可证实。这样,通过类比,求得
$$(m+1) + (m+2) + \cdots + (m+n) = mn + n(n+1)/2.$$

除归纳与类比而外,还有许多别的方法可以帮助我们发现新结果。例如,几何学中广泛使用演绎法;而圆周率的近似值是靠计算求得的。

最后,我希望青年同志们能读几篇科学家的传记,看看前辈是怎样勤奋学习的。德国数学家高斯出身于贫寒的家庭,父亲是个杂工,母亲是石匠的女儿,都没有多少文化。但由于努力自学,高斯终于成为大科学家。由此可见,学习条件差虽然是不利因素,但事在人为,只要我们立志图强、长期奋斗,一定能为我国的科学事业作出贡献。

必然与偶然
—— 论随机性

随机性与必然性的相互交替

在某些条件下,一定出现(或一定不出现)的事件,称为必然事件;或者说,这事件具有必然性。在某些条件下,可能出现,也可能不出现的事件,称为随机事件(也称为偶然事件);或者说,这事件具有随机性(偶然性)。必然与偶然,都是相对于条件而言的。在 101.325 kPa 气压及 100℃ 温度时,"水必沸腾"是必然事件;"明年某河流将泛滥成灾"是随机事件。

事物的发展是多层次的随机事件与必然事件相互交替和相互作用的过程。有些人说,发展过程中必然性(或决定性)是主导的,随机性是次要的;另一些人则反之。二者皆失之偏颇,不符合客观实际。

种子随机地扎根于某地(1层),默默地度过一段时间后,必然破土而出(2层),这时它只有一根主干。到了某一时刻,它分成几支,分支的时刻和支数都是随机的(3层)。每一支又平静地生长(4层),再分支(5层),如此继续。若干年后,它或遭意外,或者枯萎,这死亡的时刻和原因又是随机的。

婴儿呱呱坠地,他的出生充满了偶然性(1层)。他平静地度过童年(2层)。18岁时,他站在人生道路的分支点上,在就业和升学间进行随机选择(3层)。过了这一关,他可以安心地工作和学习相当长时间(4层),然后又一次站在分支点上(5层)……直至某一偶然的时刻,来到偶然的地点,出于偶然的原因,结束他那偶然的生命。

邱吉尔说:

一个人活得愈长,他就愈认识到一切取决于机会。任何人,哪怕只要回顾一下10年前的经历,他就会看到某些本身毫不重要的细小事件,实际上都左右了他的全部命运和前程。

他所说的细小事件,大都集中在分支点上。"却顾所来径,苍苍横翠微。"只有回过头来,才能认识它们的巨大作用,于是大吃一惊而感叹万千。

天文学家还不能确切告诉我们地球是怎样诞生的。行星(甚至太阳)的形成有很大的偶然性。地球也必定经历了许多分支点。地质学家说地球至少发生过6次生物大规模灭绝,最著名的一次是6千万年前的恐龙灭绝。如果没有那次灾变,今天的地球也许还是恐龙世界。生物灭绝的原因有种种假说:超新星爆发、行星撞击、太阳耀斑爆发、海平面变化、温度变化,等等,无一不充满偶然性。多么危险的地球!地球如此,极而言之,整个宇宙也是偶然的。导致混沌初开的大爆炸,星系的形成与分布,生命的出现,行星上有多少种动物和植物,每一种中有多少个体,都含有许许多多偶然的因素。

每个国家的历史也有许多分支点,如果在分支点上换另一种选择,历史便当另写。设若在鸿门宴上项羽杀了刘邦,便很可能没有汉朝,没有刘皇叔(刘备),没有大家津津乐道的诸葛亮。

说了这么多的偶然性,难道"人是要死的""明天太阳还会升起"也有偶然性吗?否!这是千真万确的必然事件。不过,生命之于身体,正如飞之于飞机,飞是飞机的功能,生命也是身体的功能。生命是暂存的,而构成身体的物质是永恒的;生命只是这些物质在两个分支点(出生与死亡)之间的一种运动形式,而在这两点之间,运动是相对平稳的、缓变的,必然性居主导地位,它必然地要走向下一分支点,即死亡。但这分支点何时到来、如何到来以及以后这些物质如何继续运动,则是随机的。同样,太阳东起西落,也只是地球在两个分支点(从稳定运行到失稳)间的决定性运动,在失稳以后,还能说太阳明天升起吗?

关于太阳升起问题,拉普拉斯做过研究:假设太阳已接连升起 n 次,问它还会升起 1 次的概率是多少? 他的答案是 $(n+1)/(n+2)$。当 n 很大时这几乎等于 1,所以我们对明天的安全可以放心。不过这答案只适用于地球处于上述两个分支点之间时;不然,若 $n \to \infty$,这概率 $\to 1$,而这是荒谬的,因为太阳系绝不会永久稳定下去,总有一天它会瓦解。

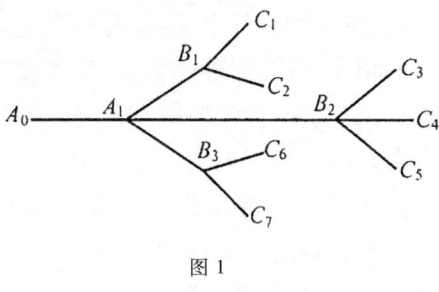

图 1

上述众多事实说明了事物发展的一般法则:发展过程是偶然与必然的相互交替和相互作用。在发展道路上有许多分支点,在相邻两点之间,发展是相对稳定的、量变的、合乎逻辑的,必然性起着主导作用;但这里也可能有次要的分支点和次要的随机因素。分支点的到来是随机的,在分支点上,发展前途面临多种选择,必须选择其一而尽弃其余,这时运动是不稳定的、突变的,随机性起主导作用。一旦选定以后,发展又趋于稳定,直到下一分支点,如此继续,如图 1 所示。事物必须从 $A_0A_1B_1C_1, \cdots, A_0A_1B_3C_7$ 这 7 条道路中选择 1 条,尽管这 1 条未必比其他 6 条都优越。由此可见,我们的宇宙史、国家史、家庭史、个人史,都只是许许多多可供选择中的一种,它们全都富含随机性;如果说得偏激点,它们全是随机的。

偶然性来自何方？来自事物内部的变化,来自外环境的碰撞。构成事物的各种物质、各种因素以及支配它们的各种力经常处于运动之中。如果各自的运动处于允许范围之内,那么事物整体的发展是稳定的、缓变的；一旦某些主要部分的运动超越甚至远离允许范围时,整个事物就会发生突变,而那些部分超越则是随机的。可以设想一个混乱社会最后如何随机转变的情形以增加我们的想象力。事物处于外环境中,它经常与其他事物发生关系,称之为碰撞。其作用小则可影响事物的量(如速度、大小),大则可影响事物的质(如方向、性质)。人类社会是一个富于随机性的碰撞世界：亲属、朋友、师生、同事的结合是随机的,人与人、人与事、人与物的相互作用,形势的影响,都可视为碰撞。即使是站着不动的植物,也要受到自然、环境及动物的种种碰撞。不过有些碰撞(如上街遇到的许多行人)未起作用,为人们所忽视,而起作用的(如车祸),则可使人终生难忘,外部的碰撞可以促进内因的变化,内外是互为影响的,不能截然分开。

结构单纯、质量和体积巨大的物体有比较稳定的内环境,如果它又远离其他大物体,从而外部碰撞甚少,那么,相对于这种物体,偶然性便很小,分支点之间的距离便很长,这就是为什么天体运行基本上遵循必然法则的原因。如果我们的寿命长达百亿年,我们就会看到天体经过许多分支点而作随机运动,那时就不会说天体运动是必然的了。另一方面,极小的粒子在碰撞下极不稳定,微观世界所以基本上是偶然的世界,这是原因之一。

以上讨论了偶然与必然的交替,提出了分支点的概念,还谈了偶然性的来源。下面考虑偶然性与必然性的关系。

随机性大都出现在分支点附近,但这并不意味着二相邻分支点间没有随机性,一些次要的偶然事件、次要的分支点经常在这里出现；此外,我们在前面还谈到正是在这段时间内孕育着新的随机性。在许多场合,偶然受到必然的限制。必然性给它划定了一个范围,随机选择只能在此范围内进行。例如,婴儿的性别虽是偶然的,但只有两种可能。

随着条件的改变,必然事件与偶然事件可互相转化。向一巨大的目标射击,击中是必然的;现在设想目标不断缩小,起初击中还是必然的,但小到某一限度后,击中目标便成为偶然事件了。这揭示人们可以设想有一临界值或临界区存在。这是必然转化为偶然的例子。另一方面,在正常交通情况下,车祸是偶然的,但在禁止车辆通行的路段,车祸不可能发生,偶然化为必然。

彭加来说,最大的机遇莫过于一个伟人的诞生。其所以如此,一是由于某人的诞生是一系列随机事件的复合:父母、祖父母、外祖父母……的结合、异性的2个生殖细胞的相遇,而这2个细胞又必须含有某些产生天才的因素。另一是婴儿出生以后,各种偶然遭遇在整体上必须有利于他的成功,他所处的时代、他所接受的教育、他的各项活动、他所接触的人与事与物,都需为他提供好的机会。所以,某个特定的人要成为伟人,可能性是极小的。

虽然如此,各时代仍然伟人辈出。一个人成功的概率虽极小,但几十亿人中总有佼佼者,这就是所谓"必然寓于偶然之中"的一种含义。数学中称之为"小概率原理"。设某试验中出现事件 A 的概率为 ε,不管 $\varepsilon>0$ 如何小,如果把这试验不断独立地重复下去,那么 A 迟早必然会出现1次,从而也必然会出现任意多次。这是因为,第1次试验中 A 不出现的概率为 $1-\varepsilon$,前 n 次 A 都不出现的概率为 $(1-\varepsilon)^n$,因之前 n 次试验中 A 至少出现1次的概率为 $1-(1-\varepsilon)^n$。当 $n\to\infty$ 时这概率趋于1,这表示 A 迟早出现1次的概率为1。出现 A 以后,把下次试验当作第1次,重复上述推理,可见 A 必然再次出现,如此继续,可知 A 必然出现任意多次。应用此原理于伟人问题,一个人成为伟人的概率 ε 固然非常小,但千百万人中至少有一伟人就几乎是必然的了。

"必然寓于偶然之中"的另一含义是大数定律,它的特殊情形是频率的稳定性,即频率趋于概率。设某试验中事件 A 出现的概率为 $p>0$,将此试验独立地重复 n 次,其中 A 出现了 m 次,于是频

率为 m/n。根据大数定律,当 $n\to\infty$ 时,必然有 $(m/n)\to p$。因此,当 n 充分大时,得 $m\approx np$。

我们不能确切预知一个婴儿的性别,只知他是男性的概率为 1/2;但由上述定律,我们可以断言,100 万婴儿中,约有 1/2 即 50 万个男婴,这几乎是必然的。

随 机 试 验

每个随机事件都联系于一随机试验;后者完整地刻画了一族随机事件。

固定条件组 $C=(c_1,c_2,\cdots,c_n)$,其中 c_i 代表第 i 个条件。如前所述,在 C 下,一定出现的事件 A 称为(相对于 C 的)必然事件。其模型为

$$\left.\begin{array}{c}c_1\\ \vdots\\ c_n\end{array}\right\}\Rightarrow A \tag{1}$$

随机试验(简称试验)E 的模型则为

$$\left.\begin{array}{c}c_1\\ \vdots\\ c_n\end{array}\right\}\Rightarrow\begin{cases}(A_1,P_1)\\ \vdots\\ (A_m,P_m)\end{cases} \tag{2}$$

它表示:在条件组 $C=(c_1,c_2,\cdots,c_n)$ 下,可能出现的结果是 $A_1,\cdots,A_m$ 中之一,一次试验中出现 A_i 的概率为 P_i,$1>P_i>0$,$P_1+P_2+\cdots+P_m=1$。有时也称 A_i 为状态。

由于 A_i 在一次试验中可能出现(概率为 P_i),也可能不出现(概率为 $1-P_i$),所以 A_i 是一随机事件,$(i=1,\cdots,m)$。我们假定 $m>1$ 以保证 E 的随机性。如果允许 $m=1$,这时(2)便化为(1),于是必然事件可看成概率是 1 的随机事件。

例 1 无偏倚地(条件 c_1)扔一枚正常的(c_2)硬币,登记朝上的面。2 个可能的状态及概率分别为

$(A_1, P_1) = (正, 1/2)$；$(A_2, P_2) = (反, 1/2)$。
登记婴儿性别也同此试验，只需理解"正、反"为"女、男"。

例2 军事家克劳塞维茨说："人类的任何活动都不像战争那样给偶然性这个不速之客留有这样广阔的活动天地，因为没有一种活动像战争这样从各方面和偶然性经常接触。"天气，一次射击的效果，一个士兵的暴露，司令官选择策略……都有偶然性，我们可以把甲乙双方进行的战争看成一随机试验，条件 C 由双方目前的军事、经济等情况组成，可能的结果有4：

A_1：甲胜；　　A_2：乙胜；　　A_3：和局；　　A_4：两败俱伤。

在战争初期，很难确定 A_1 的概率，它随事态发展而逐步明确。以后会看到，这是归一型的随机试验。

条件 C 决定各状态的概率 $P_j, j = 1, \cdots, m$，P_j 可看成 C 的泛函。如何从 C 求出 P_j 是一非常重要而一般又很困难的问题。多数情况 P_j 是 C 的非线性泛函，除了"各结果等可能"或"几何概率"等几种特殊情况外，并无求 P_j 的一般方法，需要具体问题具体解决。但对可重复试验，如果精确度的要求不太高，如前面谈过的可以用频率来近似地求出 P_j。由于频率是客观存在的，所以对可重复试验，事件的概率是客观的，不能由人主观地任意赋予。

我们说随机试验 E 是可重复的，是指在相同的条件 C 下，可将 E 不断地独立地进行下去。上述例1中试验是可重复的，人们可将此硬币不断扔掷。所谓重复可如下理解：或将 E 在 C 下独立进行 n 次；或取 n 个与 E 相同的试验 $E_1, E_2, \cdots, E_n$ 在 C 下同时各进行1次；或取 $i(\leq n)$ 个与 E 相同的试验在 C 下各做若干次，使总次数为 n。

引进时间 t，便得到随机试验的动态模型：

$$\left.\begin{array}{c} c_1(t) \\ \vdots \\ c_n(t) \end{array}\right\} \Rightarrow \left\{\begin{array}{c} (A_1, p_1(t)) \\ \vdots \\ (A_m, p_m(t)) \end{array}\right. \tag{3}$$

其中，$1 > p_i(t) \geq 0, p_1(t) + \cdots + p_m(t) = 1$，又 $c_i(t), p_i(t)$ 分别表示在时刻 t 的第 i 个条件及 A_i 的概率。在 t 时，也许减少了、也许新增了条件，所以 n 也依赖于 t，即 $n = n(t)$；同理，$m = m(t)$。不过为了记号简单，把 t 略去了。现在还允许 $p_i(t) = 0$，以便表示在 t 时 A_i 不可能出现，尽管在别的时刻 A_i 可能出现。

以 e 表示试验结束的时刻，$0 < e \leq \infty$。全体随机试验可分成互不相交的三种类型。

a. 归一型　　存在一个状态 A_k，使
$$\lim_{t \to e} p_k(t) = 1 \tag{4}$$
这表示：当试验接近尾声时，A_k 出现的概率越来越大，最后成为必然事件，于是偶然性逐渐转化为必然性。存在一临界时刻 a，使
$$P_k(t) \geq 90\%,\ 一切\ t \in [a, e]$$
这表示自 a 后，出现 A_k 的概率已不小于 0.9。称 $[a, e]$ 为转化区间，其长 $e - a$ 随问题而定。上述例 2 便是归一型的。例如，到 1944 年冬，"二战"中日本失败已成为定局。许多比赛也是归一型随机试验。

b. 分散型　　存在极限
$$\lim_{t \to e} p_i(t) \equiv q_i \geq 0 \tag{5}$$
一切 i 而且至少有 2 个状态 A_k, A_j，使
$$q_k > 0, q_j > 0 \tag{6}$$
这表示，即使试验临近结束，仍然不能断定哪一状态必然出现，从而随机性贯彻始终。例 1 属于分散型，因为 $p_1(t) \equiv p_2(t) \equiv 1/2$。

又如在群体遗传学中，Hardy-Weinberg 定律表示：对 3 种基因型 AA, Aa, aa，第 t 子代取这些型的概率分别为
$$p_t(AA) = p^2, p_t(Aa) = 2pq > 0, p_t(aa) = q^2。$$
它们与 $t = 1, 2, 3, \cdots$ 无关，p, q 为正常数。故基因型试验是分散型的。

一般地，如在时刻 $t = 1, 2, 3, \cdots$ 将同一试验重做 1 次，假定这

些试验彼此无关地独立进行,则 $p_i(t) \equiv q_i$ 与 t 无关, $i = 1, 2, \cdots, m$。因试验是随机的,至少有 2 个非 0 的 q_i,于是这一列试验是分散型的。由此可见,分散型试验非常多。

c. 振动型　至少有一状态 k,使极限 $\lim_{t \to e} p_k(t)$ 不存在;也就是说,

$$\overline{\lim_{t \to e}} p_k(t) > \underline{\lim_{t \to e}} p_k(t) \tag{7}$$

作为一例,考虑飞机飞行, A_1 表无事故, A_2 表有事故, $p_1(t)$ 是第 t 日飞行无事故的概率。由于天气影响飞行,好日子事故少。以 s_i 表好日子, t_j 表坏日子,有

$$\overline{\lim_{t \to e}} p_1(t) = \lim_{t \to e} p_1(s_i)$$
$$> \underline{\lim_{t \to e}} p_1(t_j) = \underline{\lim_{t \to e}} p_1(t)$$

因而飞行可看成振动型随机试验。

上述三种类型已穷尽一切随机试验,每一试验必定也只能属于三者之一。下面将看到,这种分类对讨论拉普拉斯的决定论很有帮助。

概率分布 $P(t) = (p_1(t), \cdots, p_m(t))$ 的熵定义为

$$I(P(t)) = -\sum_{i=1}^{m} p_i(t) \log p_i(t) \text{。}$$

它是此分布的偶然性大小(或称为混乱程度)的量度,也可把它看成定义在分布所成集合上的泛函。$I(P(t))$ 越大, $P(t)$ 的偶然性也越大。可以证明,当 $P(t)$ 为均匀分布 $(1/m, \cdots 1/m)$ 时,熵取极大值 $\log m$。容易看出:

对归一型试验 $\lim_{t \to e} I(P(t)) = 0$;

对分散型试验 $\lim_{t \to e} I(P(t)) > 0$;

对振动型试验 $\lim_{t \to e} I(P(t))$ 不存在。

故用熵的极限,也可区分这三类试验。

更广泛的随机事件,是一系列随机试验串联的结果,例如上述伟人的诞生;另一些则是由许多试验并联而产生,如碰撞或巧遇。最一般地,可以同时考虑串联与并联,于是得到复合随机试验的图

式(图2),图中每一 E 代表一随机试验。

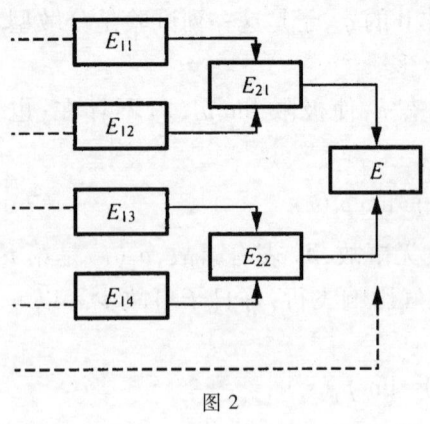

图2

巧遇是一种复合试验,它使世界丰富多彩,令人惊奇不已。巧遇是小概率事件,它一般不会出现;而一旦出现,就可能创造奇迹。例如:美国有15人将参加晚7时15分的排练,他们都因不同原因而迟到;那晚排练室被人放了定时炸弹,7时25分爆炸,这15人全因迟到而免于难,真是幸运之至。又如:地球上生命的出现也是一系列巧合的结果,它要求地球离太阳不远不近,质量不大不小,恰好都是现在那样,还要求有一个大得出奇的卫星(月亮),等等。由于这种巧合的概率太小,不少人认为人类在宇宙中是孤独的,不存在地球外的生命。人的一生有许多巧遇,其中部分是好机会,另一些则是倒霉事。聪明人善于抓住、利用甚至制造好机会,同时尽量避免坏机会。衡量"巧"的尺度是概率的"小"。统计学家利用小概率事件来作假设检验:在假设 H 下设计一个小概率(譬如1%)事件 A,在一次试验中,这事件一般不会出现;但如果它居然出现了,便使人不得不怀疑假设 H 的正确性,因之否定 H。在一些复合试验中,偶然性的后果可被层层放大。例如,某甲因遇上好友多喝了酒,上公共汽车后呕吐,司机因躲避呕吐使车失控而打横,这时后面紧跟上来的另一辆车紧急转向道旁而翻入河中,造成惨案。

偶然性的客观性

偶然性是客观的吗? 这是历史上长期争论的著名问题,爱因斯坦与玻尔的争论实质上也与此有关。一些人认为,世界是决定性的,偶然性只是出于人们的无知。如果我们能预知一切情况,以

后的发展便全已知,关于这点1814年拉普拉斯说得很明确:

> 智慧如果能在某一瞬间知道鼓动着自然的一切力量,知道大自然所有组成部分的相对位置,再者,如果它是如此浩瀚,足以分析这些材料,并能把上至庞大的天体、下至微小的原子的所有运动悉数囊括于一个公式之中,那么,对于它来说,就没有什么东西是不可靠的了,无论是将来或过去,在它面前都会昭然若揭。(拉普拉斯:《概率论的哲学试验》)

按照这种观点,宇宙的一切发展,早在混沌初开时就已决定。第二次世界大战、肯尼迪遇刺、某人手中所拿到的每副扑克牌的花色,都是百亿年前就已注定了的。谁也不会同意这些意见,然而这竟出自大科学家之手笔,不能不令人深思:难道他毫无道理吗?

有些本来是必然的问题,由于无知,被人们当作随机问题来处理。例如:地球外存在生命吗?答案必然是"是"或"否"。但现在,由于我们知识的贫乏,只能作出如下概率式的回答:"存在球外生命的概率超过90%。"类似地,人们常说:"《金瓶梅》的作者很可能是王世贞""很有希望从地下挖出王羲之写的《兰亭序》",等等。对于这种人造的伪随机事件,拉普拉斯的观点是正确的。

对归一型试验,由于 $\lim_{t \to e} p_k(t) = 1$,它逐渐转变为必然试验。因此,只要观察时刻落入转化区间,人们就能很准确地预言试验的结果。对这种试验,拉普拉斯的论点也有充分理由。

然而,对于分散型试验,情况就不同了。这里偶然性贯彻始终,直到试验结束,仍然至少有两个状态都可能出现。无论知识如何丰富,决不能唯一地、决定性地预言试验的结果,预言只能是概率式的:"出现 A_k 的概率为 p_k。"例如:无论怎么聪明,无论知识和经验如何丰富,谁也不能预知玩扑克时下次手中牌的花色。由此可见,至少对分散型试验,随机性是客观存在的。

再考虑振动型。不妨设只有两个状态 A_1 与 A_2(如果有 m 个,那么把 $A_3, \cdots, A_m$ 合并到 A_2 中成一新状态,仍记后者为 A_2)。由振动型定义，存在 2 个不相交的数列 $s_i \to e, t_i \to e$，使当 $i \to \infty$ 时有
$$p_1(S_i) \to a = \varlimsup_{t \to e} p_1(t), p_1(t_i) \to b = \varliminf_{t \to e} p_1(t)$$
其中 $1 \geq a > b \geq 0$。由于 $p_1(t) + p_2(t) = 1$，故
$$p_2(S_i) \to 1-a, p_2(t_i) \to 1-b。$$
共有三种情形：

a. $a = 1, b = 0$ 于是
$$p_1(S_i) \to 1, p_2(t_i) \to 1。$$
从而沿 $\{s_i\}$，A_1 逐步变为必然状态，而沿 $\{t_i\}$，则 A_2 变为必然的。于是在此二时间序列 $\{s_i\}$、$\{t_i\}$ 上，此试验分别化为二不同的归一型试验，其一最终必然出现 A_1，另一最终必出现 A_2。

b. $a < 1$ 这时
$$p_1(S_i) \to a > 0, p_2(S_i) \to 1-a > 0,$$
于是沿 $\{s_i\}$，此试验是分散型的。

c. $b > 0$ 这时
$$p_1(t_i) \to b > 0, p_2(t_i) \to 1-b > 0,$$
于是沿 $\{t_i\}$，此试验也是分散型的。

复合试验，如果不是人的预谋，大多数是不能准确预测的。因为，只要其中包含一个分散型的子试验，整个试验的结果便不能确切地唯一地决定。

非重复随机试验

科学需要重复。不能重复的一次性现象，科学中一般不予研究，因为缺乏客观的检验。然而实际中有许多问题，意义非常重大，人们津津有味地议论它们，却不幸是非重复的。例如：近期能再爆发世界大战吗？某人会患癌症吗？某地会发生大地震吗？我们能否计算这些事件的概率？

原则上说，概率由试验的条件决定；只要给出了随机试验，概率也就决定了。但在实际问题中，情况要复杂得多，一是试验的条

件有时难以确切地叙述,例如:把爆发大战看成试验,条件应该是哪些呢?二是从条件推算出概率,也往往很不容易,演绎推理或计算,有时非常困难。

对于重复试验,如果精度要求不很高,总可以用频率逼近以求出概率的近似值。但对非重复试验,已无频率可言;那么,有无其他近似方法呢?

一种方法是适当修改条件。设试验 E 的条件组为 C,在 C 下 E 非重复;今适当修改 C 为 C',而在 C' 下则是可重复的,于是化归重复试验,其代价是要牺牲一些精度。采用此法时,还要求试验结果对条件不要过于敏感,即要求试验有适度的稳定性,以免开始条件"差之毫厘",结果却"失之千里",出现所谓"混沌现象"。

例如,试求"地球以外存在生命"的概率。本来,每颗星球的情况千差万别,但可采用下述近似方法。限于目前科学水平,只考虑银河系。银河系中恒星数约为 3×10^{11},其中生物可居住的行星数约为 65×10^7。这些行星中,设每颗有生命的概率不小于 ε;于是每颗星无生命之概率不大于 $1-\varepsilon$;于是 65×10^7 颗行星都无生命之概率不大于 $(1-\varepsilon)^{65 \times 10^7}$;于是至少还有一颗行星上有生命的概率不小于 $1-(1-\varepsilon)^{65 \times 10^7}$。不管 ε 如何小,只要它大于 0,最后一概率充分接近于 1,因此,我们对存在地外生命甚有信心。在这里,我们把观察一颗行星当作一次试验,并把它重复 65×10^7 次。

又如,要求出病人李某存活期的分布。通过检查,发现他的病情与其他一些人相似,而后者皆已作古,其存活期是有案可查的。根据记录可制出已作古者存活期的经验分布,于是人们便以此分布作为李某存活期分布,从而预测他还能活多少时间及对应的概率。其实李某未必与那些人情况全同,只是大体相似罢了。

保险公司也可采用其他方法,例如因素评分法。列出影响寿命的一些重要因素如心脏、血管、大脑的病化程度等;把每一因素的指标分成若干等级;给每一等级评分(相当于"加权");最后根据李某所得总分按照某种算法以求出其存活期的分布。此法既有一定的科学道理，但也有主观性，因为评分多少以及采用什么算法都有选择的随意性。对此人们不必大惊小怪，其实许多社会活动如选拔、比赛、评估等都离不开因素评分法，它常常能在很大程度上反映实际情况。

除上述两种方法外，还可采用模拟方法以计算非重复事件的概率。

领导学第一章
——读《领导人》

有机会找到一本好书,而且能毫无顾忌地大嚼起来,自是业余一大乐事。遗憾的是,随着年龄的增大,那可嚼的书,似乎越来越少了。专业书太深,研究的问题又太窄,概念重叠,屋上架屋,让人难以问津。有些书比较好懂,却又往往流于浅薄。100页中,难得有两三个新思想耐人寻味。这光景,恰如郭沫若所说,他年轻时读《随园诗话》,简直是遍地黄金,俯拾不暇;待到老年再读,便觉得很少新意,甚至发现许多糟粕,于是他老人家写了一本《读随园诗话札记》,作为批判性的回敬。

我正为找不到好书而发愁,且喜友人借来一本《领导人》(另一种译本名《领袖们》),是美国前总统尼克松写的。我不是那么容易迷信的,不管作者是谁,总得翻开来看看。当读完前五页,我得承认,我被吸引了。"随着伟大领导人物的脚步,我们能听到历史的隆隆雷声",这第一句就写得很有声势。看来,想把它扔在一边是办不到了。

书中记录了一些叱咤风云人物的言论、轶事和给作者的印象。这里有邱吉尔、戴高乐、周恩来、纳赛尔,等等。故事和议论交织,时见精彩。大抵名人下台之后,总想写点回忆录什么的,其用意不仅在于捞外快,也不只是为了纪念,主要的恐怕还是想替自己洗刷辩解，让伟大更伟大。尼克松当然也不例外。不过这本书不同于一般的回忆录，它不是以作者本人为中心，而是瞩目于众多的领袖人物，把他们毕生活动中最精彩的镜头拍摄下来。人生能得几镜头？自然是可观的了。更何况作者自己也是名震一时的政治家，眼光甚高，选材甚精，直接交往又甚密，从而可读的篇幅较多，也就不足为怪了。

有些人在称颂伟大人物时，总是说他如何公而忘私，如何日夜操劳，每天工作16个小时，或者生活上如何严于律己，诸如此类。其实这只是"好人"的标准，他说的不过是一位正人君子罢了。那么谁是伟大人物呢？尼克松说："我们一般读到的是那些纵横捭阖运用权力大展宏图以致大大改变了他们国家的历史和世界的进程的人。"尼克松是从事业立论的，按照这种观点，秦始皇是伟大人物，因为他对中国历史的影响太大了，尽管他未必天天上班。

那么，怎样才能成为伟大的领袖呢？需要三个因素：伟大的人物、伟大的国家和重大的事件。这个人必须相当聪明、能干，而且有一些好的品德。但是，如果他不幸出生在一个小国家里，像李光耀那样，那么他对世界的影响是有限的。再者，即便生在大国，但做不出几件大事，那也无法显示他的伟大。以萨达特为例，大凡乙的前任甲如果碌碌无为，那么乙比较容易"伟大"起来；但如甲很有作为，乙必须超过甲才能为人所称道，所以乙要伟大就很不容易。萨达特正处于乙的地位，他的前任纳赛尔在埃及很有威望。然而萨达特忍耐着、等待着。"纳赛尔精力十分充沛，施政上的事情不分巨细他都过问。为了批阅文件，经常在办公室里，一直留到凌晨……萨达特比较内向，好沉思，……他起床比较晚，也不是从早到晚不停工作。他不爱管琐碎的事情……但是大的决定——完全由萨达特自己作出的决定——却令人咋舌，而且往往很高明。"这令人咋舌之一，便是1972年他断然驱逐16 000名苏联军事顾问；他异常大胆，开外交史上从未有之先例，简直叫人一下子难以相信。然而他成功了，于是他的形象一夜之间便高大起来。

卓越的领导人必须有激动人心的崇高目标，有达到目标的切实计划，有勇往直前毫不动摇的坚定意志。在一定时间内，头脑中只有一件压倒一切的大事。为了这件事，他不惜精力，不惜时间，全力以赴，必要时甚至进行几场大拼搏。不敢迎接挑战，就不能显出英雄本色。他的目光应紧紧盯在今天和明天，而把昨天置于脑后。过多地考虑自己的决定是否正确会消磨志气。领导人应该谦逊；然而，尼克松说，他没有见到一个重要的领袖是真正谦虚的，他们全是个性倔强的人。

能做成几件大事的领导人屈指可数。大事往往是以极大劳累和极大风险为代价的，他应有大无畏的献身精神，甚至准备在岗位上光荣牺牲。大多数领导人没有这种雄心壮志，也缺乏勇气，他们只肯付出很小的代价，坐在安乐椅上，满足于支撑门面，于是最终沦为平庸之辈。

科学家与政治家不同，前者可以在小小的实验室里施展才能，而政治家则必须激励群众，用崇高的思想武装他们，变自己的奋斗目标为群众共同的目标。他应是优秀的演员，不仅善于启发人们的理智，而且能够调动人们的感情。

为了实现崇高的目标，他必须善于容忍，其中包括蒙受无情的人身攻击，履行使人精疲力竭的日程安排。气量狭小是平庸的特征。在安逸的享受和崇高的事业中，只能选择其一。阿拉伯格言说："一个统治者如果是公正的，那他自然地会遭到一半臣民的反对。"走你自己正确的路，让乌鸦去叫吧！

以上是《领导人》中的部分论点及我的一些读后感。我不认为本书十全十美，有必要的话，我可以从中找出多个论点以供批判。不过今天是20世纪，我们不能只满足于读《资治通鉴》。尼克松写的这本书，也许可当作新时代的微型《通鉴》来读。

柳比歇夫的时间统计法
——读《奇特的一生》

苏联作家格拉宁（Гранин）的中篇小说《奇特的一生》（1974），是用一种奇特的笔调写成的，因而具有几分奇特的风趣。看来，作者是被他所发现的人物——柳比歇夫所深深感动了。对主人公的生活方式，他始而惊讶，继而赞叹，进而奉劝人们都来过这种生活，希望"这本书的读者越多越好"。所以在作者的笔下，自然流露出一种惊叹加仰慕的感情，这对读者是有感染力的。此外，小说中夹杂着一些哲理性的议论，不时迸发出一种清新的气息，有一定的启发作用。因此，此书值得一读。

这里讲的是昆虫学家柳比歇夫献身于科学的故事，是从他的追悼会写起的。从会上的许多报告中，作者为柳比歇夫的科学成就所震惊：死者生前发表了 70 来部学术著作；写了 12 500 页打字纸的论文，而内容又是那么广泛，涉及昆虫学、科学史、农业遗传学、植物保护、进化论、哲学等许多方面。于是，人们提出了一个问题：他一生做了那么多的事，是用什么方法达到的？

作者并没有全面去总结柳比歇夫的工作方法，这种写法费力而且不容易给人留下深刻的印象；他只抓住一个中心，即柳比歇夫的时间统计法，从这里突破，层层铺开，边叙边议，有虚有实。

关于时间的重要，谁又不知道呢？时间就是生命，时间比黄金更宝贵……连小学生都可以滔滔不绝地说出一大套。然而,也正因为如此,写这种题材,很难不沦为陈词滥调、发出什么思想之光来。这本小说的作者却不然,他居然能把这个题目写活,通过这张时间统计表,使你似乎亲眼看到柳比歇夫正在做试验、正在看文献、正在写提纲、正在做报告……一项接着一项,紧张、高效率,但又毫不慌乱。一切都按既定的程序进行,他生活在程序之中,时间排得满满的,什么也打扰不了他。甚至战争爆发,儿子牺牲,工作还是照常进行。他是时间进行曲的领唱者,他把每一分钟放大10倍,丝毫也不浪费。正像商店经理每日清查账目一样,柳比歇夫每天都要核算自己的时间,一天一小结,每月一大结,年终一总结。56年,年年如此。应该看到,这种清算不是每个人都能忍受得了的,不信请试试,且看有多少人不以惭愧而告终。

这就是柳比歇夫成功的秘密。他把自己的全部时间动员起来,集中在一个总的目标上:创立一套生物的自然分类法。为了这个目标,他表现了难以想象的勤奋、克制、热情和终生守志不移。

不要把柳比歇夫看成一部没有感情的机器,他不是时间的吝啬鬼。他一方面珍惜每一秒钟,另一方面却拿出大量时间来给向他求教的人回信,答复各种各样的问题,并引以为乐。他不以科研中的贵族自居,对于其中的事务性工作,他也从不拒绝。

我并不认识柳比歇夫,也没有参加他的追悼会;我之所以替他说了一些好话,无非是想说明:当我们的时间整单元整单元地被抛弃或被掠夺时,应该想到这对我国的四个现代化是非常有害的,因而需要内疚,甚至需要愤怒。

然而柳比歇夫也是有缺点的,而且相当大。他的理想停留在为科学而科学、为学术而学术的水平上,缺乏共产主义的宏伟目标。他喜爱昆虫,狂热到了偏袒的地步,说什么"害虫的害处被人们大大夸大了"。其次,他虽是自然科学工作者,却受到唯心主义的侵蚀,说他身上的因子总量中,有什么浪游因子、好心肠因子,等等,而这些都得自他的祖先和父母。最后,小说写出了柳比歇夫百倍的勤劳,而关于智慧,几乎没有交代,虽说天才的成分中,百分之九十九是汗水,灵感只占百分之一;但这百分之一却是如此的必不可少,正如酒药之于酿酒的必不可少,缺乏这一点点,就休想喝上优质的好酒。

总之,知己知彼,才能百战不殆。当我们向四个现代化的宏伟目标进军的时候,看看世界上一些国家的科学家们是怎样争分夺秒为发展科学技术,增强国家实力而顽强工作的,这对增强我们的斗志,以只争朝夕的精神攀登科学高峰,是不无裨益的。

异彩纷呈　华章迭起
—— 读《大家知识随笔》

中国文学出版社最新出版了《大家知识随笔》,这书名本身便有点怪,"大家"指什么? 原来,所谓大家,一是说不少作者是大家,二是说读者是大家,人人可读,对读者没有要求,正如法拉第演讲时对听众所假定的:他们一无所知。然而,要把"从零开始"的读者引向深处,甚至引向科学前沿,却谈何容易。这部书之所以可贵,也在于此。它涉及面非常广,从米老鼠、柳树皮开读,走上"天路历程"。通过《没有不能造的桥》,体验《庐山之雾》,终于《我们在月球散步了》。在那里,有了《天文世界的再认识》,可以畅谈《美和理论物理学》《打开细胞的黑匣子》,或品尝《中国名酒和大曲》。真是天文、地质、动物、植物、人类、生态、环保、文学、艺术,无所不有,异彩纷呈,华章迭起。主编黎先耀教授是一位博物馆学家,正由于他才能独特,才汇集起这么多有趣有益的美文,真是难得。

本书分"中国卷"和"外国卷",共收随笔200余篇,中外作家约100人,洋洋洒洒,可谓大观。科学大师爱因斯坦、玻尔、华罗庚、钱学森、李四光,文学大家鲁迅、巴金、黑塞、契诃夫、梅特林克等纷纷入围,连美国前总统里根也未能例外。

科学家要懂一点文史哲艺,文学家也要懂一点科学:这是许多人的共识,也是本书的主题之一。编者认为,"科学的果实,含有文艺的色香味,当能吸引更多的人来尝试;文艺的花朵,吸取了科学的营养,也会结出更加肥美的果实。"他又说,鲁迅写《狂人日记》,如果没有对精神病的医学知识,便不能写得如此传神;郭沫若的诗集《百花齐放》,得力于他具有丰富的植物知识,才能对一百种花卉,描绘出各自的特色。另一方面,我国古代科学家沈括的名著《梦溪笔谈》,郦道元的《水经注》,徐宏祖的《徐霞客游记》;以及法布尔的《昆虫记》,达尔文的《贝格尔号航行记》等,由于同时也是优美隽永的散文,而得以长远流传。

关于科学与美,已有好些人撰文论述。现在再让我们听听建筑学家梁思成在《千篇一律与千变万化》中的意见吧!他说:

> 谁能不感到,从天安门一步步走进去,就如同置身于一幅大"手卷"里漫步,在时间持续的同时,空间也连续着"流动",那些殿堂、楼门、廊庑虽然制作方法千篇一律,然而每走几步,前瞻后顾、左睇右盼,那整个景色、轮廓、光影,却都在不断地改变着;一个接着一个新的画面出现在周围,千变万化。空间与时间、重复与变化的辩证统一,在北京故宫中达到最高的境界。

真正的建筑大师!只有他才能说出我们心有所感但又口不能言的那种崇高美感,可谓得我心矣。梁先生还谈到建筑与音乐方面的共性,他举出舒伯特的《鳟鱼五重奏》,"我们可以听到持续贯穿全曲的、极其朴素明朗的'鳟鱼'主题和它的层出不穷的变奏。但是这些变奏又'万变不离其宗'——主题。水波涓涓的伴奏也不断地重复着,使你可以形象地看到几条鳟鱼在这片伴奏的'水'里悠然自得地游来游去,从而使你'知鱼之乐'焉。"有人说:建筑是凝固的音乐;又有人说:音乐是流动的建筑。两说皆绝精妙。不妨再听听大音乐家柴可夫斯基的声音吧!他在《音乐与建筑》中说:

> 伟大音乐家在(科隆)大教堂绝顶之美的感召下写成的几张谱纸,就能为后代人树立一座刻画人类深刻内

心世界的、犹如大教堂本身一样的不朽丰碑。交响曲的这一乐章的短促而别致的主题仿佛是用音乐再现了哥特式的线条。

音乐与建筑这两种艺术在重现美的物质手段上，是如此对立；而在美学创作领域却如此一致和雷同。

我不想再多引书中的精辟见解了，读者可在其中找到感兴趣的篇章。由于选文甚多，质量可能参差不齐；限于篇幅，长文短裁或偶失其精。然而书中一壁是丰富的自然知识，一壁是隽永的人生哲理；奇思异想，各呈其妙，观止矣！登此堂而入此室，当少庄生有涯逐无涯之叹。

天道无穷　师道无穷
—— 师生情高春江水

每当我们回忆往事,便会情不自禁地想起青少年时期的老师。人世间的感情是多种多样的,但我认为最崇高、最纯洁和最持久的,莫过于师生情谊,它充满着爱抚、希望和感激。老师以自身的榜样激励我们,以丰富的才智武装我们,以高瞻远瞩的远见卓识指导我们,并且在困难的时刻,向我们伸出援助的手。师长如巍巍高山,令人景仰;如涓涓春水,令人神往;如兰桂之香,宁静澹泊,令人洁身自好。所以说,天道无穷,师道也是无穷的。天道主宰大自然,自然进化有序;师道教育全社会,社会发展有规。师道不张,尊师重教不行,必然会导致无知、黑暗、贫穷和落后。

历史上许多尊师的故事至今传为佳话。颜渊赞扬孔子的道义至高至大,他说:

仰之弥高,钻之弥坚。瞻之在前,忽焉在后。夫子循循然善诱人,博我以文,约我以礼,欲罢不能。

这确是一段抒写真情的好文章。明朝左光斗被奸贼陷害,史可法到监狱去探望,深深地被老师的坚贞精神所感动,后来流涕告人说:"吾师肺肝,皆铁石所铸造也。"此后他每事必以师为范,不敢稍怠,"恐愧吾师也"。鲁迅逝世前两天(1936年10月17日),重病中还在思念他的老师章太炎,那天写了《因太炎先生而想起的二三事》，2000多字，成为他的绝笔。从此文星殒落，人间顿失光彩。高尔基只念过两年书，从一个极穷苦的流浪儿成长为世界文豪，真是奇人奇事。他的成就是与四位老师（分别是厨师、律师、民意党人和作家）的帮助分不开的。他很虚心，善于找到自己的老师。高尔基所以成为高尔基，决不是偶然的。

其实，不仅名人从老师那里得到教益，我们自己不也是如此吗？在每个人成长的道路上，都站着几位高大的老师。难怪第一届教师节时，大学生亮出了"教师万岁"的巨幅标语。"教师万岁"是新中国青年一代的心声！多么响亮而激动人心的口号，它表达了全国人民对教师的尊敬和感谢。

我既是教师又是学生，许多老师为我付出了辛勤。今我碌碌，愧对师长，不过老师们的形象和教导，是我永远也不能忘记的。

我的启蒙老师王少诚，在农村默默无闻地教了一辈子书。全校只他一位工作人员，管着我们三十多个孩子。国家不发工资，学生每人每学期交几十斤谷子，作为报酬。他收入微薄，勉强糊口，却从无异议。王老师胖胖的身子，戴着深度的眼镜，很少说话；但说一句就算一句，我们都很怕他。那村子很小，越想躲开他，就越会碰到他。远远地听到他一声咳嗽，我们这群赤脚小鬼便四处逃窜，霎时间消失得无影无踪。然而，我们还是对他怀着敬意：一是他每天必捧着茶壶烟袋，来到学校，从不迟到早退，工作非常认真负责。不过他越认真，我们便越叫苦；二是他既懂古文，又知道许多新事物，什么"司蒂文生发明火车""驻英大使叫顾维钧"，我们全当作大学问来学。我上学第一年时，学校还是私塾，读的第一本书是《论语》。他把我叫到跟前，手执红笔，念一句，我跟一句，并随手在句末画一小圆圈，表示教过了。每天得教大半页，而且与日俱增。第二天轮到我时，先把书交给他，转过身去，背诵昨天授的课文。背得好，再往下教；背不好，要打手心的。一年下来，我居然背完了全部《论语》，外加《大学》《中庸》和《古文观止》中的几篇文章。背是背了，至于书中说了些什么几乎全不知道。直到今天，我还不能解释为什么孩子们居然能背完内容全然不懂的古书,这也许是教育学或心理学中的一个谜。第二年,学校进行了大改革,私塾变成了"现代化"的小学,读的是《蚂蚁姑娘迷了路》一类的课文。我们的校舍是一所祠堂,只有一间房子可作教室。王老师把学生分成三个年级,全挤在一起上课。他先教一年级20分钟,再教二年级,如此轮流。王老师是多面手,他教语文、算术、教美术、体育;还教我们剪纸、做游戏。此外,他还得应付上面派来的督学。我简直想象不出他是怎样招待这些尊贵的客人的。有一天,他忽然想起要考我一下,便出了一道题:蚂蚁爬树,白天爬上两尺,夜间掉下一尺,树高两丈,问哪一天可爬上树梢? 我当即回答第19天。王老师眯缝着眼,抚摸着我的头,亲切地笑了,笑得那么自然,那么纯真,这情景我还是第一次见到。四年过去,我初小毕业了。王老师极力说服我的家长,希望我能继续念高小,可是我的家庭又是那么贫寒。如果没有王老师,我的最高学历是初小毕业。

两年以后,我考上了江西省立吉安中学,好容易凑齐了第一学期的学费,以后怎么办? 我白天愁眉苦脸,夜间做着失学梦,好几次从梦中惊醒。真是天无绝人之路,我遇见了高克正老师,她是我们的班主任,教语文课。高老师身体弱,已经有了6个孩子,家境也很清寒。然而她非常坚强,从不向困难低头。她对学生要求严格,自己也不苟言笑,同学们既敬她又怕她。教室是用竹篱笆围成的临时棚子,一下雨就漏水,而且道路泥泞,不便行走。高老师不管刮风下雨,每晚必手提灯笼,走很远的路来查看自习。教室里没有电灯,每个学生自备一盏小油灯。我买不起油,只好坐在同学身旁,借光读书。高老师走过我的身边,总要停下来,检查我的作业。我多次碰上她那慈祥、宁静、似乎含有深意的眼光。第二学期开学了,我交不起学费,眼看要失学。我忧心忡忡,冥思苦想,终于想出了一个主意:给高老师写个报告,请求缓交学费。高老师毫不犹豫,很快同意了我的请求,并争取到学校的支持,就这样,我读完了初中。如果没有高老师,我的最高学历是初中一年级。

后来，我还遇到了许多好老师，其中有英语老师漆裕元和数学老师黄贤汶。漆老师思想进步，对当时的反动统治很不满意，经常在课堂上用英语向我们灌输进步思想，告诉我们读报时要读字里行间那些没有印出来的话，这些才是真实的。他离开学校后，我收到不知是谁寄来的几份进步的英文报纸，大概非他莫属吧！在漆老师的启发下，我开始懂得革命的道理。黄老师精通业务，他讲课很有条理，又富于启发性，大家都喜欢听。他还在晚饭后给学生讲课。有几次同学们突然在课堂上提出一些难题，他毫不退却，当场演算，求得正确答案。于是，最淘气的学生也不得不甘拜下风，我也由此提高了对数学的兴趣。

秋去春来，转眼间我也成为教师。说心里话，我热爱教育事业，在我的心目中，没有什么比教育后代、培养人才的职业更高尚了。没有什么比亲眼看到一批批新人成长，想到其中也有自己的一份辛劳（尽管它是多么微不足道），更有乐趣了。

"喜看新鹰出春林，百年树人亦英雄"。这是我给毕业班同学的题词，谨以此与同行们共勉，并献给未来的教师和教育工作者。

豪情尚在话当年
—— 我的求学之路

艰难的历程

青春是美好的,幸福的青春更加美好,对幸福青春的回忆也是美好的。

我出身于江西省吉安县的一个贫农家庭,生活极其困苦,种的是地主的田地,吃的是白薯稀粥。可是,我怎样上的大学呢?

我童年丧父,母亲是农村妇女,全家生活,主要靠兄嫂种地维持。我年纪虽小,也得劳动。常常天刚亮就光着脚下水田助耕,直到吃过晚饭,才能洗脚穿上鞋子。有一天,我偶然找到一本小说,名叫《薛仁贵征东》。这本书大大地吸引了我,它的开场诗,至今我还记得:

　　　　日出遥遥一点红,　飘飘四海影无踪。
　　　　三岁孩童千两价,　保主跨海去征东。

第一句指山东地方,第二三句指"雪,人贵",即薛仁贵。从此我非常喜欢读书,不论干什么活,身上总带着一本书。书本给了我无穷的快乐,向我展示了新的世界,帮助我在黑暗中看到光明。于是我立志读书,争取将来成为有益于人民的学者,并且协助更多的农村孩子上学。此志至今不移。我上的高小,离家10里路,每天来回得走20里,而且是丘陵地带,时有豺狼出没。我那时才11岁,手里拿着棍子,准备随时和野兽拼命。我深知求学不易,便拼命学习,成绩相当不错,数学得过几次120分,语文在全县会考中,据老师说,是第一。村子里的父老劝我母亲让我继续升学,1942年,我考取了吉安中学。可是,哪里来的学费呢?我们的班主任高克正老师对学生要求严格,工作非常认真负责。她很喜欢我,又了解我的困难。每学期开学时她都批准我缓缴学费。当时正是抗日战争时期,物价飞涨,临到放假,这笔学费已贬值到微不足道了。我就这样念完了初中,看来是决不可能再升学了,不料我又考上了"国"立十三中学的公费生,好不容易高中毕了业。

人生的道路上有许多暗礁,但也有一些机会。幸好机遇偏爱有准备而又善于利用它的人。

1948年,我面临考大学的大问题。可是,我身无分文,旅费从何而来呢?真是天无绝人之路,同班同学吕润林慷慨地答应供给我去长沙的旅费。当然,到长沙后,不能再向人家要。我毫不犹豫地跟着他走,反正总比眼睁睁地看着失学强。不料在去长沙的路上,发生了一件意外的事,它给我的恐怖,真是永世难忘的。

一天黄昏时候,我们二人匆忙步行到茶陵县郊区,丘陵地段,四顾无人,只偶然有几只乌鸦飞过。我感到腹泻,便请他先走。谁知不到一刻钟,他已无影无踪。我心慌意乱,只得拼命前赶。一路无人,直到天黑,才隐约发现前面孤零零的有一户人家。没奈何只好壮着胆前去借宿。灯光如豆,昏暗中走出一个男人,他虽答应我的要求,却说他家不能住,只能住在旁边的破庙里。我摸进荒庙,里面黑洞洞的,空无一人;只有一条长凳,勉强可以休息。我刚坐下来,闪念间忽然想起《水浒传》里母夜叉开黑店卖人肉的故事,不由得毛骨悚然,心惊胆战。急忙中我移动长凳,堵住大门;顺手捡起一块石头,准备厮打。我紧守在门后,静听声响,一整夜不敢合眼。这样直到天色蒙蒙发亮,才意识到这一家是好人。正想登门拜别,却苦于分文无有,用什么道谢呢?我在口袋里摸来摸去,只找到一条小手帕,留作礼物吧。我匆忙上路,大约走了两个小时,来到河旁。奇迹出现了,只见吕润林正向我招手呢!人到绝处又逢生,要是没有这次重逢,我的一生也许又当别论。

这年暑假,我报考了四所高等院校,且幸全都录取。在长沙招生的高校中,最好的是武汉大学。我上了武大数学系,而且获得了两个奖学金名额之一。这样,学费问题也随之解决了。

我絮絮不休地讲了这些故事,抚今追昔,不禁感叹新中国成立前农家子弟上学之难,有多少人才埋没在社会底层。今天,许多青年上了大学,这机会实在来之不易,应该好好珍惜它,切莫等闲放过。

胜利的曙光

武汉大学位于武昌珞珈山上,建筑雄伟,风景秀丽。那时学生很少,我们班上不过10人左右。整个学校看似宁静安详,实际上气氛非常活跃紧张。当时正值黑夜即将过去曙光就在前头的关键岁月,革命与反革命、进步与顽固的斗争在激烈地进行着。

进校后不久,一些进步的老同学便主动接近我们,和我们散步、谈心,交换对形势的看法。随后又带来一些小册子,如《新民主主义论》《目前形势与我们的任务》《李有才板话》《小二黑结婚》,等等,这些在当时都是禁书,只能暗中流传,但大家都喜欢看,读后还写体会。到了周末,老同学又邀我们去参加晚会,教唱"团结就是力量""山那边哟好地方""跌倒算什么,我们骨头硬"等革命歌曲。有时还去听时事报告,那自然是群众组织的。会上先请一两位进步教授开讲,然后自由发言,讨论的气氛很是热烈。有时难免有几个反动分子来捣乱,但他们总是被驳得理穷词尽,落荒而逃。记得新中国成立前夕,举办了一次关于"联防应变"问题的讨论会,共同商讨如何组织起来,防止反动派逃跑时破坏校园、迫害进步人士的问题。会后大家立即行动,分成小组,通宵站岗放哨,保证了全校的安全。当然,这些活动都是在地下党的领导下进行的。

我本来对旧社会反动派就痛恨万分,在这样的革命大家庭中,自然很快提高了觉悟。除了积极参加上述活动外,还写了《堆在下层的落叶》《奢侈品论》等文章。前者是短篇小说,刊登于长沙《新世纪》(1948)杂志;后者是关于经济学的论文,发表在武汉《大刚报》(1949)上。这些文章的目的是揭露反动派的罪行和资产阶级的剥削实质。

新中国成立后,一系列的革命运动开始了。最初是上街宣传拒用银元。反动派统治时物价飞涨,老百姓认为伪钞"金元券"无非是一张废纸,只有银元还比较可靠。解放军进城后,自然不再需要银元,于是开展了拒用银元运动。从此物价稳定,人民生活有了保障。随后进行了反贪污、反投机倒把、反偷税漏税等运动。不久,大家又组织起来,两次下乡,宣传制订爱国公约和进行土地改革;回校后,和老师一起搞教学改革和思想改造。轰轰烈烈的抗美援朝运动开始了,同学们高唱"雄赳赳,气昂昂,跨过鸭绿江……"的战歌,争先恐后地报名参加中国人民志愿军。少数人光荣地被批准了,在革命行列中走在我们的前头。这许多运动,对今天的青年来说,也许难以想象,但在当时都是必不可少的。

革命的实践不仅改造了世界,也改造了个人。我的家境贫寒,学习却是一帆风顺,这使我养成了孤芳自赏、骄傲自大的性格。通过上述活动,接触的人多了,我亲眼看到不少同学,社会工作既多,业务学习又好;对人豪爽,热情大方;文娱体育,高踞上游。我的傲气,不由得减了一半。但更大的一次转变,是由于新中国刚建立不久,我听了一次关于经济形势的报告,其中讲了许多关于经济学的知识,分析了武汉市的生产形势,提出了对策,最后归纳为"有困难、有办法、有希望"三句话。既面对现实,又鼓舞信心,使我闻所未闻,大开眼界;得知人上有人,天外有天。从此束身自检,再也不敢傲气凌人了。

与此同时,也改变了我对社会科学的看法。以前总以为数、理、化才是真学问、真本领。什么法律呀,经济呀,全是人为的东西,有损清高,从来是不屑一顾的。听了一些报告后,感到这种想法不对了,它无非是文人相轻的一种表现。社会问题,需要社会科学去研究、去解决,正如自然界的问题,需要自然科学去讨论一样。于是,我借来河上肇编写的《通俗资本论》等书,津津有味地读了起来。

殷切的寄语

一方面是高涨的革命热情,另一方面是踏实的业务学习。我怀着强烈的好奇心,想看一看大学里是怎样上数学课的。记得第一堂课是张远达老师讲高等代数。只见他身穿长衫,挽起白里袖口,不带课本,只用一支粉笔,便滔滔不绝地非常熟练地边讲边写,一黑板、一黑板地没完没了。顷刻间,只见一连串的 Σ(行列式展开中的求和符号)滚滚而来,不由得心中暗暗吃惊。后来由于老师的细心讲授,终于把这门课学了下来,而且还似乎有了兴趣。可惜毕业后我改学了概率论,没有把代数继续钻下去。张先生讲课严密细致,情绪热烈,听者不知不觉地跟着他进入"角色",共同陶醉在代数学的逻辑美之中。事隔多年,而今张先生年事已高,听说讲课时仍然不减当年的雄风。他还不辞辛苦,深入学生宿舍答疑和当面批改作业,这种认真负责的态度给我们留下了深刻的印象。其实何止张先生,教我们课的其他老师也无不如此,只是各有特点而已。

一二年级的功课较多,除数学外,还有国文(即"中国文学")、第二外语、物理与实验等。高年级时只剩下数学专业课了,比较单纯,这很有助于独立工作能力的培养。那时的课本,大多是英文的,如古沙的《数学分析教程》、达夫的《物理》等。除课本和讲义外,我喜欢看参考书,例如霍布生的《函数论》,虽是大部头书,看不懂多少,却开了眼界,使我认识到这门课居然还有那么宽阔的天地,留待我们去观赏、去钻研。

业务学习的三个主要环节是:预习—听课—练习。这三个环节里,我首先抓预习。上课之前,通过预习,我已把老师要讲的内容了解了一大半,剩下的是那些看不太懂的难点。讲课对已看懂的部分,只起到复习的作用,并不费劲,我们可以把主要精力,集中在难点上。听完课后,难点也消灭得差不多了,这样便大大减少了复习时间,并且由于加深了理解,做习题的速度也加快了,于是可以挤出更多的时间去看参考书和预习。此外,我还利用寒暑假,把下学期要念的主要课程预习到三分之一左右。这样,我在学习中便处于主动地位而进入良性循环。反之,如不预习,听课效率低,做题速度慢;从而功课越堆越多,更没有时间预习,听课效率更低……最后势必卷入恶性循环。这两种循环,前者使人加速前进,后者使人每况愈下。由此不难理解,为什么会有两极分化;为什么同班同学,到毕业时水平相差非常悬殊。

　　预习还有一个好处是可以培养自学能力。上完课后,不妨回想一下:这些难点为什么我原先看不懂?卡在哪里?老师又是怎样走过来的?这样总结几次,可以发现自己思想方法上的毛病,有利于日后的改进。自学是一种最基本的独立工作能力,缺乏它,就不能独立获取新知识。一家商店没有货源,是迟早要倒闭的。有些人毕业后,业务长期停滞不前,自学能力不够,是重要原因之一。为了自学,必须熟练地掌握一二门专业外语,否则便无法学习国外的先进科技知识。

　　大学四年里,我逐步培养了一点自学能力,这使我终生受益。除这点小经验外,教训也不少。由于政治活动很多,教学时间相对减少,开不了许多课。那时数学专业课程主要有三条线:分析、代数、几何。系里只强调分析,而对代数与几何则很不重视,所以我们的专业基础打得很不全面。另一缺点是:高年级时没有开展科学研究,无论是理论性的或应用性的,都未进行,这使我们的工作能力大受限制。现在回想起来,有三句话对每个大学生都是重要的,这就是:打下比较宽广而扎实的业务基础;逐步培养独立工作能力;适当开展一些科学研究活动。这就算是我的殷切寄语吧!

在紧张的业务学习之余,抽空读一点古典诗词,看几本优美小说,或者定时参加一些文娱体育活动,会使人神情飞越,心灵美化,有助于增长才智,健全体质。

1952年7月,我忽然得到通知:我被分配到北京大学去当研究生。说实话,一点思想准备也没有;我们那时的思想非常单纯,谁也没有考虑过前途问题,一切都交给组织,哪里需要哪里去。两天后,我们总共约20人,动身去北京报到。祖国的大好河山,沿途的秀丽景色,激动着我们的心弦,大家不约而同地高唱起:"我们的祖国,多么辽阔宽广,挺立在亚洲的东方……"火车风驰电掣,向前飞奔。在豪迈的歌声中进入北京。下车后,我们立即去教育部报到,接待我们的是一位戴眼镜的中年妇女。她说:"欢迎你们!不过分配方案有变动。现在许多学校要人,你们不当研究生了,到学校去工作吧!"同学们没有二话,全都愉快地接受了新任务,或去黑龙江,或去农业学校,我被分到南开大学数学系。第二天,我乘上去天津的火车,从此开始了新的征途。在这个岗位上,我一直工作到1984年调到北京师范大学。

莫斯科大学求学记
—— 打下坚实基础

1955 年,承南开大学推荐,我考取留苏研究生。当年9月,来到苏联最好的大学——莫斯科大学,进了数学力学系,攻读概率论。

莫斯科大学创建于1755年,是俄罗斯历史最悠久的大学。它的创建者是俄罗斯科学事业的鼻祖、杰出的百科全书式的学者罗蒙诺索夫(М.В.Ломоносов)。因此,它现在的全称是国立莫斯科罗蒙诺索夫大学。数百年来,它一直是俄罗斯的科学思想中心,为俄罗斯民族自立于世界民族之林作出了历史性的贡献。同时,它也是世界文化中心之一。

莫斯科大学学术水平非常高,光数学力学系就云集了十几名苏联科学院院士和许多名教授,包括柯尔莫戈洛夫(А.Н.Колмогоров)、盖尔范德(И.М.Гельфанд)、索伯列夫(С.Л.Соболев)、庞德列雅金(Л.С.Понтрягин)等,学生也是中学的优秀生,包括金牌奖章获得者。研究生已经有相当好的专业基础,大都发表过学术论文。

我在武汉大学数学系念书时(1948—1952),正值中华人民共和国成立前后,政治运动很多,土改、镇压反革命、三反五反、抗美援朝,一个接一个,业务学习很少,到四年级还在补微积分基础。

出国前，数学界前辈说，我国数学最弱的是：计算数学、偏微分方程和概率论。他们劝我去学概率，但我在大学时期，从未听过概率论这个名词，更未见过讲概率论的书。直到出国前四五个月，在王府井新华书店看见丁寿田先生译的《概率论教程》，是苏联概率论专家格涅坚科（Б.В.Гнеденко）写的。我如获至宝，赶紧买来在北京俄文专修学校读俄文之余，偷偷地自学这本书。

1956年莫斯科大学数学力学系学术委员会与部分中国研究生合影（后排右一为王梓坤）

来到莫斯科大学，我的导师是数学大师柯尔莫戈洛夫和杜布鲁申（Р.Л.Добрушин）先生。他们首先给我明确专业方向，其次是订学习计划。导师问我："学过概率论吗？"我说学过了。"学的是什么书？"我说是格涅坚科著的《概率论教程》。他说那好。于是，替我订学习计划。第一阶段是最低（Minimum）考试，一共七门课。除俄语、政治理论课外，专业课有泛函分析、偏微分方程、概率论与数理统计、测度论、随机过程论。书由导师指定，全靠自学，考试时间自定，某一门自认为准备好了，提出考试要求，系里便请两三位教授口试。由于我们的学习时间只有三年，主要是做论文，所以考试时间尽可能提前，只有拼命努力。一个星期只有星期六晚上看电影，星期日上午打球、运动，其余全用来学习。学习的方式是参加讨论班，或旁听一两门课，但最基本方式是在图书馆自学做习题。每天从一清早到深夜都在那里，中午也不休息，只稍稍打十分钟的瞌睡。

在各门考试中，最困难的是随机过程论。当时，建筑在测度论上的高水平的书，全世界只有刚出版不久的杜布（J. L. Doob）写的《随机过程论》（1953），非常难读，连苏联专家也说是"天书"，但导师指定要我读这部书。果然名不虚传，寸步难进。有时根本分不清哪是定理，哪是证明，弄不清怎样才算证明了，写得像是散文一般。字里行间随处都可能埋藏一个定理，不知何处可找到，即使找到了，也许那个证明里又需要另一个证明。这样，我一天能读一页就很不错了。全书有六百页，我还有时间做论文吗？但我别无选择，只能硬着头皮，坚持下去，边读边做笔记，边做问题，读得非常慢。一天下来，常留下几个不能解决的问题，也许第二天会突然想到答案。就用这种办法读过第一章，不忙于往下赶，回过头来再重新细读第一章。读书时，可顺读，可反读，也可就一些专题来读。顺读以致远，反读以溯源，专题读可深入以攻坚。三种读法，不可或缺。如此细读几遍，我惊奇地发现，读书的速度居然越来越快。这道理其实很简单，因为当时的我已远非开头时的我，我的水平已大大提高了。杜布的这部书，让我吃了许多苦头，但却终身受益，永不能忘，同时也增强了我攻坚的信心。

总之，在这一阶段，打好了专业基础，提高了工作能力，为第二阶段做论文作了较充分的准备。

论文题目是导师出的，即"生灭过程构造论"。当时"随机过程的构造"是国际上的前沿问题，重要而又困难。每一生灭过程都有一密度矩阵，但可能有无穷多个不同的生灭过程具有同一密度矩阵。如何求出全体这样的过程？从概率上说，当质点到达无穷远处后如何返回？如何刻画所有的返回方式？这问题有一等价的分析形式：如何求出某微分方程组（含无穷多个方程）的所有的解？

王梓坤摄于莫斯科大剧院前

当时，研究生灭过程构造论的还有概率大师威廉·费勒（William Feller），但他用的是分析方法，我必须另找途径而用概率方法。受函数构造论的启发，先构造一列较简单的过程，然后过渡到极限以求出全部过程，这就是极限过渡方法。这一想法得到导师的鼓励。费勒所用的分析方法虽简洁，但概率意义不清楚；而概率方法叙述较长，但概率图像非常清晰。

前三个月里，我简直无从着手，太不具体了，也不知道怎样才算是解决了问题，但走上轨道后，便得心应手，进展迅速。有些难点是在梦中解决的。最后两个月的速度，连导师也感到惊奇。这大概是应了庄子的话"用志不分，乃凝于神"吧！

除了自己的努力外，周围的学术环境，讨论班上的相互启发，非常有助于研究工作。导师杜布鲁申每周见我一次，约一小时，他对我的帮助很大。首先是他把我迅速地引上研究前沿，给了一个很有意义、相当困难、通过十分努力而又可以完成的题目。其次是相互交流，指点方向，从中得到启发。有时他还讲一些研究方法。记得他曾说过：我们想到某个假设 A，但不知它是否正确，于是我

莫斯科红场留影
（左起陆桂荣、王梓坤、刘宁、谭得伶）

尽力举反例。如果一个也举不出,那么 A 很可能是真的。如果举出一个反例,那么就应该修改 A 成为 B,使 B 能容纳此反例;然后我又举 B 的反例,如此继续。最后便很可能得到一个正确的命题。

1958 年 6 月,我终于通过了论文答辩,得到苏联的副博士学位。苏联在大学里不培养博士,只培养副博士。一般取得副博士学位后,要发表一系列高水平的论文,取得社会公认后,再去某大学申请博士学位。因此,中国留学生,一般只能得到苏联的副博士学位。

莫斯科大学学术风气浓厚,大师云集,仅数学力学系就有苏联科学院院士十余位,他们大多是国际著名的专家,走廊上贴满了学术活动的通知。教授们讲课各有特色。我慕名去听了几位先生的演讲。一位是柯尔莫戈洛夫,他是现代概率论的奠基者,也是我名义上的导师。他每次讲课,许多教授都去听,因为他讲的并不是已有的东西,而是他正在构思的新思想,由于不成熟,讲着讲着,有时讲不下去了,便对听众说,"快救救我!"但谁也救不了他。另一位是庞德列雅金,他是拓扑学专家,后来转向研究控制论,取得很好的成果。不幸的是他从小双目失明,写出来的书却是十分严谨且蜚声国际的名著。上课时,助手领他进了教室,没有讲稿。他讲一句,助手就在黑板上写一句。讲着讲着,他忽然停了下来,对助手耳语了几句,助手转过身来,改正了黑板上的错字。这使听众大为惊奇,他是怎么发现了错误的呢?

学习期间,国家为我们提供了最好的条件,准备了一切必用品,包括大衣、西服、皮鞋,甚至鞋油、牙刷。给我们每人每月 700 卢布,很充裕,回国时还剩下几千,都上交了,没有买什么东西。莫斯科大学是极好的学习环境,但我还是想早些回国工作,连组织去伏尔加河旅游都放弃了。最后,1958 年夏如期回国,碰上"大跃进",接着是三年"自然灾害"。

高水平、严要求,我想这是著名学府的共性。在这样的环境

王梓坤（右）与胡国定、江泽培摄于莫斯科大学门前

里，使人感到数学就像一支火箭，每时每刻都在高速前进，要赶上步伐，必须非常非常努力。虽然吃了不少苦头，但为以后的发展，打下了坚实的基础。

图书在版编目(CIP)数据

莺啼梦晓：科研方法与成才之路/王梓坤著 — 上海：上海教育出版社, 2002.1（2019.4重印）
ISBN 978-7-5320-7806-6

Ⅰ.①莺… Ⅱ.①王… Ⅲ.①科学方法论-普及读物
Ⅳ.①C304-49

中国版本图书馆CIP数据核字(2002)第003955号

责任编辑　方鸿辉
封面设计　金一哲

莺啼梦晓
——科研方法与成才之路
王梓坤　著

出版发行	上海教育出版社有限公司
官　网	www.seph.com.cn
地　址	上海市永福路123号
邮　编	200031
印　刷	上海盛通时代印刷有限公司
开　本	890×1240　1/32　印张 10.75　插页 6
字　数	277千字
版　次	2008年9月第2版
印　次	2019年4月第2次印刷
印　数	8,401—13,400本
书　号	ISBN 978-7-5320-7806-6/I·4
定　价	48.00元

如发现质量问题，读者可向本社调换　电话：021-64377165